Christentum, Antisemitismus und Schoah

Andreas Benk

Christentum, Antisemitismus und Schoah

Warum der christliche Glaube sich ändern muss

Matthias Grünewald Verlag

VERLAGSGRUPPE PATMOS

PATMOS
ESCHBACH
GRÜNEWALD
THORBECKE
SCHWABEN
VER SACRUM

Die Verlagsgruppe
mit Sinn für das Leben

FSC www.fsc.org MIX Papier | Fördert gute Waldnutzung FSC® C083411

Klimaneutral Druckprodukt ClimatePartner.com/14549-2003-1001

Die Verlagsgruppe Patmos ist sich ihrer Verantwortung gegenüber unserer Umwelt bewusst. Wir folgen dem Prinzip der Nachhaltigkeit und streben den Einklang von wirtschaftlicher Entwicklung, sozialer Sicherheit und Erhaltung unserer natürlichen Lebensgrundlagen an. Näheres zur Nachhaltigkeitsstrategie der Verlagsgruppe Patmos auf unserer Website www.verlagsgruppe-patmos.de/nachhaltig-gut-leben

Bibliografische Information der Deutschen Nationalbibliothek
Die Deutsche Nationalbibliothek verzeichnet diese Publikation in der Deutschen Nationalbibliografie; detaillierte bibliografische Daten sind im Internet über http://dnb.d-nb.de abrufbar.

Umschlaggestaltung: Finken & Bumiller, Stuttgart
Umschlagabbildung: © Andreas Benk
Abbildung auf Seite 25: Sieger Köder, Pfingsten. Kieler Altar (Ausschnitt)
© Sieger Köder-Stiftung Kunst und Bibel, Ellwangen
www.verlagsgruppe-patmos.de/rights/abdrucke
Gestaltung, Satz und Repro: Schwabenverlag AG, Ostfildern
Druck: CPI books GmbH, Leck
Hergestellt in Deutschland
ISBN 978-3-7867-3319-5

Inhalt

Im Gedenken
an die ungezählten Menschen der vergangenen 20 Jahrhunderte,
an deren Ausgrenzung, Herabwürdigung, Ausbeutung, Entrechtung,
Verfolgung, Vergewaltigung, Folterung und
millionenfacher bestialischer Ermordung
meine römisch-katholische Kirche Schuld trägt,
die sie bis heute nicht bekennt.

Einführung:
»Ist das Christentum noch die Botschaft Jesu?«

Wir lassen es geschehen

Wir lassen es geschehen, dass Menschen, die aus Krieg und Not zu uns fliehen wollen, an den Grenzen Europas verzweifeln, vieltausendfach im Mittelmeer ertrinken, in der Sahara verdursten und in den Alpen erfrieren. Wir erhalten unseren Wohlstand mit einer Wirtschaftsunordnung, die unzähligen Menschen ihre Existenzgrundlage raubt und in den Tod treibt. Wir produzieren und verkaufen Waffen an despotische Regime, die damit wehrlose Zivilpersonen ermorden und verbrecherische Kriege führen. Wir leisten uns einen Lebensstil, der die Klimakatastrophe beschleunigt und der verheerende Folgen für Menschen in anderen Regionen der Welt und für nachkommende Generationen in Kauf nimmt. Wir akzeptieren eine Tierindustrie, die in unseren Ställen und Schlachthäusern das Leiden und den qualvollen Tod von vielen Millionen Tieren zum Normalfall gemacht hat. All dies lassen wir geschehen. Wie ist das möglich?

All dies lassen auch Menschen geschehen, die sich zum christlichen Glauben bekennen. Deutschland zählt ungefähr 43 Millionen Getaufte. Das ist noch immer rund die Hälfte der Deutschen. Ja, es gibt Protest, sogar Widerstand gegen die herrschenden Verhältnisse. Nicht wenige beteiligen sich aus christlicher Motivation daran. Christliche Gemeinden verpflichten sich zur Beschaffung fairer und nachhaltiger Produkte. Andere Gemeinden gewähren Geflüchteten Kirchenasyl. Vor dem Krieg in der Ukraine geflohene Menschen wurden herzlich empfangen. Im Auftrag einer Landeskirche wurde das Szenario für einen konsequenten Umstieg Deutschlands von militärischer zu ziviler Sicherheitspolitik entwickelt.[1] Es gibt mahnende Bischofsworte und Geistliche, die an unsere Vernunft und unsere Mitmenschlichkeit appellieren.

Das sind Zeichen der Hoffnung. Doch sie bewirken zu wenig. Die große Mehrheit bleibt untätig, akzeptiert, profitiert und lässt geschehen. Einzelnen Menschen und Tieren wird geholfen. Doch diese Hilfe darf unser Gewissen nicht beruhigen. Sie kann nur den *Schein* erwecken, es werde getan, was möglich ist. Denn letztendlich tauchen der maßvolle Protest und die bescheidene Hilfe nur die bestehende Brutalität unserer Lebensumstände in milderes, trügerisches Licht.

Sie ließen die Schoah geschehen

Unsere weitgehende Teilnahmslosigkeit angesichts unermesslichen Leids weckt die Erinnerung an das christliche Versagen angesichts der Schoah. Auch damals blieben die christlichen Kirchen und ihre Mitglieder größtenteils untätig und unempfindsam für unvorstellbares Leid. Diskriminierung, Pogrome, Ghettoisierung, Deportationen und Vernichtung – die Deutschen, 95% von ihnen besuchten damals noch die Kirchen, ließen es geschehen. Von Ausnahmen abgesehen verhielten sich die Kirchen »teilnahmslos gegenüber der modernen Judenverfolgung mit dem Mordprogramm der ›Endlösung‹«[2].

Dieses fortgesetzt teilnahmslose Geschehenlassen – wie ist das möglich? Haben wir nicht dazugelernt? Die Schoah entzieht sich jedem Vergleich, unsere christliche Teilnahmslosigkeit damals und heute nicht. Wie konnte es dazu kommen?

Der Maßstab der Bibel

Maßstab und Urteil der Bibel sind unmissverständlich: Tief empfundenes Mitgefühl und unverbrüchliche Solidarität mit den Leidenden, Verfolgten und Ausgegrenzten haben sich unwiderruflich in die biblischen Texte eingeschrieben. Der Gott der Bibel ist eine empfindsame und leidenschaftliche Gottheit, die das Elend der Ausgebeuteten nicht mehr mit ansehen kann, die herabsteigt und eingreift, die befreit und Gerechtigkeit schafft (Ex 3,7f). Viele biblische Texte fordern um Gottes Willen und zum Wohl aller Menschen gerechte gesellschaftliche Verhältnisse.

Biblische Prophetie beklagt die Bereicherung der Mächtigen auf Kosten der Armen, geißelt betrügerisches Wirtschaften (Am 8,5–7), kritisiert die, die das Recht verabscheuen (Mi 3,9) und mit Grundbesitz und Immobilien spekulieren (Mi 2,1f). Wo Ungerechtigkeit regiert, so der Prophet Amos, werden Kult und Gottesdienst zum verlogenen Schauspiel:

> »Dein Harfenspiel will ich nicht hören, sondern das Recht ströme wie Wasser, die Gerechtigkeit wie ein nie versiegender Bach« (Am 5,24).

Gott stürze die Mächtigen vom Thron und erhöhe die Niedrigen, singt die Mutter Jesu:

> »Die Hungernden beschenkt er mit seinen Gaben und lässt die Reichen leer ausgehen« (Lk 1,53).

Nicht Ausgrenzung und Apathie, sondern toragemäße Solidarität und Empathie gerade mit Benachteiligten kennzeichnen auch die Praxis Jesu. Die von Jesus ausgehende jüdische Bewegung ist »eine religiös motivierte Inklusionsbewegung, in der die prägenden gesellschaftlichen Trennlinien, die [...] der Stabilisierung der eigenen Identität dienen sollen, bewusst durchbrochen werden«[3]. Jesus und die, die sich ihm anschließen, verzichten auf Selbstbehauptung und Selbstbestätigung auf Kosten anderer. Empfindsamkeit für fremdes Leid prägte nicht nur Jesu Leben, sondern er forderte es auch von jenen, die ihm folgen. Jesus identifiziert sich im Matthäusevangelium mit den Armen und Diskriminierten:

> »Ich war hungrig, und ihr habt mir nicht zu essen gegeben. Ich war durstig, und ihr habt mir nicht zu trinken gegeben. Ich war fremd, und ihr habt mich nicht aufgenommen. Ich war nackt und ihr habt mich nicht bekleidet. Ich war krank und im Gefängnis, und ihr habt euch meiner nicht angenommen. [...] Was ihr einem dieser Geringsten nicht getan habt, das habt ihr mir nicht getan« (Mt 25,42f.45b).

Wir haben es nicht getan. Und auch heute tun wir es nur manchmal, da und dort, aber nicht richtig.

Die These: Von der jesuanischen Inklusion zur christlichen Exklusion

Würden die christlich Getauften den biblischen Maßstab beherzigen, könnten sie fremdes Leiden nicht teilnahmslos geschehen lassen, damals nicht und heute nicht. Würden wir den biblischen Maßstab heute für uns gelten lassen, müssten wir vereint Partei ergreifen, den politisch Verantwortlichen unsere Stimme verweigern, auf die Barrikaden gehen, eine Wirtschaft, die über Leichen geht, boykottieren und dem mörderischen Rad in die Speichen fallen: um denen, die leiden und zugrunde gehen, wirksam beizustehen. Aber dies geschieht nicht. Warum lassen wir es geschehen? Warum ignorieren wir jesuanisches Ethos so eklatant? Elie Wiesel, der das Vernichtungslager Auschwitz überlebte, fragte uns sehr schlicht: »Ist das, was Ihr Christentum nennt, die Botschaft Jesu?«[4]

Wir müssen Wiesels Frage verneinen und unumwunden konzedieren: Das, was wir heute Christentum nennen, ist nicht mehr die Botschaft Jesu. *Die radikal inklusive und leidempfindsame Botschaft Jesu wurde von Theologie und Kirche von Beginn an verkehrt in eine christliche Lehre, für die Exklusivitätsanspruch und Ausgrenzung konstitutiv waren und geblieben sind.* Vorliegende Untersuchung begründet diese These und zieht Konsequenzen daraus.

Die exklusive christliche Strategie der Selbstbestätigung und Selbstbehauptung auf Kosten anderer richtete sich als erstes gegen das Judentum. Christliche Identität bestimmte sich von Beginn an antijüdisch. Der evangelische Neutestamentler Klaus Wengst nennt dies den »Geburtsfehler«[5] des Christentums. Judenfeindlichkeit, die immer wieder zu Gewaltexzessen führte, blieb fortan im christlichen Selbstverständnis tief verwurzelt und überdauerte die Jahrhunderte.

Kirchliche Schuld an der Schoah

Die überkommene christliche Judenfeindlichkeit machte christlich geprägte Gesellschaften empfänglich für rassistischen Antisemitismus und erstickte Mitgefühl und Mitleiden mit den verfolgten jüdischen Mitmenschen schon im Keim. Hatten es sich die »Gottesmörder«, die Jesus ans Kreuz schlugen, nicht selbst zuzuschreiben, wie mit ihnen verfahren wurde? Warum waren sie so verblendet und ließen sich nicht zum einzig wahren Glauben bekehren? War hinter ihrer Zerstreuung und Verfolgung womöglich ein geheimer Plan Gottes verborgen? Die Gründe für die Gleichgültigkeit der Deutschen gegenüber der nationalsozialistischen Judenverfolgung reichen zurück bis zu den Anfängen des Christentums. Diese Gründe müssen aufgedeckt und bedacht werden. Erst dann lässt sich das fast vollständige öffentliche Schweigen von Papst Pius XII. und den deutschen Bischöfen sowie die Passivität der christlichen Bevölkerung angesichts der Judenverfolgung angemessen einordnen. Wer den Anteil christlicher Schuld an der Schoah ermessen will, muss sich mit der *gesamten* Geschichte christlicher Judenfeindlichkeit befassen. Sich al-

lein auf das Versagen der Kirchen zur Nazizeit zu konzentrieren, verdeckt die tiefen Wurzeln christlicher Judenfeindlichkeit und verhindert, die notwendigen Lehren aus ihren monströsen Folgen zu ziehen.
Wer Berichte derer hört, die die Schoah überlebt haben, wer sich einem Ort des Grauens aussetzt oder wer die Leidensgeschichten der Opfer liest, den überkommt Entsetzen über das Unfassbare, was Menschen hier angetan wurde. Entsetzen kann lähmen. Die Unbegreiflichkeit des Geschehenen kann eine nüchterne Aufarbeitung verhindern und dem Verdrängen Vorschub leisten. Dem ersten Entsetzen muss aber die Analyse folgen, was und wer die Schoah ermöglichte. Nach allem, was wir heute wissen können, ist dann für diejenigen, die sich zum christlichen Glauben bekennen, ein zweites Entsetzen unvermeidlich: Christliche Theologie und Kirchen haben zur Schoah beigetragen. Christlicher Judenhass ermöglichte die Schoah. Das Christentum ist damit mitverantwortlich für millionenfachen Mord und unvorstellbare Gräuel. Das Ungeheuerliche muss ausgesprochen, bekannt und bleibend erinnert werden. Anders als beim ersten Entsetzen sind wir nun nicht mehr Unbeteiligte, Außenstehende und andere Anklagende. Der uns überlieferte Glaube ist jetzt radikal in Frage gestellt. Die Anklage trifft uns nun selbst, trifft unseren Glauben, trifft das, was uns als wahr und heilig vermacht wurde und uns teuer ist. Wie sollten wir noch länger glauben können, was derart vernichtendes Potential in sich trägt?

Katholische Kirche verweigert Schuldeingeständnis bis heute

Das *erste* Entsetzen angesichts der Schoah ist in meiner Kirche eine Selbstverständlichkeit geworden, fast schon ein vielfach geübtes, auch von Päpsten vollzogenes Ritual. Sie verleihen ihrer Erschütterung glaubwürdigen Ausdruck, besuchen Synagogen und Gedenkstätten, bekennen sich zum Judentum als Wurzel des Christentums, dokumentieren öffentlich ihre Solidarität mit dem Judentum und verurteilen jeglichen Antisemitismus auf das Schärfste. Anders verhält es sich mit dem *zweiten* Entsetzen, dem Entsetzen über kirchliche Schuld. Meine Kirchenleitung lässt dieses bislang nicht zu. Sie weicht der Konfrontation mit ihrer eigenen Schuldgeschichte aus, lenkt ab, relativiert und verweigert ein unmissverständliches kirchliches Schuldeingeständnis. Die Verantwortlichkeit für die Folgen christlichen Judenhasses ist für meine Kirche offensichtlich so niederschmet-

ternd, dass sie bislang nicht die Kraft und nicht die Worte fand, zu ihr zu stehen und ihre Schuld schonungslos gegen sich selbst zu bekennen.
Es gilt hier sorgfältig zu unterscheiden: Wir Heutigen sind nicht verantwortlich für jahrhundertelange christliche Judenfeindlichkeit und das nahezu völlige Versagen christlicher Kirchen während der Nazizeit. Aber wir machen uns schuldig, wenn wir heute christlichen Glauben verkünden oder christliche Theologie lehren und dabei die judenfeindliche christliche Tradition nicht aufdecken, sondern herunterspielen, ignorieren oder gar leugnen, statt radikal mit ihr zu brechen. Ein Christentum, das sich im Gegensatz zum Judentum definierte, Judenhass verbreitete, Antisemitismus förderte und dazu beitrug, dass die Schoah möglich wurde, hat jede Existenzberechtigung verloren.

Theologische Revision steht aus

Mir scheint, meine Kirche kultiviert das erste Entsetzen, um das zweite zu unterdrücken und abzuwehren. Denn das Bekenntnis zur Mitschuld an Antisemitismus und Schoah fordert Konsequenzen, deren Preis hoch ist: die Zurücknahme des Anspruchs, im Besitz des einzig wahren Glaubens zu sein; in eins damit den Verzicht auf angemaßte Macht über Menschen; die Depotenzierung christlicher Dogmatik und die Tilgung all ihrer potentiell judenfeindlichen Elemente; die Preisgabe der Vorstellung, dass der Geist Gottes meine Kirche »unaufhörlich innerlich durchdring[e] und form[e]«[6]. Denn heute noch zu behaupten, dass eine Kirche, die jahrhundertelang auf allen kirchlichen Ebenen Judenhass pflegte, unaufhörlich vom Geist Gottes durchdrungen gewesen sei, ist Blasphemie. Christliche Theologie und Kirchen sind selbst verantwortlich für das, was sie taten, unterließen und bewirkten, und sie sind verantwortlich für die Konsequenzen, die sie heute daraus ziehen oder verweigern. Sie stehen heute vor der unerledigten Frage, ob und gegebenenfalls wie christlicher Glaube angesichts seiner Schuldgeschichte noch gerechtfertigt werden kann und welche Form er annehmen muss, um christliche Existenz glaubwürdig zu begründen.

Übersicht

Damit ergibt sich für die vorliegende Untersuchung folgender Gedankengang:

Im *ersten Kapitel* wird im Anschluss an exegetische und kirchengeschichtliche Erkenntnisse aufgezeigt, wie im Widerspruch zum traditionellen Narrativ Pfingsten nicht schon der »Geburtstag« der christlichen Kirche ist. Von »Christentum« war erst im zweiten Jahrhundert die Rede, als sich christliche Gemeinden im ausschließenden Gegensatz zum Judentum zu verstehen begannen. Dagegen gab es anhaltenden innerkirchlichen Widerstand, der erst in der zweiten Hälfte des ersten Jahrtausends endgültig gebrochen war. Diejenigen Theologen, die weder jüdische Gemeindeglieder noch eine jüdische Frömmigkeitspraxis in den christlichen Reihen dulden wollten, setzten sich durch: Antijüdische Exklusivität dominierte fortan im Christentum, das sich seiner Identität auf Kosten des Judentums versicherte.

Zunächst spiegelte sich in dem exklusiven christlichen Programm nur das Selbstverständnis einer kleinen, wiederholt selbst verfolgten Minderheit. Doch ab dem vierten Jahrhundert, als das Christentum im Zuge der »Konstantinischen Wende« im Römischen Reich erst geduldet und schließlich zur Staatsreligion erhoben wurde, spitzte sich die antijüdische christliche Polemik zu. Aufgrund der veränderten Machtverhältnisse konnten nun überdies der Polemik entsprechende Taten folgen. Was zunächst nur Theorie war, hatte jetzt konkrete gesellschaftliche Auswirkungen für die Jüdinnen und Juden, die im römischen Reich lebten. An exemplarischen Beispielen wird im *zweiten Kapitel* gezeigt, wie das dezidiert antijüdische christliche Selbstverständnis die gesamte christliche Kirchengeschichte begleitete und fatale Folgen zeitigte.

Die in der Theologie gängige Differenzierung zwischen christlichem Antijudaismus und rassistischem Antisemitismus ist zwar begrifflich möglich, verschleiert aber die tatsächlichen Zusammenhänge zwischen beiden Phänomenen und wird bis heute dazu benutzt, um christliche Judenfeindschaft möglichst in Distanz zum Antisemitismus der Nazis zu bringen. Das *dritte Kapitel* zeigt hingegen auf, dass christliche Judenfeindlichkeit nicht abtrennbarer Teil einer Entwicklung ist, die zum rassistischen Antisemitismus führte. Die christlichen Kirchen und die christliche Theologie haben durch ihre über Jahrhunderte hin betriebene Judenfeindschaft in Wort und Tat dem rassistischen Antisemitismus und seinen Folgen den Boden bereitet. Sie sind damit mitverantwortlich für die Schoah.

Das *vierte Kapitel* befasst sich mit kirchlichen und theologischen Stellungnahmen zum Judentum und zur Schoah in den Jahrzehnten nach dem Zweiten Weltkrieg. Es wird untersucht, wofür die Kirchen Verantwortung übernahmen oder verweigerten, inwiefern dies zu theologischen Konsequenzen führte und inwieweit antijüdische Stereotype beibehalten wurden. Dabei wird sich erweisen, dass verschiedentlich theologische Korrekturen vorgenommen und das christliche Verhältnis zum Judentum auf eine neue Grundlage gestellt wurde. Aber die radikale Revision christlicher Theologie, die notwendig gewesen wäre, um den genannten »Geburtsfehler« des Christentums zu beheben, wurde bislang versäumt.

Diese Revision muss in Verantwortung vor der Geschichte christlicher Gottesrede geschehen. Denn die Exklusivität, die das Christentum von Beginn an für sich beanspruchte, richtete sich bald nicht nur gegen das Judentum, sondern blieb ein Markenkern christlichen Glaubens. Exklusivitätsansprüche nach außen und nach innen prägten das Christentum, ganz besonders in seiner römisch-katholischen Variante. Opfer wurden im Verlauf der Kirchengeschichte Gläubige anderer Konfessionen und Religionen, sogenannte »Ketzer« in den eigenen Reihen, indigene Völker, die im Rahmen der Kolonisation missioniert wurden, und bis heute auch Frauen, Homosexuelle, Transgender, Intersexuelle und überhaupt als »anders« wahrgenommene Menschen. Exemplarisch wird im *fünften Kapitel* aufgezeigt, in welchem Ausmaß das exklusive Selbstverständnis die christlichen Kirchen prägte und welche unheilvollen Konsequenzen sich daraus ergaben und noch immer ergeben.

Vor diesem Hintergrund werden im *sechsten Kapitel* Prinzipien formuliert und begründet, denen eine revidierte christliche Theologie genügen muss. Dazu zählen erstens der umfassende Verzicht auf Exklusivitätsansprüche insbesondere (aber nicht nur) gegenüber dem Judentum, zweitens die kategorische Verpflichtung christlicher Theologie und kirchlicher Praxis auf Humanität und drittens eine Entdogmatisierung christlicher Theologie verbunden mit der grundsätzlichen Abkehr von der Vorstellung, Christentum sei eine dogmatische Religion.

Im *siebten und letzten Kapitel* werden diese Prinzipien konkretisiert. Dabei wird an der Möglichkeit christlichen Glaubens und christlicher Theologie festgehalten, aber eine klare Alternative zur traditionellen Theologie skizziert: eine undogmatische christliche Theologie, die Jesu Vision einer wahrhaft inklusiven und gerecht gestalteten Welt als verbindlich anerkennt und in Verantwortung vor ihrer Geschichte konsequent auf Exklusivitätsansprüche verzichtet.

Standpunkt und Sprache

Vorliegende Studie ist nicht aus der Perspektive eines Historikers verfasst, der die komplexen Voraussetzungen und Gründe zu erschließen versucht, die die Schoah ermöglichten, sich dabei aber jeder moralischen Bewertung enthält. Ich bin katholisch sozialisiert und stehe in der Tradition christlichen Glaubens. Dies prägt unvermeidlich den Charakter meiner Untersuchung. Wenn ich mich als Theologe mit der Rolle der katholischen Kirche im Zusammenhang mit der Schoah und der bis heute in ihr fortwirkenden Judenfeindlichkeit befasse, ist meine Intention nicht, meine Kirche nach Kräften zu verteidigen, alle nur denkbaren entlastenden Aspekte zusammenzutragen und ihr Versagen dadurch zu relativieren. Wer daran interessiert ist, findet die entsprechenden Argumente in den amtskirchlichen römisch-katholischen Verlautbarungen zur Schoah der vergangenen Jahrzehnte. Ich messe meine Kirche an ihrem eigenen Anspruch und am Anspruch des jesuanischen Ethos. Nur wenn dies in schonungsloser Weise geschieht, besteht die Möglichkeit, dass die abgründige Schuldgeschichte meiner Kirche nicht zugleich ihr unwiderrufliches Ende besiegeln muss. –

Eine theologische Untersuchung, die als maßgeblichen Bezugspunkt für heutigen christlichen Glauben die jesuanische Inklusionsbewegung beansprucht, muss sich selbstverständlich einer inklusiven sprachlichen Form bedienen, die niemanden ausgrenzt, sondern diejenigen benennt, die tatsächlich gemeint sind. Doch mit unserer Sprache ist es ähnlich wie mit dem Christentum: Beide sind durch ihre Geschichte exklusiv patriarchalisch und heteronormativ imprägniert. Ich stehe damit im Folgenden vor der kaum lösbaren Aufgabe, dem Christentum seinen Exklusivitätsanspruch mit einer Sprache auszutreiben, die sich gegen die Überwindung ihrer eigenen Exklusivität hartnäckig und leider immer wieder auch erfolgreich sperrt. Wer die Exklusivität von Sprache und Christentum nicht ändern und überwinden will, beruft sich gerne auf Tradition,

Konvention, Einheitlichkeit und Ästhetik. Einige beharren auf der Überzeugung, so wie sie sprechen bzw. glauben sei es allein richtig bzw. wahr. Gegen diese Einwände ist schwer anzukommen. Doch es sind schwache Argumente, wenn es darum geht, mit den möglichen sprachlichen und theologischen Mitteln zu vermeiden, was Menschen ausgrenzt und verletzt.

Zu bedenken ist überdies, dass die heute noch immer maßgebliche Gestalt des Christentums fast ausschließlich von Männern geprägt wurde. Apostolische Väter, Kirchenväter, Konzilsväter, Diakone, Priester, Bischöfe, Kardinäle, Päpste – sie alle waren ausschließlich Männer oder mussten zumindest glaubhaft vorgeben, es zu sein, wenn sie ein kirchliches Amt bekleiden und die damit verbundene Macht ausüben wollten. Auf Seiten der Opfer kirchlicher Diskriminierung und Verfolgung war dies anders. Alle, die den autoritären Entscheidungen oder normativen Vorgaben der Kirche nicht folgen konnten oder nicht folgen wollten, waren besonders gefährdet, unabhängig von ihrem Geschlecht. –

Bei Bibelzitaten verwende ich in der Regel die katholische Einheitsübersetzung in der Fassung von 2016. Der Gottesname יהוה wird dabei aber nicht wie dort als »HERR« wiedergegeben, sondern als transkribiertes Tetragramm JHWH belassen.[7]

1. Kapitel: Die falschen Gewinner

1.1 Traditionelles Narrativ vom Beginn des Christentums

Exklusivitätsanspruch und Ausgrenzung seien für das Christentum von Beginn an konstitutiv gewesen, besagt die These. Das stellt vor die Frage, seit wann es das Christentum gibt. Dazu liegt eine vom Christentum tradierte Erzählung vor, die sich in zahllosen schriftlichen und künstlerischen Zeugnissen wiederfindet und die mit verbindlichem Anspruch auftritt. Diese Erzählung wurde über die Jahrhunderte hin mit immer neuen Details angereichert und mit zusätzlichen Facetten ausgeschmückt, in Katechismen niedergeschrieben und auch in sich wissenschaftlich gebenden Kirchengeschichtsdarstellungen dokumentiert. Diese Erzählung bildete die Grundlage für die religiöse Erziehung von Kindern und Jugendlichen, sie spiegelt sich bis heute in den Illustrationen von Kinderbibeln und in den Arbeitsmaterialien für den Religionsunterricht, und sie beherrscht die Selbstdarstellungen christlichen Glaubens im Internet. Diese Erzählung gibt Auskunft darüber, wie sich das Christentum selbst sieht und zugleich wie es von anderen wünscht wahrgenommen zu werden. Damit war und ist diese Erzählung für das Christentum identitätsbildend und sinnstiftend.

Seit wann gibt es demnach das Christentum? Die christliche Gründungserzählung gibt darauf eine eindeutige Antwort: Das Christentum beginnt mit Jesus Christus, der die christliche Kirche gestiftet hat. »Der Sohn Gottes kam, um dem Alten Bund ein Ende zu machen und einen Neuen zu stiften, einen Bund der Gnade, nicht des Gesetzes«[8], liest man in einem kirchengeschichtlichen Standardwerk des vergangenen Jahrhunderts. »[Der] Herr Jesus machte den Anfang seiner Kirche«[9], heißt es in der Kirchenkonstitution des Zweiten Vatikanischen Konzils. Die Kirche sei »zwar schon seit dem Ursprung der Welt vorausgestaltet«, »im Alten Bund vorbereitet«, schließlich aber »von Jesus Christus gegründet«[10] worden, befindet der »Katechismus der Katholischen Kirche« von 1993 apodiktisch. Schon Jesus attackierte dieser Gründungserzählung zufolge die jüdische Tora, »das Gesetz«, indem er dem mosaischen Gesetz vom Berg Sinai in der Bergpredigt und hier vor allem in den »Antithesen« (Mt 5,21–48) die neuen christlichen Gebote entgegengehalten habe. Mit den Antithesen habe Jesus »Autorität neben und gegen Mose beansprucht« und sich damit »faktisch über Mose gestellt«, schreibt der evangelische Theologe Ernst Käsemann im Jahr 1954. Jesus »[sei] wohl Jude gewesen und setz[e] spätjüdische Frömmigkeit voraus, aber er zerbrech[e] gleichzeitig mit seinem Anspruch diese Sphäre«[11].

Als wesentlich an Person und Botschaft Jesu wurde nicht betrachtet, »was Jesus mit seinem Volk und seiner Zeit geteilt hat [...], sondern was ihn von seinem Volk und seiner Zeit unterschieden hat, das ist sein, das ist das Wesentliche an ihm und seiner Predigt«[12]. Auch als *historisch gesichert* an Jesu Wirken und Verkündigung galt nicht das mit dem Judentum seiner Zeit *Gemeinsame*, sondern das *Unterschiedliche*, genauer, das *vermeintlich* Unterschiedliche. Dieses »Differenzkriterium« dominiert in der Jesusforschung des gesamten 20. Jahrhunderts und wirkt bis heute in die systematische Theologie hinein, die neue exegetische Einsichten – wenn überhaupt – nur mit reichlicher Verzögerung rezipiert.

Als erste Christen gelten die Apostel, die Jesus in seine Nachfolge gerufen hat. Erstmals öffentlich in Erscheinung getreten sei die Kirche 50 Tage nach Ostern am Pfingstfest. Darum wird Pfingsten »als der ›Geburtstag der Kirche‹ und als Beginn der weltweiten Mission«[13] gefeiert, wie auf den Internetseiten der Evangelischen Kirche in Deutschland nachzulesen ist. Da in unserer Gesellschaft christliches Traditionsgut vielen Menschen nicht mehr bekannt ist, erläutert der Deutschlandfunk seit einigen Jahren im Rahmen seiner Nachrichtensendungen kurz die Bedeutung der großen christlichen Feiertage. Am Pfingstsonntag 2021 informierte der Deutschlandfunk erst über die Pfingstpredigt des Papstes und erläuterte dann ganz entsprechend der christlichen Gründungserzählung:

> »Pfingsten ist ein christliches Fest. Es geht auf den Glauben an die Dreieinigkeit Gottes zurück. Demnach tritt Gott als Vater, als Sohn in der Gestalt Jesu Christi und als Heiliger Geist in Erscheinung. Dem Glauben nach fuhr Jesus 40 Tage nach seiner österlichen Auferstehung von den Toten in den Himmel auf. Daraufhin sandte Gott den Heiligen Geist zu den Gläubigen. Das Ereignis, bei dem die ersten Menschen laut Bibel vom Heiligen Geist erfüllt wurden – es waren die Jünger Jesu –, wird heute als Pfingsten gefeiert. Es ist in der Apostelgeschichte niedergeschrieben. Von da an nahm die Ausbreitung des christlichen Glaubens ihren Ausgang, heißt es, da die Jünger plötzlich alle Sprachen der Welt sprechen und verstehen konnten. Daher gilt Pfingsten somit auch als Geburtsstunde der Kirche.«[14]

Abb. 1: Ausschnitt aus dem Flügelaltar von Sieger Köder in der Kieler St. Heinrichs-Kirche

So lernen es auch Kinder und Jugendliche im christlichen Religionsunterricht. Im Beispielcurriculum für das Fach Katholische Religionslehre in Baden-Württemberg für das 4. Schuljahr heißt es: »Parallel zum Kirchenjahr setzen sich die Schülerinnen und Schüler mit dem Pfingstfest als ›Geburtstag der Kirche‹ auseinander und lernen, wie die Bibel bildhaft vom Wirken des Geistes Gottes und der Geburtsstunde der Kirche erzählt.« Als mögliche Leitfragen für den Unterricht werden genannt: »Wie lebten die ersten Christen ihren Glauben? Was ist ihnen widerfahren? Wie konnte es geschehen, dass sich das Christentum über die ganze Welt verbreiten konnte?«[15]

Die Vorstellung, dass die Kirche ihren Anfang an Pfingsten genommen habe, spiegelt sich im Altarbild der Kieler St. Heinrich-Kirche, das der katholische Theologe und Künstler Sieger Köder gestaltet hat. Dieses Bild bzw. seine Variationen illustriert auch eine Reihe von Arbeitsmaterialien für den katholischen Religionsunterricht zu den Themen Pfingsten und Heiliger Geist. Zweifellos ist das Bild gut gemeint. Es ist eine Referenz an bedeutende und eindrucksvolle Christen: an Dietrich Bonhoeffer, der zu den wenigen Deutschen zählt, die dem Naziregime die Stirn boten; an Papst Johannes XXIII., der mit der antijüdischen Kirchenpolitik seiner Vorgänger brach und die Welt mit einem Reformkonzil überraschte; und an Athenagoras, den ökumenisch gesinnten Patriarchen von Konstantinopel. Sieger Köders Gemälde ist ein starkes Statement für christliche Ökumene: Christliche Konfessionen besinnt euch auf eure Gemeinsamkeiten, ihr bewohnt ein gemeinsames Haus, besinnt euch auf das Engagement eurer besten Köpfe für Gottes gute Nachricht, seid beseelt von Gottes gutem Geist! Wir werden freilich sehen, dass dieses Bild auch ganz anders »gelesen« werden kann und nach dem, was wir mittlerweile über den Ursprung der Kirche wissen, auch anders gelesen werden muss.

Der Evangelist Lukas, der in der Apostelgeschichte von den Pfingstereignissen erzählt, wird noch in einem jüngst erschienenen Opus Magnum über »die Urgemeinde und das Judenchristentum« als »der erste christliche Geschichtsschreiber«[16] bezeichnet.

> »So beginnt mit dem ersten Pfingstfest die eigentliche Geschichte der Christlichen Kirche: sie war nun vor aller Welt feierlich als das neue universale, von der Synagoge unabhängige Messiasreich proklamiert und mit dem ›Geist der Wahrheit‹, der immerdar bei ihr bleiben wird (Jo 14,17), ausgestattet.«[17]

Diese triumphierende Selbstdarstellung konnte ich als katholischer Theologiestudent gegen Ende der 1970er Jahre in der Kirchengeschichte nachlesen, die uns von unserem Professor für Alte Kirchengeschichte zur Lektüre empfohlen worden war. Als »Stephanus von der Aufhebung des Alten Bundes durch Christus sprach«, hieß es da, »wurde er als erster christlicher Martyrer der Kirche in tumultarischer Weise von den Juden gesteinigt.«[18] Schon »nach kurzer Zeit floß in Jerusalem neues Christenblut«, stand dort weiter geschrieben, denn »den Juden zu Gefallen«[19] habe Herodes Agrippa den Apostel Jakobus den Älteren hinrichten lassen.

Einen besonders prominenten Platz in der traditionellen Gründungserzählung des Christentums nimmt die Christuserscheinung des Paulus vor Damaskus ein, von der vor allem in der Apostelgeschichte (Apg 9,1–22) die Rede ist, die aber auch von Paulus selbst wiederholt erwähnt wird (vgl. Gal 1,15f und 1 Kor 15,8). Das christliche Narrativ machte daraus eine Bekehrung vom Saulus zum Paulus, vom Juden zum Christen, »vom Verfolger zum Verfolgten [...], vom Peiniger zum Propagandisten des Christentums, vom Pharisäer zum Völkerapostel, vom Tora-Juden zum Verkünder des Evangeliums, vom Hasser zum Heiligen, vom Liquidationsfunktionär zum Liebesprediger«[20]. Geradezu martialisch formulierte es der protestantische Theologe und Kirchenhistoriker Adolf von Harnack vor nicht einmal 100 Jahren: »Paulus zertrümmerte mit dem Kreuz Christi die Religion Israels.«[21]

Paulus wird bis heute als »erste[r] ›christliche[r] Theologe‹«[22] und christlicher Missionar gefeiert. Ihm gelingt es in Korinth »sogar den Synagogenvorsteher und seine Familie zum Christentum [zu] bekehren«[23], weiß ein Kommentar zur Apostelgeschichte, der erst vor wenigen Jahren im Katholischen Bibelwerk erschienen ist.

Vor allem die römisch-katholische Kirche beanspruchte für sich, mit ihrer eigenen Geschichte nahtlos an Jesus und die Apostel anzuknüpfen. Im Schulkatechismus meines Vaters, dessen Antworten er noch auswendig hersagen musste, fand dies einen schlichten, aber unmissverständlichen Ausdruck, der keinen Zweifel oder Widerspruch zuließ:

> »*Wer hat die Kirche gestiftet?* Die Kirche hat Jesus Christus gestiftet.
> *Wie hat Christus die Kirche gestiftet?* Christus hat Gläubige um sich gesammelt und die Apostel als Hirten seiner Gläubigen aufgestellt. Diese Gläubigen mit ihren Hirten heißen seit den ältesten Zeiten die ›katholische Kirche‹.
> *Wen hat Christus zum Oberhaupt der Kirche gemacht?* Zum Oberhaupt der Kirche hat Christus den hl. Petrus gemacht. [...]
> *Wer ist der Nachfolger des hl. Petrus?* Der Nachfolger des hl. Petrus ist der Papst zu Rom. [...]
> *Wer sind die Nachfolger der Apostel?* Die Nachfolger der Apostel sind die Bischöfe.«[24]

Im Kern stimmen die unterschiedlichen Variationen dieser Gründungserzählung darin überein, dass Jesus Christus das Christentum gestiftet habe, dass die zwölf Apostel, indem sie Jesus nachfolgten, Christen geworden seien, dass »die Juden« die Verantwortung für Jesu Kreuzigung trügen und dass das Christentum von Anfang an der blutigen Verfolgung durch das Judentum ausgesetzt gewesen sei. Diese Erzählung inszeniert die ersten Christ*innen als Menschen, die ihren ursprünglich jüdischen Glauben aufgegeben und sich zum christlichen bekehrt hätten. Doch die Mehrheit des Judentums sei verblendet geblieben, habe sich nicht bekehren lassen, sondern die christliche Urgemeinde verfolgt.

1.2 Die christliche Gründungserzählung: ein antijüdischer Mythos

Die Begriffe »Christen«, »christlich« und »Christentum« werden in der gerade skizzierten Gründungserzählung geradezu inflationär für die bis auf Jesus und Paulus zurückgehende Zeit gebraucht. Die Rede ist von »christlicher Urgemeinde«, »Judenchristen«, »christlichem Gottesdienst«, »Urchristentum«[25] und »junge[r] Christenheit«[26] usw. Das ist höchst bemerkenswert, wenn man bedenkt, dass in den paulinischen Briefen und in den neutestamentlichen Evangelien – letztere wurden erst ungefähr 70 bis 100 d. Z., also Jahrzehnte nach Jesu Tod, abgefasst – *kein einziges Mal* die Wörter »christlich«, »Christen« oder gar »Christentum« begegnen und dass im gesamten griechischen Neuen Testament überhaupt nur an drei Stellen von »Christianoi« bzw. »Christianos« die Rede ist: zweimal davon als Benennung durch Außenstehende (Apg 11,26; 26,28) und nur einmal als Selbstbezeichnung im 1. Petrusbrief (4,16), der wohl erst um das Ende des 1. Jahrhunderts abgefasst wurde.[27]

Nun kann man einwenden, zwar hätten alle diese Begriffe zur »Frühzeit des Christentums« noch nicht existiert, wohl aber seien sie im Hinblick auf das, was sie bezeichnen, sachlich angemessen. Doch so wie die Begriffe christlich und jüdisch, Christentum und Judentum in der weiteren Theologiegeschichte gebraucht und zumeist bis heute auch verstanden werden, haben sie jeweils einander ausschließenden Charakter: Wer Christin ist, kann nach gängigem Verständnis nicht zugleich Jüdin sein, wer Jude ist, kann nicht zugleich Christ sein.[28] Das gilt auch für den in der exegetischen Literatur immer noch gebräuchlichen Begriff »Judenchrist«: Dass damit nicht etwa jemand bezeichnet wird, der zugleich

Christ *und* Jude ist, belegt der komplementäre Begriff »Heidenchrist«: So wurde genannt, wer »Heide« *war* und Christ *wurde*. Entsprechend suggeriert »Judenchrist« jemanden, der Jude *war* und Christ *wurde*.

Die Anwendung christlicher Begriffe auf die Apostel, Stephanus oder die Evangelisten grenzt diese gegen das Judentum ihrer Zeit ab, ja stellt sie ihnen entgegen. Indem sie als »Christen« bezeichnet werden, soll ihre Distanz zum Judentum ausgedrückt werden. Das aber entspricht nicht dem damaligen Selbstverständnis dieser Jüd*innen, die in Jesus zwar den Messias/Christus sahen, den Gott nach seinem Tod am Kreuz auferweckt habe, die sich damit aber keineswegs vom Judentum abwenden wollten. Die Anwendung christlicher Begriffe auf die Verhältnisse im ersten Jahrhundert d. Z. ist antijüdische Provokation und christliche Projektion, die ein die damaligen Umstände verzerrendes fiktives Bild entwirft.[29]

Forschung ist in den hermeneutischen Wissenschaften, in denen es um ein Verständnis und die Deutung historischer Quellen geht, fast immer vielstimmig. Umso bemerkenswerter ist der weitgehende Konsens, in dem in den vergangenen Jahrzehnten neutestamentliche Exegese und Geschichtswissenschaft der im letzten Abschnitt skizzierten Gründungserzählung Zug um Zug den Boden entzogen. Diese Erzählung wurde als Mythos aufgedeckt, der nicht den damaligen historischen Gegebenheiten entspricht, aber zum Bezugspunkt einer verheerenden Wirkungsgeschichte wurde. Die diesbezügliche exegetische Forschung ist in unzähligen wissenschaftlichen Publikationen dokumentiert und kann hier nur knapp zusammengefasst werden.[30]

Jesus wurde als Jude geboren und nach den Vorschriften der Tora am achten Tag nach seiner Geburt beschnitten. Er hat als toragläubiger Jude gelebt und ist als Jude gestorben. Das wird heute von niemandem mehr ernsthaft bestritten.

> »Jesus war Jude: Angehöriger dieses kleinen, armen, politisch machtlosen Volkes am Rand des Imperium Romanum. Er wirkte unter Juden und für Juden. Seine Mutter Maria, sein Vater Josef, seine Familie, seine Gefolgschaft waren Juden. Sein Name war jüdisch [...]. Seine Bibel, sein Gottesdienst, seine Gebete waren jüdisch. Er konnte in jener gegebenen Situation an keine Verkündigung unter den Heiden denken. Seine Botschaft galt dem jüdi-

> schen Volk, diesem allerdings in seiner Gesamtheit ohne irgendeinen Ausschluß.«[31]

Heute sind das Selbstverständlichkeiten, sollten es zumindest sein. Doch als dies der katholische Theologe Hans Küng in seinem Buch »Christsein« im Jahr 1974 konstatierte, war es noch unüblich, dies unumwunden festzustellen. Es musste eigens betont werden, weil es zuvor mit aberwitzigen Argumenten geleugnet, übergangen, relativiert oder zumindest als erklärungsbedürftiger Makel empfunden wurde. So hatte der evangelische Theologie Rudolf Bultmann Jesu Judesein noch wenige Jahre zuvor damit erklärt, »daß er nur als Jude das Judentum radikal überwinden konnte« und es schien ihm »nur [...] ein Wortstreit zu sein, ob man ihn als Juden bezeichn[e] oder nicht«[32].

Eine neue Religion zu gründen, lag Jesus völlig fern. Die Mose-Tora hat er nicht in Frage stellen, überbieten oder gar aufheben wollen, sondern er war gläubiger Jude, der mit und aus der Tora gelebt hat.[33] In dieser Einsicht war die jüdische Forschung der christlichen weit voraus. Der jüdische Theologe Walter Homolka hat kürzlich darauf hingewiesen, dass die Einordnung Jesu ins Judentum schon durch jüdische Gelehrte wie Isaak ben Abraham von Troki (1533–1594), Leon de Modena (1571–1648) und Moses Mendelssohn (1729–1786) vorgenommen wurde.[34] Seit dem 19. Jahrhundert hat jüdische Leben-Jesu-Forschung die christliche Vereinnahmung Jesu kritisiert und dessen Eingebundenheit in sein jüdisches Umfeld betont. Neben dem jüdischen Theologen und Historiker Abraham Geiger (1810–1874)[35] sind hier insbesondere Joseph Klausner (1874–1958)[36] und Leo Baeck (1873–1956) zu nennen. Baeck erkennt in Jesus einen Mann aus dem jüdischen Volke, auf jüdischen Wegen, im jüdischen Glauben und Hoffen, dessen Geist in der Heiligen Schrift gewohnt und der das Wort Gottes verkündet und gelehrt habe, weil Gott ihm gegeben habe zu lehren und zu predigen. Baeck führt aus:

> »Einen Mann sehen wir [...] vor uns, der in allen den Linien und Zeichen seines Wesens das jüdische Gepräge aufzeigt, in ihnen so eigen und so klar das Reine und Gute des Judentums offenbart, einen Mann, der als der, welcher er war, nur aus dem Boden des Judentums hervorwachsen konnte und nur aus diesem Boden

hervor seine Schüler und Anhänger, so wie sie waren, erwerben konnte, einen Mann, der hier allein, in diesem jüdischen Bereiche, in der jüdischen Zuversicht und Sehnsucht durch sein Leben und in seinen Tod gehen konnte – ein Jude unter Juden.«[37]

Auch die sogenannten »Antithesen« in der Bergpredigt des Matthäusevangeliums (Mt 5,21–48), die in der christlichen Dogmatik bis heute dazu dienen zu belegen, dass Jesu Verkündigung jüdische Kategorien angeblich sprenge, versteht mittlerweile auch die christliche Exegese nicht mehr als Entgegensetzung zur Tora, sondern als aktualisierende *Auslegung* der Tora. »Dass die Bergpredigt durchgängig im Rahmen des Judentums bleibt, ist in der Forschung eindringlich und unwiderleglich gezeigt worden«[38], hält der Alttestamentler Frank Crüsemann fest.
Es mag umstritten sein, ab wann berechtigterweise von Christentum als vom Judentum getrennter Religion gesprochen werden kann. Aber mit allem Nachdruck ist darauf zu bestehen, dass das Christentum historisch nicht schon mit Jesus seinen Anfang nahm. Damit ist es falsch zu behaupten, die »historische Forschung der Gegenwart ha[be] herausgestellt, dass Jesus von Nazareth sowohl dem Judentum als auch dem Christentum angehör[e]«[39]. Richtig ist, dass die historische Forschung ergab, dass Jesus von Nazareth voll und ganz dem Judentum angehört, aber eben nicht dem Christentum, das es zu seiner Zeit noch gar nicht gab. Das Christentum hat sich erst später Jesus von Nazareth angeeignet und als seinen Stifter in Anspruch genommen – aber es ist eine Geschichtsverzerrung, Jesus als Angehörigen des Christentums zu verstehen. Zwischen Jesus und das Judentum lässt sich kein Keil treiben, auch nicht mit christlicher Begrifflichkeit. Zwischen Jesus und dem Judentum besteht kein Riss oder Bruch. Das heißt aber auch: Der faktische Bruch zwischen Judentum und Christentum liegt zeitlich und sachlich jenseits von Jesus. Daraus ergibt sich zwingend: Dieser Bruch muss zwischen Jesus und dem Christentum liegen – und er vollzog sich erst deutlich später, als es der christliche Gründungsmythos erzählt.
Susannah Heschel, Professorin für jüdische Studien am Dartmouth College in New Hampshire, hat in Erinnerung gerufen, dass diese Auffassung mitsamt den weitreichenden Konsequenzen, die sich daraus ergeben, bereits im 19. Jahrhundert von Abraham Geiger vertreten wurde:

»Geiger war der erste, der Jesus als Pharisäer verstand, und er behauptete, Jesu Botschaft sei weder originell noch einzigartig gewesen. Alles, was Jesus gelehrt habe, sei aus dem Judentum übernommen. Weil Jesus so vollständig im Glauben des Judentums beheimatet war, verkündete Geiger, weise das Christentum – die Religion, die ihn zum Gegenstand habe – wenig Ähnlichkeiten zu Jesu eigenem Glauben auf. Geiger versuchte auf diese Weise die Verbindung zwischen Christentum und Jesus zu durchtrennen, so wie die christlichen Theologen seiner Zeit die Verbindung zwischen Jesus und dem Judentum aufzulösen trachteten. In beiden Argumentationen stand die Frage auf dem Spiel, wer die Grenze zwischen den beiden Religionen definieren sollte.«[40]

Die »Grenze zwischen den beiden Religionen« ist bis heute nicht bestimmt, aber sie verschiebt sich in zeitlicher Hinsicht immer weiter bis ins zweite Jahrhundert und darüber hinaus. Die an der Stanford University lehrende Judaistin Charlotte Fonrobert, die sich schwerpunktmäßig mit dem Verhältnis von Judentum und Christentum in der späten Antike befasst, kommt zu der Einschätzung, dass man letzten Endes erst in der zweiten Hälfte des ersten Jahrtausends [!] von Judentum und Christentum als einander ausschließenden Größen sprechen könne, mit der Kirche auf der einen Seite und der Synagoge oder den rabbinischen Lehrhäusern, in denen die rabbinischen Gelehrten den Talmud formulierten, auf der anderen.[41] Anders als zur Zeit Abraham Geigers anerkennen mittlerweile auch christliche Exegese und Kirchengeschichtsschreibung, dass Jesus in keiner Weise mit dem Judentum gebrochen oder in seiner Verkündigung dessen Grenzen überschritten hat. Nur haben die christliche Dogmatik und die Kirchen aus dieser Einsicht noch nicht die fälligen Konsequenzen gezogen.

Auch die Menschen, die sich Jesus anschlossen, waren noch keine »Christen« und auch keine »Judenchristen«, sondern sie verstanden sich selbstverständlich weiterhin als eine jüdische Gruppe neben zahlreichen anderen, zum Teil miteinander rivalisierenden jüdischen Gruppen. Dieses Selbstverständnis trifft noch jahrzehntelang für die »Jesusnachfolgebewegung« zu, die Jesus als den Messias bekannte. Es war eine *jüdische* messiasgläubige Gruppe, die die Jerusalemer Gemeinde bildete und nicht etwa die »christliche Urkirche«. Die Apostelgeschichte (Apg 2,1–13) beschreibt kein »christliches« Pfingsten, sondern erzählt von einem Geschehen am traditionellen jüdischen Wochenfest, das am 50. Tag nach dem Pesachfest gefeiert wird – die Bezeichnung Pfingsten ist abgeleitet von »pentekoste« (griech. »fünfzig«). Paulus wurde vor Damaskus nicht vom Juden zum Christen bekehrt. Der entsprechende Text im Galaterbrief, in dem Paulus davon erzählt, ist nach dem Modell einer Berufung zum Propheten gestaltet, die für ihn eine Lebenswende bedeutete:

> »Es handelt sich um eine Wende *innerhalb* des Judeseins des Paulus, nach der er jedoch sein Judesein unter veränderten Bedingungen lebte.«[42]

Apostelgeschichte und Galaterbrief schildern, wie Paulus vor Damaskus dazu *berufen* wurde, Jesus als Messias zu verkünden – das bedeutete gerade nicht, dass Paulus damit sein Judesein aufgab, wie er auch selbst in seinen Briefen wiederholt betont.
Als Juden – und im Fall von Lukas möglicherweise als Proselyt[43] – und nicht etwa als Christen verstanden sich auch die Verfasser der vier Evangelien. Bei den scharfen und zum Teil auch polemisch und gewalttätig ausgetragenen Konflikten, von denen sie erzählen, handelt es sich um innerjüdische Auseinandersetzungen (zum Beispiel zwischen Jesus und Sadduzäern) und um kontroverse jüdische Positionen, wie sie auch ansonsten innerhalb und außerhalb des Neuen Testaments dokumentiert sind.[44]
Der Neutestamentler Klaus Wengst, der maßgeblich zu den entsprechenden Forschungen beigetragen hat, fasst zusammen:

> »In ihren Anfängen ist die Jesus-Messias-Nachfolgegemeinschaft ganz und gar jüdisch. Und sie bleibt es ihrem Selbstverständnis nach und auch aus der Außenperspektive trotz mancher Konflikte noch in der Abfassungszeit der Evangelien.«[45]

Die Jerusalemer Gemeinde, die Berufung des Paulus, die von Paulus beschriebenen Konflikte, selbst noch die Abfassung der Evangelien – das alles sind innerjüdische Vorgänge, ein »Christentum« existiert im ganzen ersten Jahrhundert d. Z. noch nicht. Dieses Jahrhundert ist genau besehen ein »vorchristliches« Jahrhundert. Der Satz »Das Christentum [...]

bestand ursprünglich nur aus Juden«[46], der so im Lexikon zur revidierten Einheitsübersetzung steht, ist damit schlicht falsch: Die Jesusnachfolgebewegung war eben noch nicht »das Christentum« – erst viel später eignete sich das Christentum diese Bewegung als ihren Ursprung an. Nichtjüdische Menschen, die in dieser Zeit in die jüdischen Jesusnachfolgegemeinschaften aufgenommen wurden, waren wohl zunächst vor allem zum Judentum (nicht etwa zum Christentum!) konvertierte Proselyt*innen (»Hinzugekommene«) und sogenannte »Gottesfürchtige«, die dem Judentum bereits nahe standen und mit ihm schon sympathisierten.[47]
Betrachten wir nun noch einmal das bereits erwähnte Pfingstbild von Sieger Köder, das die Notwendigkeit christlicher Ökumene zum Ausdruck bringen will. Dieses Bild muss jetzt mit anderen Augen betrachtet werden. Das Haus der jüdischen Jerusalemer Gemeinde ist hier von Christen besetzt, die Jüd*innen sind offensichtlich außer Hauses verwiesen. Das Haus ist im Altarbild nicht mehr Versammlungsort einer jüdischen Gemeinde, sondern es repräsentiert jetzt die Kirche, die – nun doch nicht mehr so ganz ökumenisch – auf dem Fundament des Petrus ruht und in der eben kein Platz mehr für Jüd*innen ist. Hausherren sind jetzt die Christen. So verstanden sich die christlichen Kirchen über Jahrhunderte hinweg. Wer die exegetischen und historischen Fakten zur Kenntnis nimmt, kann diese Darstellung kaum ertragen. Sieger Köders Altarbild versuchte dem christlichen Gründungsmythos einen toleranten und weltoffenen Ausdruck zu verleihen. Doch dieses Pfingstbild erzählt von einer rücksichtslosen Hausbesetzung und nimmt damit symbolisch vorweg, was erst Jahrzehnte später wirklich wurde: Die Vertreibung der jüdischen Mitglieder aus den nun erst christlichen Gemeinden.

1.3 Judenfeindlicher Exklusivismus behauptet sich

Denn mehr und mehr dominierten die nichtjüdischen Hinzugekommenen die ursprünglich rein jüdischen Jesus-Nachfolgegemeinschaften und drängten schließlich ihre jüdischen Mitglieder systematisch aus ihnen hinaus. Damit einher geht die Etablierung eines nun dezidiert christlichen Selbstverständnisses nicht nur in Unterscheidung, sondern in scharfem Kontrast zum Judentum. Erst »in der ersten Hälfte des 2. Jahrhunderts«, so Klaus Wengst, »beginnt die Neubestimmung der jetzt ›christlichen‹ Identität in Entgegensetzung zum Judentum«[48]. Anhand von drei Texten, die in diesem Zeitraum entstanden sind und die maßgeblich zur Ausgestaltung eines explizit christlichen Selbstverständnisses beigetragen haben, kann dies gezeigt werden: der Didache, dem Barnabasbrief und den Briefen des Ignatius von Antiochien.

Didache: Fastet nicht gemeinsam mit den Heuchlern!

Die Didache, die sogenannte »Zwölfapostellehre«, ist eine wahrscheinlich um die Wende zum zweiten Jahrhundert aus mehreren älteren Quellen zusammengestellte Schrift, die neben ethischen und liturgischen Anweisungen auch Bestimmungen für die Klärung gemeindlicher Probleme und Fragen enthält.[49]

Die älteren Teile dieser Schrift sind noch deutlich jüdisch geprägt und fassen die Tora fast wortgleich zusammen wie das Matthäusevangelium (vgl. Mt 22,37–40; 7,12), auf das sich die Didache auch an anderen Stellen zu beziehen scheint:

> »Der Weg des Lebens ist nun folgender: An erster Stelle liebe Gott, der dich erschaffen hat, dann deinen Nächsten wie dich selbst. Und alles, was du willst, daß es dir nicht geschehe, das tu auch du keinem anderen an«[50] (Did 1,2).

Der »Weg des Lebens« ist der, den die Tora weist. Dabei wird – wahrscheinlich in einem etwas späteren Zusatz – Verständnis für diejenigen aufgebracht, die diese Tora nicht zur Gänze einhalten können:

> »Sieh zu, daß dich niemand von diesem Weg der Lehre abbringt, denn sonst lehrt er dich fernab von Gott. Denn wenn du das ganze Joch des Herrn tragen kannst, wirst du vollkommen sein; wenn du es aber nicht kannst, tu das, was du kannst. Was aber die Speise angeht, trage, was du kannst. Doch hüte dich peinlich vor dem Götzenopferfleisch, denn es ist Verehrung toter Götter« (Did 6,1–3).

Hier wird eine Situation vorausgesetzt, in der auch nichtjüdische Menschen zu den jüdischen, messiasgläubigen Gemeinden hinzugekommen sind. Für solche »inklusiven« Gemeinden wird eine praktikable und tolerante Regelung für das Zusammenleben von jüdischen und nichtjüdischen Gemeindegliedern empfohlen. Das ist eine Form gegenseitiger Rücksichtnahme und eine Alternative zur Ausgrenzung entweder der jüdischen oder der nichtjüdischen Gemeindeglieder. Gemeinden, die diese von der Didache empfohlene Regelung praktizierten, hat es noch lange gegeben – aber sie konnten sich letztendlich nicht gegen diejenigen behaupten, die nicht bereit waren, die jüdische Lebensweise in ihren Reihen zu dulden und die statt dessen auf eine exklusiv christliche und damit antijüdische Lebensweise pochten. Das zeigt sich bei den Anweisungen bezüglich Fasten und Gebet in den Teilen der Didache, die späteren Ursprungs sind und eine Gemeindesituation widerspiegeln, in der keine Rücksicht mehr auf jüdische Gebets- und Fastentraditionen genommen wird:

> »Eure Fasttage sollt ihr nicht gemeinsam mit den Heuchlern halten. Sie fasten nämlich am Montag und Donnerstag; ihr aber sollt am Mittwoch und Freitag fasten. Betet auch nicht wie die Heuchler, sondern wie es der Herr in seinem Evangelium befohlen hat, so betet [...]. Dreimal am Tag sollt ihr so beten« (Did 8,1–3).[51]

Hier werden nun all diejenigen, die das jüdische Wochenfasten praktizieren, nicht nur pauschal als »Heuchler« diffamiert, sondern es soll auch ausdrücklich nicht mehr an den beiden jüdischen Fastentagen Montag und Donnerstag gefastet werden, sondern am Mittwoch und Freitag. An die Stelle des »Achtzehngebets«, das nach jüdischer Tradition dreimal am Tag gebetet wird, soll dreimal täglich das »Vater unser« treten. Der jüdischen Gebets- und Fastenpraxis wird damit explizit eine andere entgegengesetzt. Die jetzt geforderte Praxis wird als ausschließende Alternative zur jüdischen eingeführt. Es gibt nur ein Entweder – Oder, ein Nebeneinander wird nicht mehr geduldet. *Ersetzung* des Überkommenen durch *Entgegensetzung* des Neuen ist hier das dominierende Mittel der Identitätsbildung.

Barnabasbrief: Wir sind das Erbvolk!

Die Aus- und Abgrenzung gegenüber dem Judentum bezieht sich in der Didache vor allem auf das praktische Zusammenleben der Gemeinde. Der wahrscheinlich in Alexandrien zwischen 130 und 132 d. Z. entstandene »Barnabasbrief«[52] ist demgegenüber radikaler, indem er der Ausgrenzungsstrategie eine biblische Grundlage zu geben versucht. Er bemüht sich dazu um »de[n] exegetische[n] Nachweis, dass die Schrift als die unstrittig autoritative Grundlage [...] exklusiv auf Christus und die Christen weist und, dass durch sie alle ihre Verheißungen erfüllt werden«[53]. »Schrift« meint zu dieser Zeit noch allein die heiligen Texte des Judentums.[54] Der Verfasser des Barnabasbriefes akzeptiert zwar die normative Gültigkeit der Schrift, aber er sieht deren ausschließlichen Sinn darin, auf Christus hinzuweisen. Dies freilich entnimmt er einer sehr eigenwilligen Auslegung, ja gewaltsamen Umdeutung des ursprünglichen Textsinns. Einige Beispiele: Wiederholt wird Israel in der Schrift ein Land verheißen, in dem Milch und Honig fließe (vgl. Ex 33,1.3a; Dtn 1,25; Lev 20,24a). Was bedeute nun, fragt der Verfasser des Barnabasbriefes, »das gute Land, das von Milch und Honig fließt«? Um auch gleich selbst die Antwort zu geben, dass dies ein biblisches »Rätselwort auf den Herrn« sei, also Jesus Christus meine. Verständlich sei dies allerdings nur »ein[em] Weise[n] und Sachkundige[n] und seinen Herrn Liebende[n]«[55] (Barn 6,10). Auch die Bedeutung der Propheten wird im Barnabasbrief darauf reduziert, auf Christus hinzuweisen. Sie vermögen dies aber nur, weil sie von Christus selbst dazu befähigt wurden (vgl. Barn 5,6). Die Kultkritik bei Jesaja (vgl. Jes 1,11–13a) wird auf den jüdischen Kult insgesamt bezogen und als Hinweis »auf das neue Gesetz unseres Herrn Jesus Christus, das ohne Zwangsjoch ist« (Barn 2,6), gedeutet.

Wie die Didache unterscheidet auch der Barnabasbrief zwei Wege: Den Weg des Lichts und den Weg der Finsternis und des Todes. Aber während in der Didache der Weg des Lichts noch der durch die Tora gewiesene Weg ist, dem auch die hinzugekommenen nichtjüdischen Gemeindeglieder folgen sollen, so gut sie eben können, legt der Kontext des Barnabasbriefes ein anderes Verständnis nahe. Bei ihm folgt die Zwei-Wege-Lehre unmittelbar auf seine antijüdische Polemik. Der Weg des Lichts erscheint so als der neue und einzig wahre Weg, der Weg der Finsternis und des Todes hingegen als der jüdische – und zum Weg des Lichts zählt es auch, nicht mit denen zu verkehren, die auf dem Weg des Todes wandeln:

> »Du sollst den lieben, der dich geschaffen, den fürchten, der dich gebildet, den preisen, der dich vom Tode erlöst hat! Sei einfachen Herzens und reich an Geist! Du sollst denen nicht anhängen, die

> auf dem Weg des Todes das Leben führen! Du sollst alles hassen, was Gott nicht gefällt; du sollst jede Heuchelei hassen!« (Barn 19,2)

Im Barnabasbrief ist damit schon angelegt und teils auch schon entfaltet, was das nun wirklich christliche und keineswegs mehr jüdische Selbstverständnis prägen wird: ein exklusiver Anspruch, der sich zunehmend aggressiv und polemisch gegen das Judentum wendet, das es systematisch und restlos zu enteignen versucht. An die Stelle der Tora tritt, wie es im Barnabasbrief heißt, »das neue Gesetz unseres Herrn Jesus Christus«, der Bund Gottes mit Israel sei zertrümmert, der christlichen Gemeinde habe Gott bestimmt, »Erbvolk« (Barn 14,1), das heißt, »das erste Volk zu sein und Erbe seines Bundes« (Barn 13,6).

Briefe des Ignatius von Antiochien: Lebt nicht nach Judenart!

Doch auch im Barnabasbrief ist noch nicht von »Christentum« die Rede. Dieser Begriff begegnet erstmals im zweiten Jahrhundert d. Z. in den Briefen, die Bischof Ignatius von Antiochien zugeschrieben werden, deren Authentizität aber umstritten ist.[56] Wer diese Briefe für echt hält, datiert sie ins frühe zweite Jahrhundert, wer sie für eine literarische Fälschung beurteilt dagegen in die Mitte oder sogar gegen Ende dieses Jahrhunderts. In Ignatius' »Brief an die Magnesier« wird im Kontext der erstmaligen Verwendung des Begriffs »Christentum« zugleich auch die jüdische Lebensweise der christlichen strikt entgegengesetzt:

> »Es ist unsinnig, Christus Jesus mit dem Munde zu bekennen und nach Judenart zu leben. Denn das Christentum hat ja nicht an das Judentum geglaubt, sondern das Judentum an das Christentum [...]«[57] (Magn 10,3).

Die Forderung nach christlicher Lebensweise wird von Ignatius mit antijüdischer Polemik verbunden:

> »Laßt euch nicht beirren durch falsche Lehren und durch alte Fabeln, die nichts taugen. Leben wir nämlich heute noch nach Judenart, so gestehen wir damit zu, daß wir die Gnade nicht empfangen haben. Denn die sehr göttlichen Propheten haben nach Christi Jesu Art gelebt. Darum wurden sie auch verfolgt, ange-

weht von seiner Gnade, damit die Ungehorsamen vollkommen überzeugt würden, daß *ein* Gott ist, der sich offenbart hat durch Jesus Christus, seinen Sohn, der sein Wort ist, hervorgegangen aus dem Schweigen, der in [allem] das Wohlgefallen dessen erwarb, der ihn gesandt hat« (Magn 8,1–2).

Wer in den jetzt »christlichen« Gemeinden an jüdischer Lebensweise festhalten will, hält sich demnach an »falsche Lehren« und »alte Fabeln«. Israels Propheten haben zwar schon »nach Christi Jesu Art gelebt«, aber nur weil sie von dessen Gnade bereits inspiriert waren. Gott hat sich in Jesus Christus offenbart, der »aus dem Schweigen« kam – Gottesoffenbarungen *unabhängig* von Jesus Christus werden damit geleugnet; auch wenn sich diese Offenbarungen schon vor seiner Zeit ereigneten, sind sie auf ihn zurückzuführen. Christentum und Judentum sind unvereinbar, wer noch an jüdischer Lebensweise festhalten will, zählt zu den »Ungehorsamen«.

In diesem gezielt antijüdischen Kontext wurde allem Anschein nach zum ersten Mal explizit von »Christentum« gesprochen. »Der Begriff ›Christentum‹ taucht also erst auf«, so resümierend Klaus Wengst, »als die messiasgläubige Gemeinschaft sich antijüdisch definiert und so nicht mehr Gemeinde von Menschen aus dem jüdischem Volk und aus der Völkerwelt ist, sondern zur bloßen Völkerkirche wird«[58]:

> »Als die auf Jesus bezogene Gemeinschaft sich als ›Christentum‹ benennt und versteht, tut sie das in einem ausschließenden Gegensatz zum Judentum. Wenn das ›die Geburt des Christentums‹ war, hat das Christentum einen Geburtsfehler, nämlich den, antijüdisch zu sein.«[59]

Das Christentum definierte sich in gezielter Entgegensetzung zum Judentum. Ausgrenzung wurde für das Christentum konstitutiv. Als die Rede von »Christentum« aufkam, waren nicht Christ*innen die Leidtragenden und die vom Judentum Ausgeschlossenen, wie es der Gründungsmythos erzählt, sondern es war gerade umgekehrt: Die nichtjüdischen Gemeindeglieder, unter deren Eltern und Großeltern eine ganze Reihe von einstmals nichtjüdischen *zum Judentum* Hinzugekommenen gewesen sein dürfte, schlossen die jüdischen Mitglieder aus, indem sie es diesen unmöglich machten, in der jetzt tatsächlich »christlichen« Gemeinschaft ihr Jüdischsein zu praktizieren. Jüdischsein und Christlichsein wurden fortan als unüberbrückbare Gegensätze betrachtet – offensichtlich aber nicht in allen Gemeinden. Anders ist es nicht zu erklären, dass noch im vierten Jahrhundert die Synode von Laodicea die Gemeindeglieder aufforderte, am Sabbat zu arbeiten, und ihnen untersagte, die Sabbatruhe einzuhalten. Sollte festgestellt werden, dass jemand auf jüdische Weise lebe (»judaisiere«), sei der Ausschluss aus der christlichen Gemeinde zu verfügen.[60] Wir werden sehen, dass auch Johannes Chrysostomos es im vierten Jahrhundert noch für notwendig erachtete, scharf gegen »judaisierende« christliche Gemeindeglieder zu polemisieren.

1.4 Enteignung des Judentums als christliches Programm

Betrachten wir noch einmal den Weg, der schließlich zum Christentum und zu einer christlichen Kirche führte. Eine kleine jüdische Gruppierung sah in Jesus von Nazaret den Messias, den Gott nach seinem Kreuzestod von den Toten erweckt habe. In diese Gemeinschaft wurden bald auch nichtjüdische Proselyt*innen und »Gottesfürchtige« als vollwertige Mitglieder aufgenommen. Umstritten war zunächst, inwieweit diese die Tora befolgen sollten. Von ihrer Beschneidung wurde auf Intervention des Paulus bald abgesehen, aber sie waren gehalten, zumindest »Götzenopferfleisch und Unzucht zu meiden und weder Ersticktes noch Blut zu essen« (Apg 15,20, vgl. 15.29). Jüdischen Gemeindegliedern, die die Tora mitsamt ihren Speisegesetzen weiterhin befolgten, und den dazugekommenen, nichtjüdischen Gemeindegliedern wurde damit ein praktikables Zusammenleben ermöglicht. Gut möglich ist auch, dass die Jerusalemer Gemeinde auf die Einhaltung dieser Regeln, die der jüdischen Tradition entsprachen, pochte, um damit die Spannungen mit anderen jüdischen Gruppierungen, die Jesus nicht als Messias anerkannten, zu entschärfen.[61]

Der Anspruch der Jesusnachfolgegemeinschaften, *allein* die Anerkennung Jesu als Messias eröffne den Weg zum Gott Israels, führte aber zu zunehmenden Kontroversen, insbesondere als sich in den Jahrzehnten nach Zerstörung des Jerusalemer Tempels im Jahr 70 d. Z. das Judentum neu konsolidierte. Dieser exklusive Anspruch einer kleinen, noch immer jüdischen Gruppierung entwickelte sich zum Keim späterer christlicher Judenfeindlichkeit. Parallel dazu wurden die messiasgläubigen Gemeinden zunehmend von nichtjüdischen Mitgliedern dominiert, die sich immer weniger als *zum Judentum* »Hinzugekommene« verstanden, sondern mehr und mehr ein Selbstverständnis in bewusster Entgegensetzung zum Judentum entwickelten. »Christlichsein« bedeutete nun vor allem »nicht Jüdischsein«. Die Heilige Schrift Israels wurde zwar nicht verworfen, aber allein für die eigene christliche Gemeinschaft in Anspruch genommen. Nur die eigene Auslegung der Schrift galt als richtig, die große jüdische Mehrheit, die Jesus nicht als Messias anerkannte, wurde als verblendet diffamiert. »Insofern ist diese Aneignung der ›Schrift‹ zugleich eine Enteignung«[62], so Klaus Wengst, die mit dem Judentum gemeinsame Grundlage sei damit »völlig nostrofiziert«[63] worden. Diese Enteignung markiert einen entscheidenden Schritt aus dem Judentum heraus, hin zu einer nun erst christlichen Kirche.

Die tolerante Regelung der Jerusalemer Gemeinde und das noch weitergehende Entgegenkommen des Paulus hatten den Völkern den Zugang zum Gott Israels ermöglicht. Nachdem aber die nichtjüdischen Mitglieder in den messiasgläubigen Gemeinden um die Wende zum zweiten Jahrhundert d. Z. das Regiment übernommen hatten, drängten sie die jüdischen Mitglieder erst an den Rand und sperrten diese schließlich gänzlich aus. Der ursprünglich zentrale *Sammlungs- und Inklusionsgedanke*, der für Jesus schon ganz Israel umfasste und den Paulus universalisierte, wurde damit in sein krasses Gegenteil verkehrt. Die genuin jüdische Vision einer versöhnten Völkergemeinschaft (vgl. z. B. Gen 1; Jes 2,1–5; Mi 4,1–5; Jes 19, 23–25) wurde konterkariert durch eine nunmehr explizit christliche Kirche, die *mit immer exklusiverem Anspruch* auftrat. Auch die in der christlichen Tradition gängige Gegenüberstellung einer universalen und weltoffenen frühchristlichen Kirche im Unterschied zu einem angeblich ethnozentrischen und fremdenfeindlichen Judentum erweist sich damit als antijüdische Konstruktion.[64]

Das Christentum versicherte sich dabei seiner religiösen Identität systematisch auf Kosten des Judentums. Es beanspruchte für sich, Israel zu beerben, selbst das »neue« und »wahre« Israel zu sein:

> »Die Christen glaubten, dass Gott sie in einen ›neuen Bund‹ hineingestellt habe, durch den der ›alte Bund‹ abgelöst und erledigt sei. Kurz gesagt: die Christen haben ein Selbstverständnis entwickelt, in dem für die Existenz des jüdischen Volkes kein Raum mehr war.«[65]

Das Christentum setzte sich an die Stelle des Judentums und bezog Gottes Verheißungen an Israel nunmehr ausschließlich auf die Kirche. Israel mochte einst einmal das Volk Gottes gewesen sein, wurde nun aber als von Gott »verworfen« diffamiert. Stattdessen verstand sich die Kirche als »neues Volk Gottes«.
Die christliche Überzeugung von der Ersetzung (Substitution) und Beerbung Israels durch die Kirche hielt sich konfessionsübergreifend bis weit ins 20. Jahrhundert hinein und hinterlässt ihre Spuren bis in die Gegenwart. Die Enteignungsstrategie verband sich in der christlichen Theologiegeschichte mit einer verzerrten Darstellung von Ethos und Gottesbild im Alten Testament, denen neutestamentliches Ethos und Gottesbild entgegengesetzt wurden. Das Christentum deklarierte sich dabei als »Religion der Liebe« mit entsprechendem Liebesethos, während dem Judentum die Rede von einem rachsüchtigen und gewalttätigen Gott mit dazu passender Vergeltungsethik unterstellt wurde. Damit war die Saat für einen immer hemmungsloseren Judenhass gelegt. Diese unheilvolle Saat ging in den kommenden Jahrhunderten auf.

2. Kapitel: Die Folge: Judenhass

Zunächst spiegelte sich in dem exklusiven christlichen Programm nur das Selbstverständnis einer kleinen, wiederholt selbst verfolgten Minderheit. Doch ab dem vierten Jahrhundert, als das Christentum im Verlauf der »Konstantinischen Wende« im Römischen Reich erst geduldet und schließlich zur Staatsreligion erhoben wurde, spitzte sich die antijüdische christliche Polemik zu. Aufgrund der veränderten Machtverhältnisse konnten nun überdies der Polemik entsprechende Taten folgen, die Max Horkheimers Urteil rechtfertigen, dass seither »die Christenheit zu den grausamsten Religionsgemeinschaften gehört«[66]. Was zunächst nur Theorie war, hatte nun konkrete gesellschaftliche Auswirkungen für die Jüd*innen, die im römischen Reich lebten. Hier ist freilich nicht der Platz für eine ausführliche Darstellung der Geschichte der christlichen Judenfeindlichkeit, dazu liegen mittlerweile zahlreiche Studien vor.[67] Die folgenden Ausführungen beschränken sich auf einige Beispiele christlicher antijüdischer Polemik, christlicher Diskriminierung und Verfolgung von Jüd*innen sowie einer ersten Bewertung des Ausmaßes und der Auswirkungen christlicher Judenfeindschaft.

2.1 *Judenhass in Worten*

In den neutestamentlichen Schriften findet sich eine Reihe von polemischen Aussagen über »die Juden«, die als antijudaistisch gedeutet wurden und zum Teil auch heute noch so aufgefasst werden.[68] »[Die Juden] missfallen Gott und sind Feinde aller Menschen«, schreibt Paulus im ersten Brief an die Thessalonicher (1 Thess 2,15). Im Matthäusevangelium verflucht sich vor Pilatus »das ganze Volk« selbst, sofern Jesus unschuldig sein sollte: »Sein Blut – über uns und unsere Kinder!« (Mt 27,25). Das Johannesevangelium legt Jesus folgende Worte über »die Juden« in den Mund: »Ihr habt den Teufel zum Vater und ihr wollt das tun, wonach es euren Vater verlangt. Er war ein Mörder von Anfang an« (Joh 8,44).

Judenfeindlichkeit im Neuen Testament?

Das alles sind unerträgliche Worte und wenn sie heute überhaupt noch in einer Schrift, die »heilig« genannt wird, abgedruckt werden sollen, dann jedenfalls nicht ohne Kommentierung. Denn es wurde hier ja bereits darauf hingewiesen, dass die Verfasser dieser unsäglichen Sätze selbst Juden waren und sich uneingeschränkt als solche verstanden. Ihre polemischen Aussagen darum als generalisierendes Urteil über alle Jüd*innen verstehen zu wollen, wäre widersinnig. Es waren innerjüdische Auseinandersetzungen, die hier in freilich völlig inakzeptabler Form ausgetragen werden, es waren Diffamierungen »von messiasgläubigen Juden über andere Juden«, »Urteile von zwei Minoritäten über einander«[69], wie der evangelische Neutestamentler Gerd Theißen betont. Zudem werden diese Urteile durch andere Aussagen derselben Autoren relativiert oder gar zurückgenommen (vgl. Röm 11,26; Mt 25,31–46; Joh 4,22 u. a.). Rudolf Pesch, katholischer Neutestamentler, nennt es einen »Familienstreit«:

> »Bei einem Streit innerhalb der Familie spricht man heftiger als nur aus der Distanz, man streitet miteinander für die Einheit, wenn man Vorwürfe erhebt, man streitet aus Liebe zur gemeinsamen Wurzel und Sache.«[70]

Aus ihrem ursprünglichen jüdischen Kontext gerissen und nun von außen auf das Judentum insgesamt bezogene Verleumdung entfalten die polemischen neutestamentlichen Sätze allerdings eine ganz neue Wirkung. Die Polemik wird nun für die Angefeindeten zur existentiellen Bedrohung – zumal wenn die, die so geifern, auch über die Macht verfügen, ihren Worten Taten folgen zu lassen.

Nach heftigen Auseinandersetzungen hatte das von Kaiser Konstantin im Jahr 325 d. Z. einberufene Konzil von Nicäa gegen den erbitterten Widerstand der Arianer durchgesetzt, dass Gott, der Vater, und Jesus Christus, der Sohn, als »wesensgleich« zu glauben seien: Der Sohn sei »Gott von Gott, Licht von Licht, wahrer Gott vom wahren Gott, gezeugt, nicht geschaffen«, diejenigen, die anderes sagen, »diese schließt die apostolische und katholische Kirche aus«[71]. Doch nicht alle fügten sich. Weiterhin gab es viele, die Jesus und Gottvater nur als »wesensähnlich« oder gar als »wesensunähnlich« glaubten.

Johannes Chrysostomos: Kirchenvater und Judenhasser

Gegen die zuletzt Genannten, die sogenannten »Anhomöer«, trat Johannes Chrysostomos (um 350 bis 407) in den Jahren 386 und 387 in Antiochien auf und stellt diese zunächst in eine Reihe mit den Juden:

> »Da nämlich die Symptome der Gottlosigkeit der Anhomöer denen der Juden verwandt sind, sind für uns auch die Kampfmittel verwandt, die früheren mit den jetzigen; denn, was die Juden kriti-

sierten, das kritisieren auch die Anhomöer. Und was kritisieren jene? *Dass er Gott seinen eigenen Vater nannte, sich selbst Gott gleich machte* [Joh 5,18].«[72]

Christen auf eine Stufe mit Juden zu stellen, ist für Johannes Chrysostomos, der für die römisch-katholische Kirche zu den »großen Kirchenvätern« zählt, der denkbar schärfste Vorwurf. Denn Johannes Chrysostomos lässt in seinen nun folgenden »Acht Reden gegen die Juden« keinen Zweifel daran, wie er über diese denkt:

> »Kein Jude betet Gott an. Wer sagt das? Der Sohn Gottes. *Wenn ihr nämlich meinen Vater kenntet,* sagt er nämlich, *würdet ihr auch mich kennen. Ihr kennt aber weder mich noch meinen Vater* [Joh 8,19]. Was für ein glaubwürdigeres Zeugnis als dieses soll ich anführen? Wenn sie tatsächlich den Vater nicht kennen, den Sohn kreuzigten, die Hilfe des Geistes ausschlugen, wer würde es da nicht wagen zu sagen, der Ort [gemeint ist die Synagoge, A.B.] sei ein Unterschlupf für Dämonen? Nicht Gott wird dort angebetet. Das sei ferne! Sondern ein Ort des Götzendienstes ist es [...].«[73]

Geschickt werden in diese Hetzreden aus dem Zusammenhang gerissene Bibelzitate eingebunden. Nicht ein »Hurenhaus und Theater ist die Synagoge, sondern eine *Räuberhöhle* und ein Unterschlupf für wilde Tiere. *Eine Hyänenhöhle,* heißt es nämlich, *ist mir euer Haus geworden* [Jer 7,11; 12,9]. Nicht einfach [Höhle] eines Tieres, sondern eines unreinen Tieres.«[74] Nicht nur in den Synagogen, sondern sogar in den Seelen der Juden würden Dämonen wohnen, »und schlimmer als die früheren sind die jetzigen«[75].

> »Mit Menschen also, sag mir, dämonenbesessen, die soviele unreine Geister haben, die sich von Schlachtungen und Morden genährt haben, geht ihr zusammen und es schaudert euch nicht dabei? Muß man sie denn grüßen und ganz normal mit ihnen reden, muß man nicht vielmehr sich von ihnen abwenden als von einer gemeinen Schande und Krankheit für die ganze Welt?«[76]

Johannes Chrysostomos beschimpft Juden als Christusmörder, als Blut fressende Hunde, geile Hengste, Schweine und Böcke. Sie seien unkultiviert, undankbar, unmenschlich, verrückt und fluchbeladen. Sie hätten Umgang mit Huren und Lustknaben, schlachteten Menschen und hätten ihre Kinder den Dämonen geopfert. Sie hätten Gott verlassen und stünden im Bund mit dem Teufel. Gott habe sich endgültig von ihnen abgewandt. Die Synagoge nennt er wahlweise Bordell, Ort des Rechtsbruchs, Unterschlupf für Dämonen, Wachtposten des Teufels, Grube des Verderbens, ein Ort für Gesindel und wilde Tiere usw. usf.[77] Johannes Chrysostomos ist in dem, was er in seinen Predigten verbreitet, keineswegs originell; er greift nur auf, was andere christliche Theologen schon vor ihm in ähnlicher Weise formuliert hatten. Aber seine Predigten zeigen, auf welchen Umfang das Repertoire antijüdischer Diffamierungen und Verleumdungen im vierten Jahrhundert bereits angewachsen war.

Zugleich belegt Johannes Chrysostomos mit seiner Polemik freilich auch noch etwas ganz anderes:[78] Es gab neben dem, was Barnabas, Ignatius von Antiochien, Johannes Chrysostomos und andere Kirchenväter über Jüd*innen verbreiteten, auch christliche Gemeinden mit ganz anderen Einstellungen zum Judentum. Johannes Chrysostomos zielt mit seinen Predigten auf »judaisierende« christliche Gemeinden und belegt damit: In Antiochien lebten auch noch im vierten Jahrhundert Christ*innen, die jüdische Feste besuchten, gemeinsam mit Jüd*innen fasteten, den Sabbat beachteten, die Synagoge als heiligen Ort ehrten und in denen sich die Männer beschneiden ließen. Johannes Chrysostomos sagt selbst, dass er wisse, »daß viele die Juden verehren und ihre Lebensweise jetzt für ehrwürdig halten«[79]. Nicht nur einige wenige, sondern »viele« lebten in gutem Einvernehmen mit den Jüd*innen in Antiochien und teilten in wesentlichen Punkten die »jüdische Lebensweise«! Dieses respektvolle Miteinander gab es und das wäre auch weiterhin möglich geblieben. Aber diejenigen, die sich schon auf dem Konzil von Nicäa durchgesetzt hatten, wollten dies nicht länger dulden. Sie blieben die Gewinner *and the winner takes it all*: Sie bestimmten fortan nicht nur, was allein als »rechtgläubig« zu gelten hatte, sondern sie prägten und tradierten Bilder von »den Juden« und »dem Judentum«, die zwar Wahngebilde waren, aber nichtsdestoweniger wirkmächtig.

Die christliche Kirchengeschichte ist die Geschichte derjenigen, die sich durchgesetzt haben – es ist eine Gewinnergeschichte. Darum wundert es nicht, dass die hasserfüllten antijüdischen Ausfälle offensichtlich bis heute nicht die Verehrung mindern, die zum Beispiel Johannes Chrysostomos genießt. Er ist und bleibt in meiner Kirche »Heiliger«, sein Gedenktag ist der 13. September. Das »Ökumenische Heiligenlexikon« hebt sein »Redetalent« hervor und preist ihn als »begnadete[n] Prediger«. Er habe es verstanden, »die Theologie seiner Zeit verständlich auszudrücken, als Seelsorger wollte er damit zur christlichen Vollkommenheit führen«. Diese sei »für ihn bestimmt von Glaube und Liebe nach dem Vorbild Christi«. Seine Predigten seien allerdings »später auch für antisemitische Polemik missbraucht [worden]«.[80] Der evangelische Theologe und Kirchenhistoriker Adolf Martin Ritter relativiert und bagatellisiert bis heute die Schmähungen des Kirchenvaters und sieht in ihnen »eher ein rhetorisches Mittel« als »persönliche Verunglimpfungen ›der‹ Juden im Stil des bereits vorchristlichen Antisemitismus«.[81]

Judenhass als Kompensation argumentativer Schwäche

Aber die antijüdischen Ausfälle von Johannes Chrysostomos lassen sich weder verharmlosen, noch stehen diese isoliert neben seiner Theologie. Die antijüdische Polemik formulierte Johannes Chrysostomos, um die dogmatischen Formulierungen des Konzils von Nicäa zu verteidigen. Wer leugne, dass Jesus Christus »wahrer Gott« sei, der leugne, was auch vom Judentum bestritten werde:

> »Überhaupt, wenn du ihr Tun bewunderst, was hast du dann noch mit uns zu tun? Wenn nämlich Leben und Lehre der Juden verehrungswürdig und groß sind, dann sind unsere falsch; wenn diese aber wahrhaftig sind – wie sie es auch sind –, dann sind jene übervoll von Trug.«[82]

Die Polemik gegen das Judentum dient der Rechtfertigung der eigenen Position. Wertschätzung und Verteidigung des Eigenen ist innig verbunden mit gehässiger Geringschätzung von allem Jüdischen. Das eine setzt das andere voraus. Du kannst nur zu uns gehören, wenn du jene verachtest.
Es ist kein Zufall, dass sich gerade die »Kirchenväter«, also diejenigen, die im vierten und fünften Jahrhundert maßgeblich Lehre und Selbstverständnis des Christentums prägten, sich zugleich auch in antijüdischer Polemik besonders hervorgetan haben. Ich frage mich, ob den Kirchenvätern dabei nicht doch bewusst war, dass das Judentum in seiner Deutung der hebräischen Bibel stichhaltige Argumente auf seiner Seite hatte.

Sprach biblische Prophetie nicht vom Messias als einem Friedensbringer? Warum ist dieser Friede nicht eingetreten, wenn doch Jesus ein Messias sein soll? Steht die Auslegung des Alten Testamentes allein auf Jesus hin nicht doch allzu offensichtlich im Widerspruch zum buchstäblichen Schriftsinn? Ist die christliche Deutung der Schrift, die nahezu überall im Alten Testament Hinweise auf Jesus auszumachen wähnt, nicht doch sehr gewaltsam, ja höchst willkürlich? Versuchten die Kirchenväter im Bewusstsein ihrer eigenen argumentativen Schwäche, diese durch maßlose Polemik zu überspielen und zu kompensieren? »Eine psychologische Erklärung für den Fanatismus, der für viele antisemitische Bewegungen charakteristisch ist«, bemerkte Max Horkheimer einmal, »liegt in dem Umstand, daß hier wie in vielen anderen Fällen [...] der Fanatiker weiß, daß der andere, zum mindesten in weitem Maß, recht hat und er selbst unrecht.«[83]

Antijüdische Polemik findet sich bei den griechischen Kirchenvätern Athanasius von Alexandrien (um 295–373), Gregor von Nyssa (nach 330–nach 394) und Johannes Chrysostomos genauso wie bei den lateinischen Kirchenvätern Ambrosius von Mailand (um 339–397), Hieronymus (um 347–419) und Augustinus (354–430), die allesamt das Christentum durch Judenfeindlichkeit profilierten. Die Kehrseite der Entfaltung christlicher Dogmatik auf den Konzilien von Nicäa, Konstantinopel, Ephesus und Chalcedon war aber nicht nur Polemik, sondern oft auch blanker Hass auf das Judentum. Judenfeindlichkeit war nicht einfach beliebige Zutat, sondern erwies sich als fester Bestandteil christlichen Selbstverständnisses. Der unbändige Wille, den einzig für wahr gehaltenen Glauben in den eigenen Reihen durchzusetzen, befeuerte antijüdische Polemik als Argument gegen diejenigen, die von diesem Glauben abzuweichen schienen.

Heiliger Ambrosius: Niederbrennen einer Synagoge ist legitim

Ambrosius war zu einer Zeit Bischof von Mailand, als sich das Verhältnis von erstarkender christlicher Kirche und römischem Kaisertum neu formierte und eine Gestalt annahm, die für Jahrhunderte bestimmend wurde. Gegenüber Kaiser Gratian erwirkte Ambrosius die Einstellung der Geldzuwendungen an heidnische Religionsgemeinschaften und den Verzicht auf den kaiserlichen Titel »Pontifex maximus«, der mit der Oberaufsicht über die sakralen bzw. kirchlichen Angelegenheiten verbunden war.

Nachdem das Christentum bereits im Jahr 380 Staatsreligion geworden war, wird das Verbot heidnischer Kulte durch Kaiser Theodosius I. auch auf Ambrosius' Einfluss zurückgeführt.
In mehreren Konflikten mit Theodosius setzte Ambrosius durch, dass in religiösen Fragen der Kaiser kirchlicher Autorität unterstehe – selbst wenn damit gültiges römisches Recht verletzt wird. Diese Auseinandersetzung entzündete sich bei einem Vorfall im weit von Rom und Mailand entfernten Kallinikon am Euphrat.[84] Ein Bischof hatte dort in einer Predigt christliche Mönche aufgehetzt, die daraufhin eine Synagoge stürmten und in Brand setzten. Da der dort zuständige römische Beamte unschlüssig war, wie er mit den Tätern verfahren sollte, wandte er sich an Kaiser Theodosius. Dieser entschied nach geltendem römischen Recht, dass die Verantwortlichen zu bestrafen und die Synagoge aus kirchlichen Mitteln wieder aufzubauen sei. Daraufhin intervenierte Ambrosius beim Kaiser. Der entsprechende Brief enthält übelste antijüdische Beschimpfungen. Nachdem Ambrosius den Kaiser auch noch im Rahmen einer Predigt zurechtgewiesen und ihm das Abendmahl verweigert hatte, lenkte dieser ein und sah von einer Bestrafung der Verantwortlichen und seiner Forderung nach dem Wiederaufbau der Synagoge ab.
Es ist in der Forschung umstritten, was die hauptsächliche Intention Ambrosius' war und inwieweit es ihm dabei um die »politisch[e] bzw. rechtlich[e] Degradierung der Juden«[85] ging. Aber es wurde hier ein fataler Präzedenzfall geschaffen, so der evangelische Theologe Markus Wriedt, indem christliche Interessen über geltendes römisches Recht gestellt wurden und »der bis dahin unbezweifelte kaiserliche Rechtsschutz für die Juden ausgehöhlt [wurde]«. Wirkungsgeschichtlich bedeutsam sei dieser Vorgang überdies, insofern »der christliche Antijudaismus in konkretes politisches Handeln und eine von Staats wegen geduldete gewaltsame Verfolgung überführt wurde«[86].

Judenfeindlichkeit als fester Bestandteil christlicher Normaltheologie

Von herausragender Bedeutung für die katholische Kirche ist die Theologie des Thomas von Aquin (1224–1274), dem Hauptvertreter der Scholastik, der seit dem 14. Jahrhundert als Heiliger verehrt wird und im 16. Jahrhundert zum Kirchenlehrer erhoben wurde. In seinen Evangelienkommentaren und insbesondere in seinem Kommentar zum Matthäusevangelium schließt sich Thomas im Wesentlichen der überlieferten Judenfeindlichkeit an.[87] Zwar würdigt er verschiedentlich das biblische Israel, seit der Kreuzigung Jesu aber dauere der Fluch über die Juden fort, sie seien nicht nur verstockt und verblendet, sondern auch moralisch verkommen. Der Teufel herrsche bis auf den heutigen Tag über sie.[88] Abfällige und gehässige Auslassungen zum Judentum zählten die gesamte Kirchengeschichte hindurch und konfessionsübergreifend zum Standardrepertoire der Theologie, es war fester Bestandteil der »Normaltheologie«. Einen traurigen Höhepunkt antijüdischer Polemik in der Reformationszeit bildeten die Hasstiraden Martin Luthers in seiner Schrift »Von den Juden und ihren Lügen« (1546); schon dort findet sich das Zerrbild »jüdischer Weltherrschaft, Kriminalität und Pestilenz«[89], das sich Jahrhunderte später die Nationalsozialisten zu eigen machten. Die evangelische Kirche hat sich im Rahmen der Feierlichkeiten zum Lutherjahr 2017 in ganz bemerkenswerter Offenheit, die man in meiner Kirche bei vergleichbaren Fällen vermisst, mit dem Judenhass Luthers auseinandergesetzt und sich unmissverständlich von dessen »Judenschriften« distanziert.[90]

Rassistischer Judenhass im Katholizismus des 19. Jahrhunderts

Als sich im 19. Jahrhundert in Deutschland zunehmend rassistisch motivierte Judenfeindschaft verbreitete, zeigte sich das katholische Milieu keineswegs immun dagegen. Katholische Judenfeindlichkeit, die weit über eine nur theologisch motivierte Antipathie hinausging, hat der katholische Theologe Michael Langer in seiner Habilitationsschrift an Beispielen einflussreicher Theologen mit breiter Wirkungsgeschichte auch noch für das ausgehende 19. Jahrhundert nachgewiesen.[91] Zu diesen zählt der Freiburger Priester und Theologieprofessor Alban Stolz (1808–1883), der rassistisches Gedankengut übernahm, Juden in übelster Weise beschimpfte und die traditionellen judenfeindlichen Klischees als genetisch bedingtes »unauslöschliches Merkmal« einführte. Der Bonner Moral- und Pastoraltheologe und spätere Bischof von Paderborn Konrad Martin (1812–1879) beklagte, dass »die große Masse der Judenschaft an sittlich-socialem Gebrechen [leide], welche einem freundlichen Lebensverkehre mit den Christen das grösste Hindernis entgegensetze«. Martin unterstellte, dass sich aus dem Talmud die Notwendigkeit jüdischer Ritualmorde ergäbe, sei es um das »Andenken des von ihren Vorfahren verübten Gottesmordes zu erneuern, oder geschehe es, um das Blut der abgeschlachteten Christenkinder zu abergläubischen Zwecken zu missbrauchen«.

Eine besonders weite Verbreitung fand die Hetzschrift des Prager Alttestamentlers August Rohling (1839–1904) »Der Talmudjude«. Das Buch erschien bis zum Jahr 1922 in 22 Auflagen, wurde in mehrere Sprachen übersetzt und auszugsweise in Tageszeitungen und Zeitschriften nachgedruckt. Allein von der sechsten Auflage verteilte der Bonifatiusverein kostenlos 38 000 Exemplare. Neben zahllosen anderen Verleumdungen, die von Auflage zu Auflage gesteigert wurden, war dort zu lesen, dass die »›Frommen‹, die besonders Eifrigen, obenan Rabbiner nach dem österlichen Genuss von Christenblut förmlich lechzen«. Rohling forderte unter anderem, dass »Juden von allen obrigkeitlichen [...] Stellungen ausgeschlossen werden« und ihnen die Gleichberechtigung zu nehmen sei. Im deutschsprachigen Katholizismus wurden kaum Stimmen gegen Rohling laut, auch nicht unter der katholischen Universitätsprofessorenschaft.

Der Priester, promovierte Theologe und bayerische Landtags- und Reichstagsabgeordnete Georg Ratzinger (1844–1899) diffamierte Juden als »arbeitsscheu«, Geld sei »das Ziel, nach welchem alle Juden wetteifernd liefen. Um an Geld zu kommen, wandten sie alle Mittel an, nur jenes nicht, welches allein die christliche Sitte erlaubt, die Arbeit.« Überdies veröffentliche Ratzinger unter Pseudonymen zwei weitere antisemitische Hetzschriften, die nach dem Urteil von Michael Langer »von der sprachlichen Heftigkeit wie der inhaltlichen Ausrichtung her die heftigsten Exzesse eines Repräsentanten der katholischen Bildungselite [beinhalten], die im Vorfeld von Vernichtungsvorstellungen gänzliche Entrechtung und Vertreibung vorschlagen.«[92] Ratzinger empfahl Judenghettos, Enteignungsmaßnahmen und Kennzeichnung der Kleidung und bezeichnet die christliche Gesellschaft als einen »Organismus, welcher, um gesund zu sein, das Fremdartige ausschalten muss«.

Michael Langer bedauert in seinem Resümee bezüglich katholischer Judenfeindschaft im ausgehenden 19. Jahrhundert die »fehlende Distanzierung der Kirche von den Judenpolemikern«[93], die vornehmlich aus den Reihen der Theologieprofessorenschaft kamen. Die »Demagogie der katholischen Bildungselite«[94] belegt jedenfalls eindrücklich, dass von einer rein religiös motivierten Judenfeindlichkeit im Katholizismus des 19. Jahrhunderts nicht die Rede sein kann. Der antisemitische Rassismus der Nazis konnte nahtlos an den Judenhass der zitierten Theologen anknüpfen, deren Formulierungen zum Teil wörtlich übernehmen und nach 1933 in die Tat umsetzen, was zum Beispiel Georg Ratzinger unter dem Deckmantel der Anonymität gefordert hatte.

2.2 Judenhass in Taten

Das christliche Judenbild war »ein Konglomerat diffuser Ängste, kalkulierter publizistischer Aktivitäten, spezifisch aktivierter biblischer Traditionsbestände, auch des Ressentiments, des kulturellen Herkommens, der Phantasie, ein Phantom«[95]. Doch dieses gedankliche Konstrukt hatte sehr massive Auswirkungen auf das konkrete Leben der tatsächlich existierenden Jüd*innen. Schon die Zerstörung der Synagoge in Kallinikon zeigte, dass sich christliche Judenfeindschaft nicht nur in Verleumdungen und Hetzreden austobte, sondern dass den Worten auch entsprechende Taten folgten. Ab dem vierten Jahrhundert wurden Jüd*innen einer Fülle von diskriminierenden kirchenrechtlichen Bestimmungen ausgesetzt. Dazu zählten das Verbot öffentliche Ämter zu bekleiden oder akademische Grade zu erwerben, das Verbot Synagogen zu bauen, die öffentliche Kennzeichnungspflicht, die Ghettoisierung der jüdischen Bevölkerung in abgesonderten Wohnvierteln und vieles mehr. Entsprechende Bestimmungen waren nicht eigenmächtige Entscheidungen Einzelner, sondern ergingen insbesondere auf dem Vierten Laterankonzil (1215), dem Konzil von Basel (1434) und dem Konzil von Florenz (1442).

Zwangstaufen, Folterungen, Pogrome, Massenmorde

Und es kam zu zahllosen Pogromen an Jüd*innen. Hier ist nicht der Ort, diese Gewaltexzesse und Massaker im Einzelnen aufzuzählen und zu beschreiben. In aller Kürze sei aber eine kleine Auswahl erinnert: Im Zusammenhang mit dem ersten Kreuzzug im Jahr 1096 wurden im Rheinland Tausende Jüd*innen ermordet, weil sie sich einer Zwangstaufe verweigerten; derartige Pogrome gab es in Metz, Speyer, Worms, Mainz und Regensburg. Im Jahr 1298 kam es in Franken aufgrund des Gerüchts angeblicher »Hostienschändung« zu einem Massenmord an Jüd*innen. Zwischen den Jahren 1336 und 1338 wurden im südwestdeutschen Raum und im Elsass eine Reihe von Massakern an jüdischen Gemeinden verübt. Während der Pestzeit im 14. Jahrhundert wurden Jüd*innen der »Brunnenvergiftung« beschuldigt, was wiederum Anlass war für grausame Pogrome in vielen Reichsstädten. Aufgehetzt durch Predigten des

Erzdiakons Ferrant Martínez kam es 1391 zu Pogromen in Sevilla, die binnen kurzem auf mehr als 70 weitere Städte in ganz Spanien übergriffen. Tausende Jüd*innen wurden dabei gefoltert und ermordet, Zehntausende zur Konversion gezwungen.[96]
Dies alles zeigt: Die Geschichte des Judenhasses in Europa ist schon lange vor der Nazizeit die Geschichte von Gewaltexzessen, die sich wahllos gegen jüdische Kinder, Erwachsene und Greise richteten. Die Verfolgten wurden über die Jahrhunderte hinweg als »Treulose« (perfides) verhöhnt, als »Gottesmörder« beschuldigt und nicht nur der Hostienschändung oder der Brunnenvergiftung, sondern auch des Ritualmordes bezichtigt und nach durch Folter erzwungenen »Geständnissen« qualvoll ermordet. Viele kirchliche und staatliche Bestimmungen seit dem zweiten Jahrhundert verfolgten das Ziel, Jüd*innen von den Lebensbereichen der Christ*innen möglichst weitgehend auszuschließen und auch räumlich von ihnen zu trennen. Die Synode von Breslau verfügte im Jahr 1267, dass Jüd*innen nur in für sie bestimmten Vierteln wohnen durften. Ab dem 14. Jahrhundert kam es in Europa zur systematischen Einrichtung von abgesonderten »Judenvierteln« oder »Judengassen«.

Das jüdische Ghetto im Kirchenstaat

Besondere Beachtung verdient in diesem Zusammenhang die Geschichte der Ghettos im Kirchenstaat.[97] Da der Papst nicht nur Oberhaupt der katholischen Kirche, sondern auch des Kirchenstaats war, konnte er dort selbst verfügen, was er für andere Staaten nur wünschen bzw. fordern konnte. Der Historiker Aram Mattioli beschreibt den Kirchenstaat bis zu seinem Ende durch den Einmarsch italienischer Truppen im Jahr 1870 als

> »repressive[n] Polizeistaat ohne geschriebene Verfassung und Parlament, ohne eine unabhängige Justiz und ohne ein bürgerliches Gesetzbuch, ohne legale politische Parteien und ohne eine freie Presse, dafür aber mit einer Armee von 20 000 Mann, einer Palastwache aus eidgenössischen Hellebardieren, einem ausgebauten Polizeisystem und öffentlichen Hinrichtungen.«[98]

Papst Paul IV. hatte im Jahr 1555 die Einrichtung eines jüdischen Ghettos in Rom verfügt, das von einer hohen Mauer umgeben wurde, deren Tore nachts verschlossen wurden. Damit verbunden waren diskriminierende Bestimmungen und Bräuche (Kennzeichnungspflicht, Verbot mit Christen zusammen zu spielen, zu essen oder Freundschaften zu pflegen, entwürdigende Zurschaustellung bei Festlichkeiten etc.). Das etwa drei Hektar große Ghetto, das gegen Ende des 16. Jahrhunderts von mehr als 3000 Menschen bewohnt wurde, war am Tiber gelegen und wurde regelmäßig überschwemmt. Es herrschten dort höchst erbärmliche und beengte Zustände. Der Historiker und Schriftsteller Ferdinand Gregorovius, der nach 1852 mehrere Jahre in Rom lebte, schrieb über seinen Eindruck vom römischen Ghetto dieser Zeit:

> »Zusammengedrängt in einem dumpfen und traurigen Winkel Roms, welchen der Tiberfluß von Trastevere scheidet, wohnt hier seit alten Zeiten, gleichsam von der Menschheit ausgestoßen, das römische Judenvolk. [...] Was den Betrachter des Ghetto am meisten schreckt, ist die Enge und der Schmutz dieser gewinkelten Gassen und Gäßchen, deren Häuser hoch und schmal sich heraufstrecken. Es sitzen darin die Judenfamilien wie in einem römischen Kolumbarium[99] übereinandergeschichtet; und auffallend ist gerade hier in Rom eine solche Beengung menschlicher Wohnungen, in einer Stadt, die, in weiter Ebene hingebreitet, selbst charakteristisch ist durch ungeheure Räume [...].«[100]

Auch noch zur Zeit von Aufklärung und Judenemanzipation ab Ende des 18. Jahrhunderts, als in Frankreich innerhalb kurzer Zeit Juden die vollständige bürgerliche Gleichstellung erlangten, reagierte der Vatikan strikt ablehnend auf die Forderung nach entsprechenden Reformen und hielt an seiner radikalen Segregationspolitik fest. Mattioli beschreibt die Geschichte des römischen Ghettos als

> »eine Geschichte von Ausgrenzung, ökonomischer Existenzvernichtung und bewusster Demütigung mit dem Ziel, die Juden zum Katholizismus zu bekehren. Für die Betroffenen kam sie einer institutionalisierten Form der ›Gewalterfahrung‹ (Victor Karady) gleich. Immer wieder wurden sie von ihrer christlichen Umwelt daran erinnert, dass sie allein ihres Glaubens wegen als Auswurf der Menschheit behandelt wurden.«[101]

Die restriktiven Maßnahmen variierten, je nachdem, welcher Papst gerade das Sagen hatte. Teil der Schikanen waren Zwangspredigten, zu denen die Jüd*innen in einer Kirche zusammengetrieben wurden und sich dort stundenlange Schmähungen ihres Glaubens und »Bekehrungsversuche« anhören mussten. Wer konvertieren wollte, wurde in das »Haus der Katechumenen« aufgenommen und konnte so dem Elend des Ghettos entkommen. Zwangstaufen lehnte die Kirche nun zwar ab – aber wenn ein Kind heimlich getauft worden war, galt diese Taufe als gültig und auch noch im 19. Jahrhundert bestand Papst Pius VII. darauf, dass dann das Kind den jüdischen Eltern weggenommen werden müsse, weil es anderenfalls nicht christlich erzogen werden könne.[102]

Die Zeit der französischen Besetzung Roms brachte für die Juden nur vorübergehend die rechtliche Gleichstellung mit den übrigen Bürgern. Papst Leo XIII. machte dies wieder rückgängig. Papst Pius IX. ließ die Mauern des römischen Ghettos erst niederreißen, doch wenige Jahre später wieder errichten. Ihre vollen Bürgerrechte erhielten die Juden Roms erst nach Gründung des italienischen Nationalstaates und dem Einmarsch italienischer Truppen in den Kirchenstaat im Jahr 1870. Kurz danach wurde auch das römische Ghetto aufgelöst.

Ungeist des Judenhasses wirkte weiter

Papst Pius IX. reagierte uneinsichtig, ja hasserfüllt auf die Gleichstellung seiner ehemaligen jüdischen Untertanen. Für ihn als letzten Papstkönig, so Mattioli,

> »war es bezeichnend, dass er diese nicht als menschliche Wesen mit angeborenen und gleichen Rechten respektierte. Wiederholt verglich er sie mit Tieren, von denen es im neuen Rom viel zu viele gebe. In einer Sprache der Dehumanisierung diffamierte er sie Pilgern gegenüber nicht nur als ›Ochsen‹, die keinen Gott kennen und Obszönitäten in die Zeitungen schrieben, sondern auch als ›Hunde‹, die seit ihrer Emanzipation bellend und den Christen schadend durch die Welt zögen, bevor der Tag der göttlichen Rache anbrechen werde, an dem sie Rechenschaft über ihre begangenen Boshaftigkeiten ablegen müssten.«[103]

Neben päpstlich verordneten Diskriminierungen und aufhetzenden Hasspredigten von den Kanzeln herab gab es auch mäßigende Stimmen. Papst Clemens VI., um ein Beispiel zu nennen, verteidigte im 14. Jahrhundert Jüd*innen gegen den Vorwurf, die Pest verursacht zu haben und drohte den Tätern mit der Exkommunikation. Es gab auch noch eine Reihe anderer kirchlicher Interventionen und zeitweise zumindest eingeschränkte päpstliche Schutzrechte für Jüd*innen.[104] Aber hier geht es nicht darum zu zeigen, dass die Haltung der jeweiligen verantwortlichen Kleriker von Fall zu Fall differenziert zu betrachten ist und es auch Bischöfe gab, die mehr oder weniger nachdrücklich und mit mehr oder weniger Erfolg die Schutzrechte für die jüdische Bevölkerung zu verteidigen versuchten. Die

Geschichte belegt, dass es meiner Kirche auch dort, wo es versucht wurde, nicht gelang, den Ungeist der Judenfeindschaft wieder einzufangen, der dem christlichen Selbstverständnis inhärent war. Der Hass auf alles Jüdische, der aus den Polemiken der verehrten christlichen Kirchenväter sprach, hatte sich in der Vorstellungswelt der Gläubigen fest eingenistet und zeitigte nun den Worten entsprechende Taten.

Die Geschichtswissenschaft mag diskutieren und analysieren, wer nun in diesem oder jenem Fall in welchem Ausmaß für die Gräueltaten an Jüd*innen unmittelbar verantwortlich zu machen ist. Als christlichem Theologen geht es mir dagegen um *die Frage, welche Konsequenzen heutige christliche Theologie und meine Kirche daraus ziehen müssen, dass sie maßgeblich und unbestreitbar zu einer Judenfeindschaft beigetragen haben, die eine derart desaströse Wirkungsgeschichte nach sich zog.* Dazu aber sind nicht nur unmittelbare, sondern auch mittelbare Folgen christlicher Judenfeindschaft schonungslos und ohne jede Beschönigung in Blick zu nehmen.

2.3 *Universale Wirkung*

Judenfeindlichkeit gab es vereinzelt auch schon vor dem Christentum und außerhalb von ihm. Schon das alte Ägypten schrieb Mose und seinem Volk gelegentlich »die Charakterzüge von Misanthropie, Gottlosigkeit, Gesetzlosigkeit und universaler Feindseligkeit«[105] zu, stellt der US-amerikanische Historiker David Nirenberg in seiner umfassenden Studie zur Judenfeindlichkeit im westlichen Denken fest. »Wir sollten aber nicht vergessen«, so Nirenberg weiter, »dass der Antijudaismus im Vergleich zu den Territorien des Denkens, die er später kolonisierte, in der vorchristlichen Antike nur winzige Inseln beherrschte.«[106] Denn mit dem Christentum eskalierte die Judenfeindlichkeit dramatisch. »Das Neue und Verhängnisvolle an dieser Entwicklung war«, so der katholische Theologe Michael Langer, »dass gegenüber dem nur sporadisch und örtlich begrenzt auftretenden antiken heidnischen Antijudaismus der christliche Antijudaismus ›dauerhaft, universal, offiziell geschürt, grundsätzlich und durch ein ideologisches System untermauert‹ (de Lange), vor allem aber biblisch und theologisch begründet und damit geradezu mit göttlicher Autorität ausgestattet wurde«[107].

Judenfeindlichkeit begleitete die gesamte christliche Kirchengeschichte und war über alle konfessionellen Differenzen hinweg tief im christlichen Selbstverständnis verwurzelt – und ist dies zum Teil bis heute. Es trifft unbestreitbar zu, so muss leider anerkannt werden, was Dietrich Bonhoeffer im April 1933 in seinem Vortrag »Die Kirche vor der Judenfrage« in aller Deutlichkeit formulierte:

> »Niemals ist in der Kirche Christi der Gedanke verlorengegangen, daß das ›auserwählte Volk‹, das den Erlöser der Welt ans Kreuz schlug, in langer Leidensgeschichte den Fluch seines Tuns tragen muß.«[108]

Dieser Gedanke war ideologisch motiviert, ist historisch falsch und diente als billige Methode sich eigener Verantwortlichkeit durch religiöse Überhöhung zu entziehen. Auch Bonhoeffer selbst hat sich in diesem Vortrag nicht von diesem Gedanken distanziert. Er spricht von Israel als »verstoßene[m] Volk«[109], auf dem dieser Fluch laste. Ich zögerte, ob ich dieses Zitat hier anführen soll. Dietrich Bonhoeffer zählt zu den ganz wenigen Christen, die in der Nazizeit mutig und in aller Konsequenz Widerstand leisteten. Aber diese Äußerung Bonhoeffers zeigt, wie tief judenfeindliches Denken im christlichen Selbstverständnis verwurzelt ist.

Bonhoeffers damalige Sicht auf das Judentum bestätigt das Urteil des renommierten Historikers Saul Friedländer. Dieser spricht von der Tatsache, dass das Christentum die Juden in Dogma, Ritual und Praxis mit einem anscheinend unauslöschlichen Stigma gebrandmarkt habe. »Dieses Stigma«, so Friedländer weiter, »war weder von der Zeit noch durch die Ereignisse beseitigt worden, und im gesamten 19. sowie in den ersten Jahrzehnten des 20. Jahrhunderts behielt der christliche religiöse Antisemitismus in Europa und ganz allgemein in der westlichen Welt eine zentrale Bedeutung.«[110]

Die christliche Judenfeindlichkeit *war* jedenfalls nicht und *blieb* auch nicht eine rein theologische Angelegenheit, deren religiöse Motive isoliert betrachtet werden könnten. Friedländer benennt präzise die Gründe, die bewirkten, dass religiös fundierte Judenfeindlichkeit andere Formen antijüdischer Einstellungen begünstigte und forcierte:

> »Erstens war es weiterhin so, daß sich infolge der frühen Prägung durch christlichen Religionsunterricht und christliche Liturgie sowie durch Alltagsausdrücke, die aus der allgegenwärtigen und fortwährenden Präsenz der verschiedenen Konfessionen des christlichen Glaubens stammten, ein riesiger Vorrat von nahezu automatischen antijüdischen Reaktionen ansammelte.
> Zweitens verdankte schon allein der Begriff ›Außenseiter‹, mit dem der moderne Antisemitismus den Juden belegte, seine Hartnäckigkeit nicht nur der jüdischen Besonderheit als solcher, sondern auch der Tiefe ihrer religiösen Wurzeln. Was immer sich sonst noch über den Juden sagen ließ, er war zuallererst der ›andere‹, der Christus und die Offenbarung verschmäht hatte.
> Vielleicht die stärkste Wirkung des religiösen Antijudaismus war schließlich die aus dem Christentum ererbte Doppelstruktur des antijüdischen Bildes. Einerseits war der Jude ein Paria, der verachtete Zeuge des triumphalen Vormarschs des wahren Glaubens; andererseits erschien seit dem späten Mittelalter im volkstümlichen Christentum und in chiliastischen Bewegungen ein entgegengesetztes Bild, das des dämonischen Juden, welcher Ritualmorde begeht, sich gegen das Christentum verschwört, der Vorbote des Antichristen und der mächtige und geheimnisvolle Abgesandte der Kräfte des Bösen ist. Dieses Doppelbild kommt in einigen wesentlichen Aspekten des modernen Antisemitismus wieder zum Vorschein. Und seine bedrohliche und okkulte Dimension wurde zum ständig wiederkehrenden Thema der wichtigsten Verschwörungstheorien der westlichen Welt.«[111]

Damit sind wesentliche christliche Beiträge zur Judenfeindlichkeit benannt: prägende antijüdische Sozialisation, Stigmatisierung von Jüd*in-

nen als verachtete »Andere« und »Nicht-Dazugehörige«, in ihrer angeblichen Verblendung einerseits Beleg für den einzig wahren christlichen Glauben, zugleich aber unheimlich, dämonisch und bedrohlich.
Die Genese der christlichen Judenfeindschaft zeigt, dass die Abkehr von dieser eine Aufgabe darstellt, die den innersten Kern christlichen Selbstverständnisses betrifft. Diese Aufgabe ist bei Weitem noch nicht bewältigt. Grundlegende Voraussetzung, dass die restlose Überwindung christlicher Judenfeindschaft möglich würde, wäre freilich, dass Kirchen und Theologie bewusst wird und von ihnen bekannt wird, was christliche Judenfeindschaft angerichtet hat und noch immer anrichtet. Von den obersten Gremien meiner Kirche ist mir leider kein Dokument bekannt, das dies unmissverständlich leistet. Darum zitiere ich aus einer Erklärung der Evangelischen Landessynode in Württemberg aus dem Jahr 2000:

> »Wir blicken zurück auf die lange Geschichte der Judenverfolgung und auf die Schoa, die alle bisherigen Verfolgungen in ihrer programmatischen Brutalität und Perfektion überstieg. Unsere Kirche hat in dieser Situation versagt. Sie versagte aus Lieblosigkeit, Furcht und Schwäche. Falsche Auslegung biblischer Texte führte zur Ablehnung und Abwertung des Judentums. So wurde ausdrückliche Judenfeindschaft ein Teil des christlichen Selbstverständnisses. Dieser unentschuldbare theologische Irrtum hatte entsetzliche Folgen.«[112]

3. Kapitel: Schuld an der Schoah

3.1 *Christlicher Judenhass und Antisemitismus*

Bislang befassten wir uns mit christlicher Judenfeindlichkeit und deren Folgen bis zum 20. Jahrhundert. Die eben zitierte Erklärung der Württembergischen Landessynode erkennt, dass ausdrückliche Judenfeindschaft ein Teil christlichen Selbstverständnisses wurde, und nennt dies einen unentschuldbaren Irrtum mit entsetzlichen Folgen. Das ist mehr als die römisch-katholische Amtskirche je öffentlich eingestand. Offen bleibt in der Erklärung der Synode aber, in welchem Verhältnis christliche Judenfeindlichkeit zum rassistischen Antisemitismus der Nazis und zur Schoah steht.

In einem Teil der Literatur zur Antisemitismusforschung wird zwischen Antijudaismus als *religiös* bedingter Judenfeindlichkeit und *rassistisch* begründetem Antisemitismus unterschieden. Ersterer reiche zurück bis zu den Anfängen des Christentums, letzterer sei erst Ende des 18. bzw. im Verlauf des 19. Jahrhunderts entstanden. Umstritten ist bei dieser Unterscheidung das Verhältnis von Antijudaismus und Antisemitismus. Während die sozialgeschichtliche Forschung auf die Differenzen zwischen beiden Phänomenen verweist und im rassistischen Antisemitismus eine neue Qualität erkennt, vertritt die kultur- und ideengeschichtliche Forschung die These einer Kontinuität oder gar wesensmäßigen Gleichheit zwischen antijudaistischem und antisemitischem Judenhass.[113] Nun wird wissenschaftliche Forschung, die im Ausgang von der Schoah und dem nationalsozialistischen Judenhass zurückfragt nach deren Ursprüngen, auf eine ganze Reihe unterschiedlicher Ursachen und Motive stoßen. Auch gibt es sehr unterschiedliche »Schlüsselkonzepte« bei der Erforschung des Antisemitismus. In dieser Perspektive erscheinen dann die religiösen Beweggründe neben sozialen, wirtschaftlichen und politischen, wobei in manchen Darstellungen religiöse Motive und Konzepte zwar aufgeführt werden, aber nicht die dominierende Rolle spielen.[114]

Religiöse und rassistische Judenfeindlichkeit sind nicht zu trennen

Doch die Perspektive vorliegender Untersuchung ist eine andere. Als christlichem Theologen ist mein Ausgangspunkt die im Judentum verankerte Botschaft Jesu mit der sich daran anschließenden messianischen Bewegung. Ich folge dann der Spur christlicher Judenfeindlichkeit von ihren Anfängen über die Jahrhunderte hinweg bis ins 20. Jahrhundert und darüber hinaus. In dieser Perspektive zeigt sich, wie sich ursprünglich religiöse Judenfeindlichkeit zunehmend vermengt und vermischt mit anderen Motiven und Interessen, so dass im Einzelfall nicht mehr zu klären ist, welches Motiv das bestimmende war, ob religiöser Fanatismus, politisches Kalkül, ökonomische Gier, entfesselter Sadismus oder zuletzt Rassismus. In den Stellungnahmen von Päpsten, Klerikern und Theologen des 19. und 20. Jahrhunderts dominieren zwar die religiösen Motive, aber diese verbinden sich mal mehr mal weniger ausdrücklich mit anderen Formen der Judenfeindlichkeit, so dass das eine in das andere übergeht, beides nicht mehr voneinander zu trennen ist.

Die systematische christliche Judenfeindlichkeit einfach nur als »religiös bedingten Antijudaismus«[115] zu bezeichnen, ist eine Verharmlosung, die versucht, die christliche Judenfeindschaft möglichst in Distanz zum rassistischen Antisemitismus zu bringen. Dieser Versuch, der in mehreren offiziellen Dokumenten meiner Kirche bis ins 21. Jahrhundert hinein begegnet, wird von der heutigen historischen Forschung zurückgewiesen. Der deutsche Historiker Olaf Blaschke stellt fest:

> »Viele katholische Historiker glauben, man finde zwar gewisse Ressentiments [unter den Katholiken gegen das Judentum], solle sie aber besser nur als Antijudaismus bezeichnen. An diesem Punkt setzt die Begriffsverwirrung ein. Im Unterschied zum Antijudaismus, aus theologischen Vorstellungen genährt, definiere sich der moderne Antisemitismus angeblich durch den Rassismus. Folglich könnten Katholiken nicht antisemitisch gewesen sein, schließlich hätten sie den Rassismus schon im 19. Jahrhundert abgelehnt. So wird der Katholizismus aus der Gefahrenzone gelotst, indem ein überkommener Antijudaismus von einem bösen rassistischen Antisemitismus unterschieden wird.«[116]

Der evangelische Theologe und Judaist Christian Wiese beurteilt die These, dass der Antijudaismus als theologischer Gegensatz zum Judentum nun einmal wesentlich zum Christentum dazugehöre, aber nicht für den Antisemitismus und für die Schoah verantwortlich gemacht werden dürfe, als »eine der Strategien, sich der Schuldgeschichte von Theologie und Kirche nicht stellen zu müssen«[117]. Doch die Strategie, Antijudaismus getrennt von Antisemitismus zu betrachten, lässt sich heute nicht mehr aufrechterhalten.[118] Christlicher Antijudaismus verband sich »nahtlos mit dem Ende des 18. Jahrhunderts einsetzenden rassistischen Antisemitismus, der von der unteren kirchlichen Ebene bis in die Bereiche der Literatur und des Theaters und in die Politik [...] reichte«[119], konstatiert der katholische Theologe Herbert Vorgrimler. Rein begrifflich ist eine Unterscheidung zwischen religiösem Antijudaismus und rassistischem Antisemitismus zwar möglich, aber die strikte begriffliche Unterscheidung wird der historischen Entwicklung nicht gerecht. Das betont auch *The International Jewish Committee on Interreligious Consultations*:

> »[T]he suggestion of a complete dichotomy between ›anti-Judaism‹ and ›antisemitism‹ is misleading. One shades into the other. It was Christian anti-Judaism that created the possibility of modern pagan antisemitism by delegitimizing the Jews and Judaism.«[120]

Ganz entsprechend stellt der Leiter der Forschungsabteilung des *United States Holocaust Memorial Museum* Jürgen Matthäus fest, es sei evident, dass antisemitische Traditionen im Christentum eine zentrale Rolle für judenfeindliche Maßnahmen vor und nach 1933 spielten.[121] Christliche Judenfeindlichkeit ist nicht abtrennbarer Teil einer Entwicklung, die zum rassistischen Antisemitismus führte:

> »Der über die Jahrhunderte tradierte christliche Antijudaismus integrierte im Kaiserreich insbesondere auf der politischen Rechten neue rassenideologische Stereotype und radikalisierte sich im Kontext der völkischen Bewegung in der Weimarer Republik massiv, um nach Hitlers Machtergreifung in eine dogmatisch grundierte antijüdische Politik überzuleiten.«[122]

Raul Hilberg, us-amerikanischer Historiker und Verfasser des Standardwerkes »Die Vernichtung der europäischen Juden«, stellte die Bestimmungen christlicher Synoden und Konzilen ab dem vierten Jahrhundert den Maßnahmen der Nationalsozialisten gegenüber. Hilberg kommt dabei zu dem Ergebnis, dass die deutsche Bürokratie ihre antisemitischen Verordnungen nicht neu erfinden musste:

> Sie konnte sich »auf Präzedenzfälle stützen, verfügte über eine Richtschnur; die deutschen Bürokraten konnten aus einem ge-

waltigen Reservoir administrativer Erfahrungen schöpfen, das Kirche und Staat in fünfzehnhundertjähriger Vernichtungsarbeit angefüllt hatten.«[123]

Christliche Judenfeindlichkeit forcierte Antisemitismus, der zur Schoah führte

In schonungsloser Knappheit fasst Hilberg die Entwicklung, die schließlich zur Schoah führte, zusammen:

> »Die Missionare des Christentums erklärten einst: Ihr habt kein Recht, als Juden unter uns zu leben. Die nachfolgenden weltlichen Herrscher verkündeten: Ihr habt kein Recht, unter uns zu leben. Die deutschen Nazis schließlich verfügten: Ihr habt kein Recht, zu leben.«[124]

In den Jahrzehnten nach dem Zweiten Weltkrieg stand bei dem Thema »Kirchen und Schoah« die Frage im Fokus, warum die Kirchen nicht öffentlich gegen die Judenverfolgung zur Zeit des Nationalsozialismus protestierten und insbesondere, warum Papst Pius XII. dazu weitgehend geschwiegen habe. Darüber gab es erbitterte Auseinandersetzungen und die entsprechenden Kontroversen dauern an bis heute. Manches ist noch ungeklärt und wird sich möglicherweise nach Analyse jetzt endlich zugänglicher Dokumente des vatikanischen Archivs besser klären lassen. Aber hier geht es nicht um die Frage, was die Kirchen unternommen bzw. unterlassen haben, um die Schoah zu *verhindern*. Hier geht es um die ungleich schwerwiegendere Frage, ob christliche Theologie und Kirchen dazu *beigetragen* haben, dass Antisemitismus und die Judenverfolgung der Nazis und die Schoah möglich wurden – und *diese* Frage ist im Wesentlichen geklärt.

Das Ungeheuerliche muss in aller Deutlichkeit festgehalten werden: Die christlichen Kirchen und die christliche Theologie haben durch ihre über Jahrhunderte hin betriebene Judenfeindschaft in Wort und Tat dem rassistischen Antisemitismus vorgearbeitet und ihm den Boden bereitet. Sie sind damit mitverantwortlich für die Schoah. Die christlichen Kirchen und die christliche Theologie tragen Schuld an der Schoah.

3.2 Teilnahmslosigkeit

Christliche Theologie und Kirchen waren mitverantwortlich, dass es zur Schoah kommen konnte, doch sie forderten nicht die Verfolgung von Jüd*innen durch die Nazis und sie riefen nicht zu deren Ermordung und Vernichtung auf. Es ist beklemmend, dies eigens feststellen zu müssen, aber es ist mit Blick auf die Geschichte christlicher Judenfeindschaft notwendig. Wie verhielten sich nun die verantwortlichen kirchlichen Autoritäten angesichts der Maßnahmen gegen Jüd*innen nach 1933?

Kirchlicher Protest war möglich

Dass es kirchliche Amtsträger gab, die zu mutigem Protest bereit waren und deren Stellungnahmen die NS-Machthaber auch beeindrucken konnten, zeigten die Proteste gegen das so genannte »Euthanasie-Programm«. Dieses war in Wirklichkeit ein Programm zur Ermordung von Menschen, die behindert oder psychisch krank waren, dem insgesamt 200 000 bis 300 000 Menschen zum Opfer fielen. Schon das im Jahr 1933 erlassene »Gesetz zur Verhütung erbkranken Nachwuchses«, das die Zwangssterilisierung von psychisch kranken, blinden oder alkoholkranken Menschen anordnete, stieß auf entschiedene Kritik des Vatikans. Als nun im August 1941 Bischof Clemens Graf von Galen in Münster die ihm bekannt gewordenen Mordaktionen öffentlich machte und in aller Schärfe verurteilte, schlossen sich diesem Protest mehrere katholische und evangelische Bischöfe an. Die Predigt Bischof von Galens wurde weitergegeben und von vielen Kanzeln verlesen. Wenige Tage danach wurden die Ermordungen auf Befehl Hitlers in mehreren Anstalten eingestellt – im Geheimen ging das Morden aber bis 1945 weiter.

Deutlich anders fiel die Reaktion der Kirchen aus, als vor aller Augen Jüd*innen deportiert wurden und ab 1941 auch Informationen über die Massenmorde an ihnen vorlagen. Saul Friedländer hebt zunächst die Bedeutung der Rolle der Kirchen hervor:

> »Entscheidend für die Dauerhaftigkeit und die Allgegenwart antijüdischer Überzeugungen und Einstellungen war in Deutschland wie in der gesamten westlichen Welt natürlich die Rolle, welche die christlichen Kirchen spielten. In Deutschland waren etwa 95 Prozent der Volksgenossen in den 1930er und 1940er Jahren immer noch Kirchgänger. Auch wenn die Elite der Partei dem

christlichen Glauben im allgemeinen feindlich gegenüberstand und organisierte (politische) Aktivitäten der Kirche ablehnte, blieb der religiöse Antijudaismus eine nützliche Rahmenbedingung für die antisemitischen Propagandaaktivitäten und Maßnahmen der Nationalisten«.[125]

Bischöfe beschlossen, auf Protest zu verzichten

Die Entscheidung der deutschen katholischen Bischöfe, auf die Deportationen und die nach und nach bekannt gewordenen Massenmorde im Osten *nicht* öffentlich oder wenigstens durch eine Eingabe zu reagieren, war nachweislich das Ergebnis interner Beratungen.[126] Auf Bitte des Berliner Bischofs Graf von Preysing[127] hatte Margarete Sommer, Geschäftsführerin des Hilfswerks beim Bischöflichen Ordinariat Berlin, im August 1943 den »Entwurf einer Eingabe des deutschen Episkopats« aufgesetzt. Schon in den Jahren zuvor hatte Sommer den deutschen katholischen Bischöfen und dem Papst Informationen unter anderem über die gefährdeten sogenannten »jüdischen Mischlinge und Mischehen« zukommen lassen und Berichte über Deportationen, Vernichtungslager und Massenerschießungen weitergegeben. Preysing und Sommer planten, dass die nun formulierte Petition von allen katholischen Bischöfen des Landes unterzeichnet Hitler übergeben werden sollte. Im Entwurf heißt es in einer Deutlichkeit, wie sie in diesen Jahren in den Hirtenbriefen der Bischöfe nie zu lesen ist, und (zumindest in den ersten beiden Sätzen) auch einmal nicht nur im Hinblick auf die relativ marginale Zahl *getaufter* Jüd*innen formuliert:

> »Mit tiefstem Schmerz – ja mit heiliger Entrüstung – haben wir deutschen Bischöfe Kenntnis erhalten von den in ihrer Form allen Menschenrechten Hohn sprechenden Evakuierungen der Nichtarier. Es ist unsere heilige Pflicht, für die schon durch Naturrecht verliehenen unveräußerlichen Rechte aller Menschen einzutreten. Unsere besondere Pflicht aber erkennen wir darin, uns schützend vor die vielen Tausende von Nichtariern zu stellen, die durch die heilige Taufe Glieder unserer heiligen katholischen Kirche geworden sind. Die Welt würde es nicht verstehen, würden wir nicht laut unsere Stimme erheben gegen solche Entrechtung unschuldiger Menschen. Vor Gott und den Menschen würden wir durch Schweigen schuldig werden. [...]«[128]

Es folgen Forderungen unter anderem nach einer menschenwürdigen Behandlung der Lagerinsassen, nach Bekanntgabe aller Lager bzw. Ghettos und nach Zulassung einer Kommission zum Besuch der Lager. »Wir verfehlen nicht, darauf hinzuweisen«, heißt es am Ende des Petitionsentwurfs, »dass die Erfüllung unserer Forderungen der sicherste Weg wäre, die ununterbrochen laut werdenden Gerüchte über das Massensterben der evakuierten Nichtarier zu entkräften.«[129] Die Vernichtungsaktionen werden damit nur vorsichtig angedeutet, aber nicht direkt angesprochen. Vor allem aber: *Die Petition wurde nie abgeschickt.* Bischof Preysing, der wiederholt den Vorsitzenden der Bischofskonferenz Kardinal Bertram und auch Papst Pius XII. zu entsprechenden öffentlichen Stellungnahmen gedrängt hatte, konnte sich wieder nicht durchsetzen. Die Bischöfe schwiegen über das, was sie wussten, und begnügten sich mit einem Hirtenbrief, in dem sie die deutschen Katholiken allgemein ermahnten, das Recht auf Leben anderer Menschen zu respektieren, auch dasjenige von Menschen fremder Rasse und Abstammung.[130]

Die katholische deutsche Bischofskonferenz konnte sich nicht dazu durchringen, in einer Eingabe die bekanntermaßen mörderische Judenverfolgung anzuprangern. Ihr Vorsitzender Kardinal Bertram versäumte es aber nicht, dem »hochgebietende[n] Herr[n] Führer und Reichskanzler« regelmäßig und auch noch im Jahr 1944 zum Geburtstag zu gratulieren und dabei dem »Verlangen Ausdruck zu geben, das die deutschen Katholiken unablässig zum Altare tragen: dem großen Anliegen, daß es Ihnen beschert sein möge, zu einem ebenso segensreichen wie siegreichen Frieden das deutsche Volk zu führen«. Bertram bittet Hitler um »Verständnis für die offenkundige und stille Arbeit der Seelsorge, die im Herzen des Volkes den Gehorsam gegen die gottgesetzten Obrigkeiten in Staat und Kirche nährt als Schutzwall gegen schleichende kommunistische und bolschewistische Anschauungen«. Der Vorsitzende der deutschen katholischen Bischofskonferenz unterzeichnet sein Gratulationsschreiben mit: »In tiefster Verehrung verbleibe ehrerbietig gehorsamst A. Card. Bertram«.[131]

Der Papst wusste und schwieg

Obwohl die Dokumente im Vatikanischen Archiv noch nicht vollständig ausgewertet sind, ist gesichert, dass auch den Vatikan seit Anfang 1942 aus den unterschiedlichsten Quellen Nachrichten über Massenmorde an

Jüd*innen erreichten.[132] Eine unmissverständliche öffentliche Verurteilung der Mordaktionen durch Papst Pius XII. unterblieb bekanntlich. Saul Friedländer hält es für wahrscheinlich, dass die Passivität der großen Mehrheit durch die Passivität der obersten Autorität der Kirche, des Papstes selbst, beeinflusst wurde[133] und führt dazu aus:

> »Auch wenn sporadische Proteste einiger katholischer Bischöfe und führender protestantischer Kirchenvertreter in der Tat stattfanden, bewahrte die überwältigende Mehrheit katholischer und protestantischer Autoritäten angesichts der Deportationen der Juden und des zunehmenden Wissens um ihre Vernichtung öffentliches Stillschweigen. Was immer die Gründe dafür gewesen sein mögen, das Schweigen des Papstes trug zum Ausbleiben von offenem Protest katholischer Geistlicher in verschiedenen Ländern einschließlich Deutschlands bei.«[134]

Eine gewisse Unterstützung von den Kirchen erfuhren *christliche* »Nichtarier«, das heißt Jüd*innen, die sich evangelisch oder katholisch hatten taufen lassen. So wird gerne darauf hingewiesen, Papst Pius XII. habe im Jahr 1939 3000 Visa nach Brasilien für konvertierte Jüd*innen erwirkt. Allerdings wurden nur weniger als 1000 dieser Visa tatsächlich benutzt. Finanziert wurden die Überfahrten vom Vatikan mit Geld, das zu diesem Zweck von amerikanischen jüdischen Organisationen zur Verfügung gestellt worden war.[135]

Kirchliches Eigeninteresse statt Solidarität mit den Opfern

Saul Friedländer deutet eine Gesamtbeurteilung des Verhaltens Papst Pius' XII. nur an:

> »Betrachtet man die katholische Kirche lediglich als eine politische Institution, welche die Folgen ihrer Entscheidungen unter dem Gesichtspunkt der Zweckrationalität abwägen muß, dann kann man die Entscheidungen des Pontifex angesichts der bestehenden Risiken vielleicht für vernünftig halten. Falls jedoch die katholische Kirche, wie sie behauptet, vor allem in Augenblicken einer großen Krise auch eine moralische Position vertritt und somit bei derartigen Anlässen von der Ebene der institutionellen

> Interessen zu derjenigen moralischer Zeugenschaft übergehen muß, dann sollten die von Pius getroffenen Entscheidungen selbstverständlich anders beurteilt werden.«[136]

Der Anspruch, den ich als christlicher Theologe an das Verhalten meiner Kirche anlegen muss, ist der von Friedländer genannte *moralische* Anspruch, zu dem sich meine Kirche in ihrer Verkündigung immer bekannt hat und der im jesuanischen Ethos unmissverständlich zum Ausdruck gebracht wurde: mitmenschliche Solidarität, Empathie, Nächstenliebe. Im Matthäusevangelium identifiziert sich Jesus mit denen, die unseren Beistand ganz besonders benötigen. Unter der Nazi-Diktatur hätten Jüd*innen solchen Beistandes bedurft, doch diesen versagten ihnen die Kirchen: »Ich wurde entrechtet, und ihr nahmt es hin. Ich wurde gedemütigt und ihr habt weggesehen. Ich wurde gehetzt, gejagt, misshandelt, und ihr standet mir nicht bei. Meine Familie wurde zerstört, was mir heilig war, wurde entweiht, und ihr habt ungerührt weiter eure Gottesdienste gefeiert. Ich wurde bestialisch gequält, gefoltert und schließlich abgeschlachtet wie ein Tier, und ihr habt es gewusst und seid den Machthabern nicht entgegengetreten« – so könnte eine aktualisierte Fassung von Mt 25,41–46 lauten. Diskriminierung, Pogrome, Ghettoisierung, Deportationen, Massenmorde und Vernichtung – die christlichen Kirchen ließen es geschehen. Konrad Adenauer, damals Oberbürgermeister von Köln, schrieb ein Jahr nach Kriegsende an einen Bonner Pastor:

> »Nach meiner Meinung trägt das deutsche Volk und tragen auch die Bischöfe und der Klerus eine große Schuld an den Vorgängen in den Konzentrationslagern. [...] Das deutsche Volk, auch Bischöfe und Klerus zum großen Teil, sind auf die nationalsozialistische Agitation eingegangen. Es hat sich fast widerstandslos, ja zum Teil mit Begeisterung [...] gleichschalten lassen. Darin liegt seine Schuld. [...] Die Judenpogrome 1933 und 1938 geschahen in aller Öffentlichkeit. [...] Man kann also wirklich nicht behaupten, daß die Öffentlichkeit nicht gewußt habe, daß die nationalsozialistische Regierung und die Heeresleitung ständig aus Grundsatz gegen das Naturrecht, gegen die Haager Konvention und gegen die einfachsten Gebote der Menschlichkeit verstießen. Ich glaube, daß, wenn die Bischöfe alle miteinander an einem be-

stimmten Tag öffentlich von den Kanzeln aus dagegen Stellung genommen hätten, sie vieles hätten verhüten können. Das ist nicht geschehen und dafür gibt es keine Entschuldigung.«[137]

Der katholische Theologe Herbert Vorgrimler zieht ein entsprechend beschämendes Fazit: Von Ausnahmen abgesehen verhielten sich die Kirchen »teilnahmslos gegenüber der modernen Judenverfolgung mit dem Mordprogramm der ›Endlösung‹«[138].

Keine Empathie mit den Verfluchten

Woher dieser erschreckende Mangel an Empathie bei den Kirchen, bei den Gläubigen? Liegt es nicht nahe, diese christliche Gefühlskälte als Resultat alt hergebrachter christlicher Judenfeindlichkeit zu betrachten? Wie sollte auch Mitgefühl mit denen aufkommen, die jahrhundertelang mit christlichen Argumenten und von den Kanzeln herab verachtet und verleumdet wurden? Warum sollte denen gar Nächstenliebe zuteil werden, die schon von den Kirchenvätern mit Hasstiraden bedacht worden waren? Hat dieses Volk nicht unseren Heiland ans Kreuz genagelt? Musste man die »Gottesmörder« nicht zwangsläufig hassen? Erfüllte sich in diesen Tagen womöglich nur der Fluch, der über dem verblendeten und verstoßenen Volk seither lastete? Lag es vor dem Hintergrund solcher Gedanken nicht nahe, die Judenverfolgung als vielleicht tragische aber leider unvermeidliche und darum hinnehmbare, ja legitime oder gar gebotene Fortsetzung christlicher Judenfeindlichkeit zu betrachten? Hitler selbst gab zumindest vor, es so zu sehen:

> »Die katholische Kirche hat 1500 Jahre lang die Juden als Schädlinge angesehen, sie ins Ghetto gewiesen usw., da hat man erkannt, was die Juden sind. In der Zeit des Liberalismus hat man diese Gefahr nicht mehr gesehen. Ich gehe zurück auf die Zeit, was man 1500 Jahre lang getan hat. Ich stelle nicht die Rasse über die Religion, sondern ich sehe die Schädlinge in den Vertretern dieser Rasse für Staat und Kirche, und vielleicht erweise ich dem Christentum den größten Dienst; deswegen ihre Zurückdrängung vom Studium und den staatlichen Berufen«[139].

Schon im Jahr 1926 hatte Hitler bei einer Rede geäußert, Christus sei der größte Vorkämpfer im Kampfe gegen den jüdischen Weltfeind gewesen.

Die Lehre Christi sei für Jahrtausende grundlegend gewesen für den Kampf gegen den Juden als Feind der Menschheit. Das Werk, welches Christus angefangen habe, aber nicht beenden konnte, werde er (Hitler) zu Ende führen. Der Nationalsozialismus sei nichts anderes als eine praktische Befolgung der Lehre Christi.[140] Nazis in der Nachfolge Jesu? Mit christlicher Judenfeindlichkeit imprägnierte Menschen waren für die Nazis jedenfalls eine willkommene Kulisse für ihre rassistische, menschenverachtende Agenda. Aber sie waren nicht nur Kulisse.

3.3 Mittäterschaft

Wenige widerstanden, viele profitierten

Ja, es gab einzelne nichtjüdische Deutsche, die jüdische Geschäfte nicht boykottierten, die Jüd*innen weiterhin mit Respekt begegneten, ihnen nicht das Mietverhältnis kündigten, bei einer »Mischehe« nicht die Scheidung einreichten, sondern zu ihnen hielten und sie unterstützten. Es gab auch Christ*innen, die unter Einsatz ihres Lebens aktiv geworden sind, die gegen die Judenvernichtung öffentlich protestierten, Verfolgte versteckten oder zur Flucht verhalfen. Es gab die Caritasreferentin Dr. Gertrud Luckner und die schon erwähnte Dr. Margarete Sommer vom Berliner Hilfswerk beim Bischöflichen Ordinariat, deren gewagte Rettungsaktionen sich nicht auf getaufte Jüd*innen beschränkten. Es gab das von Pfarrer Heinrich Grüber geleitete Büro der Bekennenden Kirche, das getauften Jüd*innen die Ausreise ermöglichte.[141] Es gab den lutherischen Pfarrer von Niederstetten, Hermann Umfrid, der sich standhaft weigerte, nach einem Pogrom in seinem Ort eine Predigt zu widerrufen, in der er die Gewalttaten verurteilte. Es gab Bernhard Lichtenberg, »de[n] einzige[n] katholische[n] Priester in Nazi-Deutschland, der seine Stimme gegen die Verfolgung der Juden erhob«.[142]

638 Deutsche zählt die Gedenkstätte Yad Vashem als »Gerechte unter den Völkern« und es sind noch ungezählte mehr, die ihr Leben eingesetzt und verloren haben, um von den Nazis verfolgte Menschen zu retten. Ihr Mut, ihre Zivilcourage und ihre Standfestigkeit kann nicht hoch genug gewürdigt werden.

Aber so verhielt sich nur eine verschwindend kleine Minderheit, aktiver Protest blieb die seltene Ausnahme. Die, die widerstanden, wurden von der Institution, der sie angehörten, nur selten unterstützt – das galt auch für die Kirchen. Die übergroße Mehrheit der Gläubigen und der Kirchenfunktionäre blieb teilnahmslos und passiv. Zu fragen ist aber, ob Begriffe wie »Teilnahmslosigkeit« und »Passivität« die Haltung der Mehrheit noch zutreffend beschreiben. Die Frage ist, wann die Grenze zur Mittäterschaft überschritten ist. Denn neben den unmittelbar Verantwortlichen gab es diejenigen, die ihnen zuarbeiteten und die von den Untaten profitierten – direkt materiell oder zum Beispiel auch indem sie auf frei gewordene Arbeitsplätze nachrücken und Karriere machen konnten.

Hundertausende waren am Morden beteiligt

Nach Ende des Zweiten Weltkriegs war es in Deutschland Konsens, nur Hitler und einen kleinen Kreis seiner Getreuen für die begangenen Verbrechen und insbesondere auch für die Judenverfolgung verantwortlich zu machen.[143] Diese galten als die wahren Täter, sich selbst betrachteten die Deutschen als Verführte, selbst Opfer eines kriminellen Regimes, dem sie ausgeliefert waren. Doch die Holocaustforschung der vergangenen Jahrzehnte hat erbracht, dass es sich anders verhielt. Frank Bajohr und Andrea Löw, die das »Zentrum für Holocaust-Studien am Institut für Zeitgeschichte« in München leiten, sprechen im Hinblick auf die damalige deutsche Öffentlichkeit von »Tätergesellschaft«:

> »In der deutschen Nachkriegsöffentlichkeit hatte noch lange Zeit die Vorstellung dominiert, dass die Massenmorde von einer vergleichsweise kleinen Zahl von Personen begangen worden seien: von kleinen Mordkommandos der SS, fernab der Heimat, irgendwo im Osten. Dementsprechend verwendete die bundesdeutsche Nachkriegsjustiz den Begriff ›Täter‹ äußerst sparsam und stufte allenfalls Hitler, Himmler oder Heydrich uneingeschränkt als solche ein. Mittlerweile geht jedoch die Forschung allein von 200 000 bis 250 000 deutschen und österreichischen Tätern des Holocaust aus. Täter und Gesellschaft sind deshalb nicht voneinander zu trennen, so dass beide Begriffe zumindest in der deutschen Öffentlichkeit immer häufiger zur ›Tätergesellschaft‹ verschmelzen – eine Bezeichnung, die in der Nachkriegszeit noch entrüstet zurückgewiesen worden wäre.«[144]

Diese Gesellschaft umfasst neben den unmittelbar Verantwortlichen auch alle, die auf ganz unterschiedliche Weise in das Unrechtssystem eingebunden und darin verstrickt waren. Denn »der Prozess der Ausgrenzung, Entrechtung, Enteignung und Ermordung der europäischen Juden [wäre] ohne eine Vielzahl gesellschaftlicher Akteure – Beteiligte, Nutznießer, Helfer, Profiteure – nicht möglich gewesen [...].«[145]

Christliche Tätergesellschaft

Diese »Tätergesellschaft« war aber eine christliche Gesellschaft. Mehr als 90 % der Deutschen waren getauft und besuchten die Sonntagsgottesdienste, zwei Drittel der NSDAP-Mitglieder gehörten einer christlichen Konfession an,[146] selbst Hitler ist nie aus der katholischen Kirche ausgetreten. Alter, Geschlecht und auch die Zugehörigkeit zu einer der beiden christlichen Großkirchen waren kein Hindernisgrund an den Verbrechen mitzuwirken:

> »Letztlich gab es keine Alterskohorte und keine soziale Formation, die gegenüber den NS-Verbrechen immun gewesen wäre. Dies gilt auch für das Geschlecht, wenngleich die Zahl der Täterinnen nicht an die der männlichen Täter heranreichte, wobei allerdings vor allem im Osten zahlreiche junge Frauen in die deutsche Besatzungsherrschaft und damit auch mittelbar in den Holocaust eingebunden waren«[147],

resümiert Frank Bajohr. Christ*innen haben die Verfolgung und Vernichtungsaktionen nicht nur geschehen lassen, sondern Hunderttausende von ihnen haben aktiv dabei mitgewirkt. Auch der Papst und die Bischöfe wussten dies – aber es gab kein Hirtenwort und keine Enzyklika, die das Morden unmissverständlich beim Namen nannten und den Täter*innen Einhalt geboten hätten.

Die Fragen nach dem »Schweigen« der Bischöfe und vor allem dem »Schweigen« von Papst Pius XII., der wiederholt und eindringlich von verschiedenen Seiten zu einer öffentlichen und unmissverständlichen Verurteilung gedrängt worden war,[148] ist nicht der entscheidende Grund für die kirchliche Mitverantwortung an der Schoah. Dieser Grund ist bereits – wie ausgeführt – mit der Judenfeindlichkeit in der christlichen

Theologie- und Kirchengeschichte gegeben. Aber das öffentliche Schweigen des Papstes zu den Mordaktionen erscheint wie das passende Glied in der schier endlosen Kette dieser christlichen Feindseligkeiten.

Deportation aus Rom ohne päpstliche Intervention

Besonders irritierend ist das Schweigen des Papstes zu einem Ereignis in seiner unmittelbaren Nachbarschaft. Auf Anweisung Hitlers sollten die in Rom lebenden Jüd*innen als Geiseln festgenommen und deportiert werden. Am 16. Oktober 1943 fand die Razzia statt. Am Morgen wurde der Papst darüber informiert. Es folgte kein päpstlicher Protest. Der Papst schwieg. Am 25. Oktober verließ der Zug mit mehr als 1000 De-

portierten Rom in Richtung Auschwitz. Der deutsche Botschafter beim »Heiligen Stuhl« in Rom, Ernst von Weizsäcker, kabelte an das Auswärtige Amt in Berlin:

> »Der Papst hat sich, obwohl dem Vernehmen nach von verschiedenen Seiten bestürmt, zu keiner demonstrativen Äußerung gegen den Abtransport der Juden hinreißen lassen. Obgleich er damit rechnen muß, daß ihm diese Haltung von Seiten unserer Gegner nachgetragen und von den protestantischen Kreisen in den angelsächsischen Ländern zu propagandistischen Zwecken gegen den Katholizismus ausgewertet wird, hat er auch in dieser heiklen Frage alles getan, um das Verhältnis zu der deutschen Regierung und den in Rom befindlichen deutschen Stellen nicht zu belasten.«[149]

Als Anzeichen dafür, dass in dieser Frage vom Vatikan keine weiteren Schwierigkeiten zu erwarten seien, nennt Weizsäcker in seinem Bericht ein im Osservatore Romano an hervorragender Stelle veröffentlichtes »öffiziöses Kommuniqué über die Liebestätigkeit des Papstes [...], in welchem es in dem für das vatikanische Blatt bezeichnenden Stil, d. h. reichlich gewunden und unklar, heißt, der Papst lasse seine väterliche Fürsorge allen Menschen ohne Unterschied der Nationalität, Religion und Rasse angedeihen.« Durchaus zutreffend bemerkt Weizsäcker dazu, dass der Wortlaut dieses Kommuniqué »von den wenigsten als spezieller Hinweis auf die Judenfrage verstanden werden wird«[150].

Der Papst hat andere Sorgen

In anderer Angelegenheit wurde der Vatikan gerade in diesen Tagen dagegen ungleich deutlicher. Weizsäcker berichtete nach Berlin, Kardinalstaatssekretär Maglione habe ihm eine Verbalnote übergeben, in der es

> »der Heilige Stuhl für seine Pflicht [hält], gegenüber den streitenden Parteien seine lebhaftesten und eindringlichsten Empfehlungen zu wiederholen, dass jede Anstrengung gemacht werden möge, um zu vermeiden, daß Rom zum Schlachtfeld werde; ein Umstand der der menschlichen und christlichen Zivilisation unberechenbaren Schaden zufügen könnte und somit für Gegenwart und Zukunft die Verurteilung aller Wohlmeinenden hervorrufen würde«[151].

Mit diesem Anliegen hatte sich der Papst auch schon auf allen möglichen Kanälen an die Alliierten gewandt. Dies erboste den britischen Gesandten beim Vatikan, Francis d'Arcy Osborne, derart, dass er schon im Dezember 1942 gegenüber dem Kardinalstaatssekretär darauf drängte,

> »that the Vatican, instead of thinking of nothing but the bombing of Rome should consider their duties in respect of the unprecedented crime against humanity of Hitler's campaign of extermination of the Jews, in which [...] Italy was an accomplice as the partner and ally of Germany.«[152]

Doch die Wahrung unmittelbar kirchlicher Interessen scheinen für Papst Pius XII. Vorrang gehabt zu haben. Angesichts der Gleichgültigkeit *protestantischer* Theologen und Kirchenführer gegenüber dem Leid der verfolgten Jüd*innen fragt Christian Wiese, ob die Kategorie des »Schweigens« hinreiche, um die ganze Dimension des Versagens der protestantischen Kirchen zu erfassen oder ob es nicht der Akzentuierung eines weit stärkeren Ausmaßes an theologisch-politischer Verstrickung und Mittäterschaft bedürfe.[153] Genau diese Frage stellt sich aber auch bezüglich meiner Kirche, namentlich im Hinblick auf Papst Pius XII. und (mit ganz wenigen Ausnahmen) die deutschen katholischen Bischöfe. Der Papst berief sich wiederholt darauf, dass er bezüglich der kriegführenden Parteien Neutralität wahren müsse.[154] Doch wenn Menschenrechte verletzt werden, gibt es keine Neutralität. Wer schweigt, lässt geschehen. Darum begründet allein schon dieses »Schweigen« angesichts dessen, was die Kirchenleitungen nachweislich wussten, eine Form von stillschweigender Mittäterschaft und damit moralische Mitverantwortung und Schuld.

3.4 Der Tod des traditionellen Christentums

Das Christentum, das von seinem Beginn an für das Judentum keinen Platz ließ und Judenhass selbst noch in seiner Liturgie zelebrierte, trägt Mitschuld an der Schoah. Als christlichem Theologen muss mir diese erdrückende Einsicht bei jedem Foto der Vernichtungslager, der ausgemergelten, gemarterten und ermordeten Menschen bewusst bleiben, bei jedem Bericht von Überlebenden, bei jedem Stolperstein, der an ein Opfer erinnert, bei jedem Mahnmal, das der Schoah gedenkt. Wie kann ich es als christlicher Theologe in der Tradition dieses Christentums heute noch wagen, »christlich« von Gott zu sprechen?

»Der aufrichtige Christ weiß, dass in Auschwitz nicht das jüdische Volk gestorben ist, sondern das Christentum«[155], stellte Elie Wiesel fest. Papst Johannes XXIII. habe dies verstanden. Obwohl dieser persönlich mehr als jeder andere in seiner Kirche zu helfen versucht habe, so Wiesel, habe er sich schuldig gefühlt. Johannes XXIII. habe verstanden, dass die Schoah das Scheitern von 2000-jähriger christlicher Zivilisation bedeutet habe. Wiesel erinnert in diesem Zusammenhang an die Mördertruppen außerhalb der Vernichtungslager:

> »They were shooting thousands and thousands of Jews – entire communities, with machine guns, directly. There was a direct contact. And they had PH.D.s and some of them were theologians, and some of them, many of them went to the priest, to confession and so forth. So John the XXIII understood it [...]: that what happened in Auschwitz, with this kind of mutation, marked an end to orthodox Christianity.«[156]

Gestorben ist das traditionelle Christentum an den monströsen Folgen seines nie korrigierten oder zurückgenommenen »Geburtsfehlers«[157]. Dieses auf Exklusion beruhende Christentum, das sich in ausschließendem Gegensatz zum Judentum bestimmte, Judenfeindlichkeit kultivierte und antisemitischem Rassismus Vorschub leistete, ist tot. Und wo es doch noch versucht, sich uneinsichtig und verstockt am Leben zu erhalten, ist ihm jede Legitimität abzusprechen. Hinter diese Einsicht darf es kein Zurück geben.

Ist damit das Ende jeglicher Form des Christentums, christlichen Lebens und Hoffens für immer besiegelt? Ähnlich wie Wiesel äußerte sich der jüdische Gelehrte Irving Greenberg:

> »In light of the Holocaust, classical Christianity ›dies‹ to be reborn to new life; or it lives unaffected, to die to God and man.«[158]

Ein Christentum, das sich nicht von Grund auf durch die Schoah erschüttern lässt, ist demnach todgeweiht. Sollte es noch möglich sein, dass nach dem Sterben des *klassischen* Christentums das Christentum zu neuem Leben ersteht? Doch was zählt alles zu diesem klassischen Christentum? Was muss an diesem Christentum unwiderruflich absterben, damit es zu neuem Leben erstehen kann? Was bleibt von diesem Christentum, das bis in seinen Wesenskern von Judenfeindlichkeit infiltriert ist, wenn auf jegliche Judenfeindlichkeit radikal verzichtet wird? Wie ist christliches Selbstverständnis möglich, das keinerlei antijüdische Affekte impliziert oder auch nur begünstigt? Welcher Weg könnte dorthin führen?

Theodor W. Adorno deutet zumindest die Blickrichtung an, der auch christliche Kirchen und Theologie folgen müssen, ehe sie eine Antwort auf diese Fragen suchen können:

> »Es ist keine Schönheit und kein Trost mehr außer in dem Blick, der aufs Grauen geht, ihm standhält und im ungemilderten Bewusstsein der Negativität die Möglichkeit des Besseren festhält.«[159]

Der Blick christlicher Theologie darf dem Grauen der Schoah nicht ausweichen. Sie muss diesem Grauen standhalten und sich dessen ungemildert bewusst bleiben.

Doch ehe christliche Kirchen und Theologie dann auch nur die »Möglichkeit des Besseren« in Erwägung ziehen, davon sprechen und darauf ihre Hoffnung setzen dürfen, müssen sie schonungslos ihre Mitschuld anerkennen. Diese Schuld bleibt. Jesus sei für unsere Sünden gestorben? Aber nicht für diese Schuld. Der Gedanke, der Foltertod des Juden Jesus könnte auch noch in Anspruch genommen werden, um von der Schuld am Judenmorden zu erlösen, verbietet sich. Auch eine »Wiedergutmachung« ist uns nicht möglich.

Doch was dann? Was ist noch möglich und notwendig? Das Gedächtnis an die Opfer der Schoah bleibend präsent zu halten, ist unabdingbare Verpflichtung – aber solche »memoria passionis« genügt nicht. Wenn christliche Theologie und Kirchen sich weiterhin als Teil christlicher Kirchengeschichte verstehen wollen, dann können sie sich nicht aus der Verantwortung für die christliche Unheilsgeschichte stehlen. Dann bleibt ihnen nur die *ausdrückliche Übernahme dieser Verantwortung.* Dieser erdrückenden Bürde dürfen sich Theologie und Kirchen nicht entledigen.

Wer diese Verantwortung übernimmt, muss Konsequenzen ziehen für etwas, was er nicht selbst verschuldet hat. Christliche Kirchen und traditionelle Theologie tragen Schuld an der Schoah, nicht wir Heutigen. Aber wir machen uns schuldig, wenn wir heute christlichen Glauben verkünden oder christliche Theologie lehren und dabei die judenfeindliche christliche Tradition ignorieren oder gar leugnen und nicht radikal mit ihr brechen.

Die Übernahme der Mitverantwortung für die Schoah gebietet diesen Bruch, der die christlichen Fundamente in Frage stellt. Sollte das Christentum seine Existenzberechtigung nicht endgültig verloren haben, müsste es »von Grund auf« sein Selbstverständnis neu bestimmen. Aber ist dies möglich? »Die christliche Theologie steht […] in der Pflicht einer Revision ihrer selbst angesichts von Auschwitz«[160], fordert der katholische Theologe Knut Wenzel. Es gehe dabei um »eine Revision, ohne Aussicht auf die Erreichung einer neuen Position stabiler Unangefochtenheit.«[161] Eine solche revisionäre Theologie angesichts der Schoah werde sich selbst fremd erscheinen. »Sie wird sich nicht mehr in zweitausendjährig eingeübter Selbstvertrautheit und Selbstverständlichkeit ›immer schon‹ klar sein, sondern sich wie von jenem Un-Ort Auschwitz her neu gegeben wahrnehmen.«[162] Wenzel weiter:

> »Die Theologie ist vor Auschwitz […] eine Rede, die in ihrem Innersten und Eigensten auf einen stummen, nicht zu beschwichtigenden Notschrei antwortet. Sie ist ex-zentrisch, nicht bei sich, sondern unruhig beim Anderen.«[163]

Christliche Theologie, die »unruhig beim Anderen« ist, erkennt bestürzt und beschämt die erdrückende Last ihrer eigenen Tradition, die sie auf sich nimmt und an der sie sich abarbeitet. Zutiefst geprägt von dem, was sie überwinden will, muss sie dabei bereit sein zur permanenten Infragestellung, ja zur Negation der eigenen, prekär bleibenden Position. Es ist eine Theologie auf Bewährung unter dem Verdikt beständig möglichen Widerrufs.

Damit zeichnen sich Etappen des Weges ab, den christliche Theologie und Kirchen beschreiten müssen, sofern sie ihr Weiterbestehen angesichts der Schoah rechtfertigen wollen:

- *erstens* die ungeschönte und ungemilderte Wahrnehmung und Analyse christlicher Judenfeindlichkeit und ihrer abgründigen Folgen,
- *zweitens* die Anerkenntnis und das öffentliche Bekenntnis der Schuld der Kirche und einer ihr sekundierenden Theologie,
- *drittens* die ausdrückliche Übernahme der Verantwortung für diese Schuld und
- *viertens* eine fundamentale Neubestimmung des eigenen christlichen und kirchlichen Selbstverständnisses.

Die einzige Alternative zu Letzterem wäre die Selbstaufgabe, das heißt die Einwilligung in das unwiderrufliche Ende christlicher Theologie und Kirchen, christlichen Lebens und Hoffens.

SCHOAH

»Nie werde ich diese Nacht vergessen, die erste Nacht im Lager, die aus meinem Leben eine siebenmal verriegelte lange Nacht gemacht hat.
Nie werde ich diesen Rauch vergessen.
Nie werde ich die kleinen Gesichter der Kinder vergessen, deren Körper vor meinen Augen als Spiralen zum blauen Himmel aufstiegen.
Nie werde ich die Flammen vergessen, die Meinen Glauben für immer verzehrten.
Nie werde ich das nächtliche Schweigen vergessen, das mich in alle Ewigkeit um die Lust am Leben gebracht hat.
Nie werde ich die Augenblicke vergessen, die Meinen Gott und meine Seele mordeten, und meine Träume, die das Antlitz der Wüste annahmen.
Nie werde ich das vergessen, und wenn ich dazu verurteilt wäre, so lange wie Gott zu leben. Nie.
Man pferchte uns in eine lang gestreckte Baracke. Am Dach waren einige blau gefärbte Luken angebracht. So muss die Vorhölle aussehen. So viele angstgepeinigte Menschen, so viele Schreie, soviel bestialische Grausamkeit. […] Der Talmud-Schüler, das Kind, das ich einst gewesen, war in den Flammen untergegangen, und es blieb nur noch eine Hülle übrig, die mir ähnelte. Eine schwarze Flamme hatte meine Seele durchzüngelt und sie verzehrt.« [164]

Elie Wiesel

»Die Kinder sahen den Rauch, der aus den Schloten stieg, und begriffen schnell, dass sie in den Tod geführt wurden. […]«[165]

Lejb Langfuß

»Ich wollte diese Notizen […] der künftigen friedlichen Welt als Erinnerung hinterlassen, damit sie weiß, was hier geschah. Ich habe das in einer Aschegrube vergraben, weil es der zuverlässigste Ort ist, an dem höchstwahrscheinlich Ausgrabungen stattfinden werden, um die Spuren von Millionen Ermordeter zu finden. Doch seit Neuestem haben sie angefangen, die Spuren zu verwischen. Sie haben angeordnet, die Asche, die aufgehäuft war, zu zermahlen, an die Weichsel zu fahren und mit der Strömung verschwinden zu lassen. […]«[166]

Salmen Gradowski

Ab der Machtübernahme durch die Nazis im Jahr 1933 wurden Jüd*innen in Deutschland systematisch entrechtet, stigmatisiert, entwürdigt und vertrieben. Bei den Pogromen im November 1938 wurden Jüd*innen ermordet, Zehntausende in Konzentrationslagern interniert, Synagogen zerstört und jüdische Geschäfte geplündert.

Die Vernichtung des europäischen Judentums wurde von Hitler im Jahr 1939 öffentlich als Ergebnis eines erneuten Krieges angekündigt. Ungeachtet von Geschlecht, Bildung, Status und politischen Ansichten wurden in den folgenden Jahren in Deutschland und den besetzten Gebieten jüdische Menschen zusammengetrieben, deportiert und in Ghettos zwangsumgesiedelt. Die meisten von ihnen wurden nach Jahren der Not erschossen oder vergast.

Millionen Jüd*innen wurden in den Vernichtungslagern Majdanek, Kulmhof, Auschwitz-Birkenau, Belzec, Sobibor, Treblinka, Bronnaja Gora, Breszkaja Woblas und Maly Trostinez oder bei Massenerschießungen an anderen Orten ermordet. Darunter waren 1,5 Millionen jüdische Kinder und Jugendliche.

Opfer der Vernichtungsaktionen wurden darüber hinaus sowjetische Kriegsgefangene und Zivilist*innen, Pol*innen, Menschen mit Behinderungen, politische Gefangene, Roma und Sinti, psychisch Kranke, Homosexuelle, Zeug*innen Jehovas, Geistliche, Obdachlose, Prostituierte, Bettler*innen, Drogenabhängige und weitere Menschen.

CHRISTLICHE SCHULD

»Mit Menschen also, sag mir, dämonenbesessen, die soviele unreine Geister haben, die sich von Schlachtungen und Morden genährt haben, geht ihr zusammen und es schaudert euch nicht dabei? Muß man [die Juden] denn grüßen und ganz normal mit ihnen reden, muß man nicht vielmehr sich von ihnen abwenden als von einer gemeinen Schande und Krankheit für die ganze Welt?«[167]

Johannes Chrysostomos, Kirchenvater

»Niemals ist in der Kirche Christi der Gedanke verlorengegangen, daß das ›auserwählte Volk‹, das den Erlöser der Welt ans Kreuz schlug, in langer Leidensgeschichte den Fluch seines Tuns tragen muß.«[168]

Dietrich Bonhoeffer, evangelischer Theologe

»Seit achtzehn Jahrhunderten wird in der gesamten Christenheit ständig gelehrt, daß das jüdische Volk für die Kreuzigung voll verantwortlich ist und das unsühnbare Verbrechen des Gottesmordes begangen hat. Es gibt keine Anklage, die mörderischer ist, und keine, in deren Namen mehr unschuldiges Blut vergossen wurde.«[169]

Jules Isaac, Historiker

»Christliche Verkündigung und Lehre, der es um Abgrenzung vom Judentum, um Herabsetzung und Kritik des Judentums ging, [ist] in ihrer Wirkung nachteilig, schädigend, lebensbedrohend und zerstörerisch für jüdische Menschen geworden.«[170]

Leonore Siegele-Wenschkewitz, evangelische Theologin

»[Im] gesamten 19. sowie in den ersten Jahrzehnten des 20. Jahrhunderts behielt der christliche religiöse Antisemitismus in Europa und ganz allgemein in der westlichen Welt zentrale Bedeutung.«[171]

Saul Friedländer, Historiker

»Ohne die judenfeindlichen Dispositionen unter christlichen Wegweisern und Wegsehern wäre die Shoa nicht möglich gewesen.«[172]

Olaf Blaschke, Historiker

»It was Christian anti-Judaism that created the possibility of modern pagan antisemitism by delegitimizing the Jews and Judaism.«[173]

International Jewish Committee on Interreligious Consultations

Christlicher Antijudaismus verband sich »nahtlos mit dem Ende des 18. Jahrhunderts einsetzenden rassistischen Antisemitismus, der von der unteren kirchlichen Ebene bis in die Bereiche der Literatur und des Theaters und in die Politik […] reichte.«[174]

Herbert Vorgrimler, katholischer Theologe

«Dass antisemitische Traditionen im Christentum eine zentrale Rolle für judenfeindliche Maßnahmen vor und nach 1933 spielten, ist ebenso evident wie der Rekurs der NS-Führung auf biologistische Gesellschaftsvorstellungen, in denen für Juden kein Platz war.«[175]

Jürgen Matthäus, Historiker

»Die Missionare des Christentums erklärten einst: Ihr habt kein Recht, als Juden unter uns zu leben. Die nachfolgenden weltlichen Herrscher verkündeten: Ihr habt kein Recht, unter uns zu leben. Die deutschen Nazis schließlich verfügten: Ihr habt kein Recht, zu leben. […] Die deutschen Nazis brachen also nicht mit der Vergangenheit; sie bauten auf ihr auf. Sie begannen nicht, sie vollendeten eine Entwicklung.«[176]

Raul Hilberg, Historiker

»Nach meiner Meinung trägt das deutsche Volk und tragen auch die Bischöfe und der Klerus eine große Schuld an den Vorgängen in den Konzentrationslagern.« [177]

Konrad Adenauer, Politiker

»Angesichts der Haltung der katholischen Kirche zur Judenfrage wird deutlich, dass sie nur ihr eigenes Interesse verfolgte.«[178]

Joachim Köhler, katholischer Kirchenhistoriker

»Wir bekennen betroffen die Mitverantwortung und Schuld der Christenheit in Deutschland am Holocaust. […] [Die] Nichtachtung der bleibenden Erwählung Israels und seine Verurteilung zur Nichtexistenz haben immer wieder christliche Theologie, kirchliche Predigt und kirchliches Handeln bis heute gekennzeichnet. Dadurch haben wir uns auch an der physischen Auslöschung des jüdischen Volkes schuldig gemacht.«[179]

Landessynode der Evangelischen Kirche im Rheinland

»In light of the Holocaust, classical Christianity ›dies‹ to be reborn to new life; or it lives unaffected, to die to God and man.«[180]

Irving Greenberg, jüdischer Theologe

»The sincere Christian knows that what died in Auschwitz, was not the Jewish people but Christianity.«[181]

Elie Wiesel, Überlebender der Schoah

4. Kapitel: Danach

Ein Christentum, das sich im Gegensatz zum Judentum definierte, Judenhass verbreitete, Antisemitismus förderte und dazu beitrug, dass die Schoah möglich wurde, hatte jede Existenzberechtigung verloren. Aber christliche Kirchen und christliche Theologie existieren noch fort. Wie reagierten sie auf die Schoah? Unterzogen sie ihre Geschichte einer kritischen Revision? Anerkannten sie eigene Schuld? Übernahmen sie Verantwortung? Zogen sie theologische Konsequenzen?

4.1 Vertuschung, Verharmlosung und Verstocktheit

Papst Pius XII.: Legendenbildung statt Selbstkritik

Ein aufschlussreiches Beispiel, welches Bild die katholische Kirche nach dem Zweiten Weltkrieg der Öffentlichkeit von sich zu vermitteln suchte, ist die Ansprache Pius' XII. anlässlich der Gratulation des Kardinalskollegiums zu seinem Namenstag am 2. Juni 1945. Der Papst blickt zurück auf die Jahre nach 1933, spricht vom »satanische[n] Gespenst des Nationalsozialismus«[182] und dessen »Kampf gegen die Kirche«, von der »religiösen Verfolgung«[183] und dem »schmerzvollen Leidensweg der Kirche unter der nationalsozialistischen Herrschaft«[184]. Ausführlich werden die Maßnahmen gegen die katholische Kirche aufgezählt. »Um diesen Angriffen Widerstand zu leisten«, so der Papst weiter, »scharten sich immer noch Millionen tapferer Katholiken, Männer und Frauen, um ihre Bischöfe, die es nie unterlassen haben, auch in den letzten Kriegsjahren nicht, mutig und ernst ihre Stimmen zu erheben [...]«[185]. Die Kirche sei durch ihre Tat »ein weiteres Mal zum ›Zeichen des Widerspruchs‹ [geworden]«[186]. Je mehr sich jetzt aber die Schleier lüften, um so mehr offenbare sich »die oft bis zum Tode unverbrüchliche Festigkeit ungezählter Katholiken und der ruhmvolle Anteil, den in diesem edlen Wettkampf der Klerus gehabt hat«[187]. Der Papst nennt Zahlen und Beispiele für kirchliche Opfer.

Die Judenvernichtung findet bei Pius XII. in seiner langen Ansprache keine ausdrückliche Erwähnung, sie kann allenfalls an wenigen Stellen »mitgedacht« werden, etwa wenn die Rede ist von »so viele[n] Verbrechen, die gleicherweise gegen die Menschheit wie zum Schaden der Gegenwart und der Zukunft des eigenen Volkes, besonders seiner unglücklichen Jugend begangen wurden«[188]. Die Konzentrationslager werden zwar genannt, aber der entsprechende Satz lässt den Eindruck aufkommen, als seien diese neben politischen Gefangenen nur für Priester und Laien ein Ort gewesen:

> »Aus den Gefängnissen, aus den Konzentrationslagern, aus den Zuchthäusern strömen jetzt zusammen mit den politischen Gefangenen auch die Scharen von Priestern und Laien, deren einziges Vergehen in der Treue zu Christus und zum Glauben der Väter oder in der mutigen Erfüllung der priesterlichen Pflichten bestand.«[189]

92 Auch jetzt nach Kriegsende, »nach dem plötzlichen und tragischen Ende des Verfolgers«[190], wie der Papst formuliert, auch jetzt noch, als all die Gründe, die später für das öffentliche Schweigen des Papstes angeführt werden, nicht mehr vorliegen, findet Pius XII. kein Wort zur Judenvernichtung. Außer den dafür Verantwortlichen hätte ein solches Wort niemanden gefährdet. Warum hat der Papst nicht wenigstens jetzt sein Schweigen gebrochen und ausdrücklich verdammt, was er schon seit Jahren wusste? Für dieses Schweigen des Papstes nach der Schoah gibt es keine Entschuldigung. Wollte der Papst glauben machen, er wisse noch immer nicht, was geschehen war? In dieser Ansprache findet sich auch kein Wort zur Verstrickung der Kirche in die Verbrechen der Nazis. Stattdessen stilisiert der Papst die Kirche als Hort des Widerstands.
Diese Ansprache genügt, um zu erkennen, was Papst Pius XII. bewegte, was ihm wichtig und was ihm nicht der Erwähnung wert war. Es bedarf nicht der Einsicht in die im Jahr 2020 zugänglich gemachten Dokumente des vatikanischen Archivs, um zu erkennen, dass der Papst auf die Sorge um »seine« Kirche und deren Ansehen fixiert blieb. Die Kirche als verfolgte und tapfer widerstehende: Das Bild, das der Papst damit aufruft, ist dasjenige der christlichen Gründungserzählung – und einmal mehr ist es ein Mythos. Auch die deutschen katholischen Bischöfe stellten noch im Jahr 1983 fest, dass sich zwar »viele Glieder der Kirche [...] in Unrecht und Gewalttätigkeit verstricken [ließen], sie »bezeugten« aber, »daß Kirche und Glaube eine der stärksten Kräfte im Widerspruch, ja Widerstand gegen den Nationalsozialismus waren, in mancher Hinsicht sogar die stärkste«[191]. Kirchlich konstruiertes Selbstbild und belegbare historische Fakten klaffen weit auseinander.

Nazi-Theologen wirken weiter

Nach dem Zweiten Weltkrieg genossen in Deutschland auch einflussreiche Theologen, die sich offen zur nationalsozialistischen Ideologie bekannt und sich antisemitisch positioniert hatten, weiterhin hohes Ansehen in kirchlichen und theologischen Kreisen. Ich begnüge mich mit zwei besonders drastischen Beispielen. Auf evangelischer Seite gehört dazu der Jenauer Professor für »Neues Testament und Völkische Theologie«, Walter Grundmann (1906–1976), der im Jahr 1939 Direktor des in kirchlicher Trägerschaft gegründeten »Instituts zur Erforschung und Beseitigung jüdischen Einflusses auf das deutsche kirchliche Leben« wurde. Ziel des Instituts war die »Entjudung« des christlichen Lebens. Dazu publizierte das Institut eine »entjudete« Version des Neuen Testamentes, ein »Volkstestament«, und einen darauf abgestimmten Katechismus, der einen »arischen« Jesus als erbitterten Gegner des Judentums konstruierte. Theologische Judenfeindlichkeit und rassistischer Antisemitismus bildeten bei den Publikationen des Instituts eine untrennbare Einheit.

Nach dem Krieg konnten die meisten Mitglieder des Instituts ihre universitäre Laufbahn fortsetzen oder machten innerhalb der Kirche Karriere. Grundmann selbst verlor zwar seine Professur, wurde aber 1947 wieder in der thüringischen Landeskirche eingestellt. Seine neutestamentlichen Kommentare wurden noch jahrzehntelang als theologische Standardliteratur geschätzt und stehen bis heute in vielen theologischen Bibliotheken in einer Reihe mit anderen Kommentaren.[192]

Der Dogmatiker Karl Adam (1876–1966) zählte zu seinen Lebzeiten zu den bekanntesten und einflussreichsten katholischen Theologen Deutschlands, seine in mehrere Sprachen übersetzten Werke waren international verbreitet.[193] Nach der Machtübernahme im Jahr 1933 feierte er Hitler enthusiastisch als messianische Gestalt und pries im Nationalsozialismus den heldischen Geist rücksichtsloser Hingabe an die Volksgemeinschaft und entschlossener Brüderlichkeit. Adam erkannte »Wesenszusammenhänge« zwischen Nationalsozialismus und katholischem Christentum, sah beide aufeinander angewiesen und forderte, dass die katholische Seelsorge notwendig völkisch und national ausgerichtet sein müsse. Vor großem Publikum hielt Adam im Dezember 1939 in Aachen einen Vortrag zum Thema »Die geistige Lage des deutschen Katholizismus«. Darin führte er aus, dass im Nationalsozialismus die deutsche Wirklichkeit aus der »Eigenart des Blutes und des Volks[tums]« begriffen werde, um sie gegen alle fremde Art abzugrenzen und die rassischen Eigenwerte und Höchstwerte zum Aufbau eines neuen Reiches einzusetzen. Dem stünden die Katholiken weder fremd noch ablehnend gegenüber:

> »Wir Katholiken wissen uns als Glieder dieses Reiches und erblicken unsere höchste irdische Aufgabe in unserem Dienst am Reich.«[194]

Adam hielt engen Kontakt zu einer »Gruppe nationalsozialistischer Priester« und äußerte sich in seiner Korrespondenz dezidiert rassistisch:

> »Seiner völkischen Substanz nach ist das Judentum eigentlich immer widergöttlich gewesen, weshalb dann auch die Botschaft Christi durchaus antijüdisch bestimmt war (darum wurde Er gekreuzigt).«[195]

Nach dem Zweiten Weltkrieg konnte Adam seine Lehrtätigkeit als Dogmatikprofessor an der Katholisch-Theologischen Fakultät in Tübingen unbeschadet fortsetzen. In der Festschrift zu seinem 75. Geburtstag im Jahr 1951 würdigten ihn namhafte Theologen, ohne auf seine Verstrickung in den Nationalsozialismus einzugehen.[196] Das »Verzeichnis der Schriften von Karl Adam«[197], das dieser Festschrift beigegeben ist, verschweigt aber Artikel, die nationalsozialistische Gedanken enthalten. Die Festschrift zu Adams 80. Geburtstag verweist auf die »weltweite, bis heute ungemindert andauernde Wirkung«[198] von Adams Schriften. Unter denen, die zu dieser Festschrift beitrugen, waren auch Theologen, die nachweislich um die Haltung Adams zum Nationalsozialismus wussten.[199]
Erst im Jahr 2010 entwidmete die Diözese Rottenburg-Stuttgart das Stuttgarter Karl-Adam-Haus und benannte es in Rupert-Mayer-Haus um. Im Jahr darauf beschloss der Tübinger Gemeinderat die Umbenennung der Karl-Adam-Straße in Johannes-Reuchlin-Straße.

Kirchengeschichtsschreibung: antisemitischer Rassismus nach der Schoah

Vorausetzung, um zu begreifen, was die Schoah für das Christentum bedeutet, ist, dass Theologie und Kirchen ihren Beitrag zur Judenfeindlichkeit und Judenhass erkennen und nicht leugnen, beschönigen oder verdrängen. Wie lange es dauerte, ehe sich eine selbstkritischere Sicht auf die eigene Geschichte meiner Kirche durchsetzte, belegt ein Blick in die bereits zitierte Kirchengeschichte des Tübinger Kirchenhistorikers Karl Bihlmeyer (1874–1942), die von seinem Schüler Hermann Tüchle (1905–1986) neu bearbeitet wurde und nach 1948 in mehreren Auflagen erschien. Tüchle lehrte ab 1952 Kirchengeschichte des Mittelalters und der Neuzeit an der Katholisch-Theologischen Fakultät der Universität München. Der dreibändige »Bihlmeyer-Tüchle« war in der katholischen Theologie weit verbreitet und wurde im Jahr 1996 bei UTB letztmals aufgelegt. In der diesbezüglichen Ankündigung des Verlags war zu lesen:

> »Das klassische Standardwerk der Kirchengeschichte, für Generationen von Studenten ein verläßliches und auch in Detailfragen unerschöpfliches Lehr- und Lernbuch, erscheint hier erstmals in einer besonders preiswerten Taschenbuchausgabe.«[200]

Der zweite Band zum Mittelalter umfasst mehr als 500 Seiten; gerade einmal ein halber Nebensatz streift die Pogrome und Massenmorde an Jüd*innen im Zusammenhang mit den Kreuzzügen, die als »großartige kriegerische Unternehmungen«[201] gefeiert werden. In Kleindruck abgesetzt vom Haupttext steht dort:

> »Den Hauptscharen der Kämpfer, die sich unter Führung ihrer Großen seit Sommer 1096 donauabwärts Konstantinopel zu bewegten, waren schon im Frühjahr untergeordnete Haufen von Bauern und Rittern vorangezogen, die sich am Rhein durch grausame *Judenmetzeleien* hervortaten und beim Marsch durch Ungarn und Bulgarien großenteils ihrer eigenen Zuchtlosigkeit zum Opfer fielen [...].[202]

Diese die tatsächlichen Vorgänge verschleiernde und bagatellisierende Darstellung erwähnt die Motive der durch fanatische Kreuzzugspredigten aufgehetzten Täter mit keinem Wort. Diese werden zuletzt selbst als »Opfer [!] [...] ihrer eigenen Zuchtlosigkeit« betrachtet – als habe das alles mit christlicher Theologie und Kirche und dem von diesen genährten Judenhass nichts zu tun.

Drei Seiten widmet der Bihlmeyer-Tüchle dem Thema »Die Judenfrage im Mittelalter und die spanische Inquisition«. Einige Sätze daraus:

> »Die Juden waren in der universalen christlichen Gesellschaft und im christlichen Staat ein fremdes, nicht verschmelzbares Element [...]. Der Übertritt zum Christentum stand den Juden offen; doch wurde nur selten eine aufrichtige Bekehrung erzielt. [...] Der drückende Wucher, den sie trieben, war die Hauptursache der immer wieder, besonders zur Zeit der Kreuzzüge, hervorbrechenden Judenverfolgungen. Aus Anlaß des ersten und zweiten Zuges [...] wurden sehr viele der ›Christusmörder‹ von den zügellosen Scharen erschlagen. [...] Ganz besonders schlimm war die Lage in Spanien, wo die Juden seit alters sehr zahlreich und wegen ihrer rücksichtslosen Erwerbsucht verhaßt waren [...]. Der verderbliche Einfluss, den die [nach Zwangstaufen, A.B.] scheinbekehrten Juden in dem christlichen Spanien ausübten, von denen manche sich bis zu den wichtigsten Stellen emporschwangen, ja sogar Bischöfe wurden, rief in der zweiten Hälfte des 15. Jh.s eine scharfe nationale und religiöse Reaktion gegen sie hervor. [...] Ferdinand und Isabell [wiesen] 1492 sämtliche Juden, 1502 auch alle Mohammedaner, die die Taufe nicht nehmen wollten, aus ihren Ländern aus; durch möglichste Beseitigung der rassen- und religionsfremden Elemente sollte der einheitliche Staat aufgebaut und der in Ausbildung begriffene Absolutismus der Krone gestärkt werden. [...] Die spanische Inquisition hatte sich in der Folge noch viel mit den verkappten Juden (Marranos) und scheinbekehrten Mohammedanern (Moriscos) zu befassen, weiterhin auch mit den Versuchen, den Protestantismus in Spanien einzuführen.«[203]

Der Tenor dieses Kapitels ist eindeutig: Die Juden sind selbst schuld, dass sie verfolgt wurden. Sie sind ein fremdes, nicht verschmelzbares Element, gehören einfach nicht dazu. Die Hauptursache für ihre Verfolgung ist ihr drückender Wucher. Die Scharen erschlugen »Christusmörder«, hatten damit also immerhin auch ein religiöses Motiv. Freilich waren diese Scharen auch »zügellos« – damit wird auch hier wieder klargestellt, dass die Kirchenführer dafür nicht verantwortlich sind. Dabei hätten sie

doch nur die »Taufe nehmen« müssen, eine aufrichtige Bekehrung wäre daraus aber nur selten geworden.
Das ist Satz für Satz ein Zeugnis für antisemitischen Rassismus in christlichem Gewand – publiziert Jahrzehnte nach der Schoah. Die Auflagen nach dem Zweiten Weltkrieg sind keine Nachdrucke früherer Ausgaben, bei denen diese Passagen etwa »übersehen« wurden. Es handelt sich um Neuauflagen mit einem akribisch von Hermann Tüchle überarbeiteten Text. Das gilt auch für die hier zitierten Sätze. Zwei Beispiele: In der 11. Auflage von 1932 hieß es: »Die Juden waren im christlichen Staat des Mittelalters ein fremdes, nicht assimilierbares Element.« In der 18. Auflage von 1968 wird dies noch verallgemeinert: »Die Juden waren in der universalen christlichen Gesellschaft und im christlichen Staat ein fremdes, nicht verschmelzbares Element«. 1932 hieß es: »Da von ihnen vielfach gegenüber den Christen drückender Wucher getrieben wurde, so wendete sich wiederholt die Volkswut gegen sie.« 1968 wird daraus: »Der drückende Wucher, den sie trieben, war die Hauptursache der immer wieder, besonders zur Zeit der Kreuzzüge, hervorbrechenden Judenverfolgungen.«
Das ist rassistische Verleumdung und Geschichtsklitterung übelster Machart. Das sind unerträgliche Formulierungen, die nebenbei belegen, dass die Behauptung, bei christlicher Judenfeindlichkeit habe es sich nur um religiös bedingten Antijudaismus und nicht um rassistischen Antisemitismus gehandelt auch über die Schoah hinaus nicht sachgemäß ist. Viele, die damals mit solcher Literatur Theologie studierten, sind heute noch Priester, Bischöfe und Kardinäle oder besetzen theologische Lehrstühle. Schon damals aber hätte man es besser wissen können. Es galt zu meiner Studienzeit zwar als verpönt, sich mit Karlheinz Deschners kirchenkritischen Schriften zu befassen, die als unwissenschaftlich und polemisch abgetan wurden. Doch was er zusammenfassend über die mittelalterlichen Judenverfolgungen schreibt, kommt der geschichtlichen Wahrheit weitaus näher als die Kirchengeschichte von Bihlmeyer-Tüchle und die damals herrschende tendenziöse Kirchengeschichtsschreibung seiner Zeit:

> »Die Leiden der ältesten Christen erscheinen wie eine Bagatelle, verglichen mit dem Martyrium der Juden [...]. Sie starben mit Weib und Kind. Sie wurden von den Christen zu Tausenden erschlagen, ertränkt, lebendig verbrannt, gerädert, gehenkt, zer-

hackt, gevierteilt, erwürgt und lebendig begraben. Sie wurden mit Stricken und an den Haaren zum Taufbecken gezerrt. Und der hohe Klerus hat sich an diesen Zwangstaufen aktiv beteiligt.«[204]

Katholische Kirchengeschichtsschreibung hat dagegen über das Zweite Vatikanische Konzil hinaus das Ausmaß der christlichen Judenverfolgung verharmlost, heruntergespielt, ja sogar dafür Verständnis gezeigt und entschuldigende Gründe vorgebracht.
Sehr befremdlich muten auch die wenigen Sätze an, die im dritten, im Jahr 1969 erschienenen Band dieser Kirchengeschichte die Schoah nur nebenbei erwähnen und sich dabei der Begrifflichkeit der Nazis bedienen:

»Direkt gegen das Glaubensgut der Kirche richtete sich der leidenschaftliche, aus dem Antisemitismus herauskommende Angriff gegen das Alte Testament, mit dem man auch das Neue und besonders den Apostel Paulus treffen wollte. Eine entsetzliche Verfolgung der Nichtarier setzte ein, die auch die Christen jüdischer Abstammung traf. Millionen Nichtarier wanderten [!] in die Konzentrations- und Vernichtungslager. Wie die Juden wurden auch Schwachsinnige und andere lebensuntüchtige Personen gemordet.«[205]

Sehr ausführlich werden hingegen die Maßnahmen gegen die katholische Kirche und kirchliche Proteste dargestellt. Das Kapitel »Der Nationalsozialismus und die Kirche« vermittelt den Eindruck breiten, aber leider weitgehend aussichtslosen kirchlichen Widerstands gegen den Nationalsozialismus:

»In dem Bestreben, sich den Eingriffen des staatlichen Regiments in Glaubenssachen und die Freiheit der Kirche sowie seinen maßlosen Verbrechen entgegenzustellen, entstand eine Art Einheitsfront zwischen katholischen und evangelischen Kirchenführern und Geistlichen.«[206]

Eine selbstkritische und differenzierte Aufarbeitung der Rolle meiner Kirche im Nationalsozialismus ist hier, mehr als 20 Jahre nach Ende des Zweiten Weltkrieges, noch nicht einmal in Ansätzen erkennbar. Während die Haltung der Mehrheit der Bischöfe nicht zum Ausdruck gebracht wird, werden die wenigen, die protestierten, namentlich genannt und deren »kluge und mannhafte Interventionen«[207] eigens hervorgehoben.

Dogmatik: Ungebrochen judenfeindlich

Aber nicht nur die katholische Kirchengeschichtsschreibung, sondern auch die Dogmatik zeigte sich nach 1945 unbeeindruckt von der Schoah. Im Jahr 1956 veröffentlichte ein promovierter katholischer Theologe in der Zeitschrift »Lebendiges Zeugnis« einen Beitrag mit der »Absicht, eine unpolemische Darstellung der Grundlinien des neutestamentlichen Kirchenbegriffs zu geben«[208]. Der Verfasser führt darin aus:

> »Jesus kündet den Zusammenbruch des alten Kultes und damit des alten Heilsvolkes und der alten Heilsordnung an und verheißt einen neuen höheren Kult, dessen Zentrum sein eigener, verklärter Leib sein wird. Von hier aus bekommt auch der Bericht, beim Tode Jesu sei der Vorhang vor dem Allerheiligsten zerrissen (Mk 15,38 par) seinen genauen Sinn. In diesem Zerreißen wird der Zusammenbruch des alten Tempels symbolisch vorausvollzogen. Das Allerheiligste, dessen Schleier zerreißt, hört damit auf, Ort der Gegenwart Gottes zu sein – der Tempel hat sein Herz verloren, und der Kult, der noch für einige Zeit darin geschieht, ist damit zur leeren Geste geworden. Mit dem Tod Jesu verliert der alte Tempel und damit der Kult und das Volk, dessen Mitte er ist, seine Legitimität, denn nun ist der neue Kult und das neue Kultvolk Gottes geboren, dessen Zentrum der neue Tempel ist: Jesu verklärter Leib, der nun den Ort der Gottesgegenwart unter den Menschen und ihre neue Kultstätte darstellt. […] Die Liebe, die das geistige Wesen des Christentums ausmacht, wurzelt […] in dessen konkretester Gegebenheit: in der Feier des Leibes Christi […]. So ist aber eine Kirche, die sich von der Eucharistie her als Leib Christi versteht, nicht nur eine Kirche der Liebenden, sondern ebenso notwendig eine Kirche heiliger Ordnung, eine hierarchisch gegliederte Kirche […]. Mit den Häretikern (sei es einzelnen, sei es ganzen Gemeinden), ›kommunizierte‹ man nicht […]. Es war Grundsatz: Wer mit Rom kommuniziert, kommuniziert mit der wahren Kirche; mit wem Rom nicht kommuniziert, gehört auch nicht zur rechten Communion [sic], gehört nicht im vollem Sinn zum ›Leibe Christi‹.«[209]

Jesus habe den Zusammenbruch des alten Heilsvolkes angekündigt? Der Jerusalemer Tempel sei nach Jesu Tod kein Ort mehr der Gegenwart Gottes gewesen? Das Volk, dessen Mitte der Tempel ist (der Verfasser vermeidet in seinem Beitrag systematisch die Begriffe »jüdisch«, »Judentum« und »Juden«), habe seine Legitimität verloren? Das jüdische Volk – ein Volk ohne Legitimität? Im Wissen um den millionenfachen Mord an Menschen, nur weil sie Jüd*innen waren, spricht hier ein katholischer Theologe dem jüdischen Volk seine Legitimität ab. Damit wird auch noch angesichts der Schoah an einem christlichen Selbstverständnis festgehalten, in dem für die Existenz des jüdischen Volkes kein Raum mehr bleibt. Das ist ungeheuerlich, das ist eine nicht mehr nachvollziehbare und unentschuldbare Verblendung. Darüber hinaus dokumentiert dieser Beitrag, wie sich Judenfeindlichkeit und christlicher, bzw. hier explizit römisch-katholischer Exklusivismus gegenseitig ergänzen.

Der Autor dieses Beitrags, Joseph Ratzinger, wird Jahre später zum Kardinal und Vorsteher der römischen Glaubenskongregation ernannt, dann im Jahr 2005 vom Kardinalskollegium zum Papst gewählt. Über seine Äußerungen zur Schoah als Papst wird hier noch zu sprechen sein. Aber ein von ihm nach seinem Rücktritt als Papst im Jahr 2018 veröffentlichter Beitrag zeigt, dass es ihm noch immer nicht möglich ist, sich unmissverständlich von den Gedanken einer Substitutionstheologie zu distanzieren. Der emeritierte Papst spricht nun von der »Umstiftung des Sinai-Bundes in den neuen Bund im Blute Jesu, das heißt in seiner den Tod überwindenden Liebe«, die dem »Bund eine neue und für immer gültige Gestalt [gebe]«[210]. Von einer »Umstiftung« des Sinai-Bundes zu sprechen, ist nichts anderes als Substitutionstheologie in weich gespülter Formulierung.

Die neuerlichen Ausführungen des emeritierten Papstes lesen sich wie ein später Rechtfertigungsversuch seiner oben zitierten Überlegungen als junger Theologe. Bezüglich des Neuen Testaments schreibt Ratzinger jetzt, dass es »von Jesus her den Weg der Auslegung des Alten authentisch [!] klärt«[211], die Texte des Alten Testaments seien nicht statisch in sich zu lesen, sondern sie müssen [!] insgesamt als Bewegung nach vorn zu – auf Christus hin – gelesen werden.[212] Wo so gedacht wird, wird einer jüdischen Auslegung der hebräischen Bibel das Recht abgesprochen. Die »Thesen«, so Ratzinger, dass Israel nicht durch die Kirche substituiert werde und der Bund nie gekündigt worden sei, seien zwar »im Grunde richtig, sind aber doch in vielem ungenau und müssen kritisch weiter bedacht werden«[213]. Ratzinger erwähnt 2 Kor 3,15f, »dass bei der Lektüre der Schrift das Herz Israels von einem Schleier zugedeckt sei und dass dieser Schleier erst weggenommen werde durch die Hinwendung zum Herrn Jesus Christus«, aber es bleibe eben doch, »dass es mit den Heiligen Schriften Gottes Offenbarung in Händen hält« [214]. Das ist der von der Kirche seit alters her tradierte und an vielen Kirchenportalen in Stein gemeißelte Gedanke, dass die Synagoge zwar die Offenbarungsurkunde in Händen hält, sie aber verblendet nicht zu lesen weiß, während die Kirche allein diese authentisch deute.

Das Dilemma dieser Art von Theologie ist, dass sie einerseits auf das Judentum angewiesen ist, weil diese »Gottes Offenbarung in Händen hält«, zugleich aber unterstellen muss, dass das Judentum diese nicht erkenne – das vermöge allein das Christentum. Solange christliche Theologie an dieser Denkfigur festhält, bleibt sie darauf festgelegt, Christentum nur im Gegensatz zum Judentum verstehen zu können und sie bleibt zumindest latent judenfeindlich, weil sie allein schon die Tatsache der Existenz des Judentums als Infragestellung des eigenen christlichen Fundaments empfinden muss.

Ratzinger verweist in seinem Beitrag weiter und in merkwürdig gewundener Formulierung darauf, dass die »These« vom nie gekündigten Bund Gottes mit seinem Volk Israel nicht in »Nostra aetate« enthalten sei, aber »in gewissem Sinn zur heutigen Lehrgestalt der katholischen Kirche [gehöre]«[215]. Zwar gebe es keine Kündigung des Bundes von Seiten Gottes, wohl aber gehöre »zur realen Geschichte Gottes mit Israel der Bundesbruch von Seiten des Menschen, dessen erste Gestalt im Buch Exodus beschrieben wird«[216] – und die »Liebe Gottes kann nicht einfach das Nein des Menschen ignorieren«[217]. Also ist der Bund doch aufgelöst, aber die Verantwortung dafür trägt nicht Gott, sondern allein Israel? Die Äußerungen des emeritierten Papstes bleiben vage und schleierhaft. Warum äußert er sich nicht eindeutig und unmissverständlich?

»Seit Auschwitz ist klar, dass die Kirche die Frage nach dem Wesen des Judentums neu bedenken muss«[218], lautete der erste Satz von Ratzingers neuem Nachdenken über das Judentum. Aber seine Überlegungen belegen, dass es ihm nicht gelingt, das *Verhältnis* des Christentums zum Judentum von Grund auf neu zu bestimmen und damit frühere Formulierungen und kirchliche Positionen unmissverständlich zu revidieren. Dass die Schoah es darüber hinaus zwingend notwendig macht, nicht das Wesen des *Judentums*, sondern das Wesen des *Christentums* neu zu bedenken, kommt dem emeritierten Papst leider nicht mehr in den Sinn. Ratzingers Gedanken zum Judentum und zum kirchlichen Selbstverständnis verbleiben auch noch im 21. Jahrhundert im gedanklichen Raum des Barnabasbriefes und der ignatianischen Briefe, deren judenfeindliche Sicht maßgeblich christliche Identität prägte.

4.2 Etappen der Besinnung

Der letzte Abschnitt zeigte, wie tief in der christlichen Theologie judenfeindliche Vorstellungen verankert sind und dass diese nach der Schoah nicht einfach erkannt und überwunden wurden. Doch mit einigem Abstand haben christliche Theologie und Kirchen in den vergangenen Jahrzehnten ihr Verhältnis zum Judentum neu bedacht und in großen Teilen revidiert. Die Neubestimmung dieses Verhältnisses vollzog sich dabei in mehreren Etappen und auf unterschiedlichen Ebenen. Es wurden zahlreiche Arbeitskreise und Kommissionen gegründet, die sich intensiv dem jüdisch-christlichen Dialog widmeten. Weltweit entstanden Institute, die den Austausch mit jüdischer Theologie und jüdischen Gelehrten förderten. Regelmäßig verbrachten evangelische und katholische Theologiestudierende einen Teil ihres Studiums in Israel, wurden dort bekannt mit jüdischer Exegese und befassten sich mit der von der christlichen Theologie bis dahin weitestgehend ignorierten Geschichte des rabbinischen Judentums und den vielfältigen Formen jüdischer Theologie.

Katholische Kirche: Judentum in anderem Licht

Für die katholische Kirche bedeutete das von Papst Johannes XXIII. einberufene Zweite Vatikanische Konzil (1962–1965) einen besonderen Einschnitt im Verhältnis zum Judentum. Während des Zweiten Weltkriegs war Johannes XXIII. in Bulgarien und in der Türkei im diplomatischen Dienst der Kurie tätig und wurde selbst Zeuge der Judenverfolgung. Mittels diplomatischer Intervention gelang es ihm, Jüd*innen zur Flucht zu verhelfen. Außerdem gab er an den Vatikan detaillierte Informationen über die ihm berichteten Vernichtungsaktionen weiter. Es war ausdrücklicher Auftrag Johannes' XXIII., dass sich das Konzil zum Verhältnis der katholischen Kirche zum Judentum erklären sollte.[219]

Die im Herbst 1965 vom Konzil nach langer Vorarbeit, zahlreichen Kontroversen und einer insgesamt dramatischen Textgeschichte[220] schließlich verabschiedete Erklärung »Nostra Aetate« bekundet ihre geistliche Verbundenheit mit dem jüdischen Volk, mit dem Gott den Alten Bund geschlossen und das die Offenbarung des Alten Testamentes empfangen habe. Die Kirche werde genährt »von der Wurzel des guten Ölbaums, in den die Heiden als wilde Schößlinge eingepfropft sind«. Weiter erklärt die Synode, dass man »die Juden nicht als von Gott verworfen oder verflucht darstellen [dürfe]« und sie »beklagt [...] alle Haßausbrüche, Verfolgungen und Manifestationen des Antisemitismus, die sich zu irgendeiner Zeit und von irgend jemandem gegen die Juden gerichtet haben«.[221]

Nüchtern betrachtet enthält diese Konzilserklärung theologische Aussagen, die heute als Selbstverständlichkeiten erscheinen. Für die katholische Kirche bedeuteten sie angesichts ihrer judenfeindlichen Tradition eine Revolution. Ein zweiter Blick, den wir weiter unten auf Nostra aetate werfen, wird deutlich machen, wie sehr auch diese Erklärung noch den alten judenfeindlichen Stereotypen verhaftet bleibt und was sie vermissen lässt. Nostra aetate kann allenfalls als Ausgangspunkt einer Neubestimmung christlichen Selbstverständnisse gewürdigt werden. Was damals tatsächlich revolutionär war, genügt heute schon lange und bei weitem nicht mehr.

Im Jahr 1975 beschlossen die deutschen katholischen Bischöfe auf einer gemeinsamen Synode in Würzburg das Dokument »Unsere Hoffnung. Ein Bekenntnis zum Glauben in dieser Zeit«[222]. Dieser umfangreiche Beschluss, dem es darum geht, »wer wir als Christen und Glieder dieser Kirche sind und was allen Bemühungen um eine lebendige Kirche in unserer Zeit zugrundeliegt«[223], enthält in seinem vierten und letzten Teil im zweiten Unterabschnitt auch zwei Absätze, überschrieben mit »Für ein neues Verhältnis zur Glaubensgeschichte des jüdischen Volkes«[224]. Neu daran ist, dass nun auch von Schuld die Rede ist. »Zu sehr« habe die kirchliche Gemeinschaft mit dem Rücken zum Schicksal dieses verfolgten jüdischen Volkes weitergelebt, »zu sehr« habe sich ihr Blick von der Bedrohung ihrer eigenen Institutionen fixieren lassen. Besonders bedrückend sei, »daß Christen sogar bei dieser Verfolgung mitgewirkt haben«,

viele seien freilich »aus nackter Lebensangst schuldig geworden«. Hervorgehoben wird die Bedeutung des Eingeständnisses dieser Schuld und der »Bereitschaft, aus dieser Schuldgeschichte unseres Landes und auch unserer Kirche schmerzlich zu lernen«.
Hier sind erste Ansätze einer ernsthaften Auseinandersetzung mit der Schuld der katholischen Kirche angedeutet, obgleich noch nicht erkennbar ist, wie tief die Schuldgeschichte »auch unserer Kirche« in die Vergangenheit zurückreicht und es das Dokument nicht versäumt, entschuldigende Aspekte gleich anklingen zu lassen. Aber dieser kleine Abschnitt aus dem Jahr 1975 ist tatsächlich die »bis in die Gegenwart entschiedenste Stellungnahme der deutschen Bischöfe zur Schuld in der NS-Zeit«[225].

Spätere Stellungnahmen der katholischen Bischöfe kamen nicht wesentlich darüber hinaus und sind zum Teil wieder dahinter zurückgefallen.[226]

Evangelische Kirche bekennt Schuld

Bis zum Jahr 1998 brachten 16 der 24 Gliedkirchen der Evangelischen Kirche in Deutschland ihr revidiertes Verhältnis zum Judentum durch Änderung ihrer Verfassungen zum Ausdruck. Am klarsten positionierte sich im Jahr 1980 die Landessynode der Evangelischen Kirche im Rheinland. In ihrem »Synodalbeschluß zur Erneuerung des Verhältnisses von Christen und Juden« bekannte sie die »Mitverantwortung und Schuld der Christenheit in Deutschland am Holocaust«, erklärte ihren Glauben an »die bleibende Erwählung des jüdischen Volkes als Gottes Volk«, erkannte, »daß die Kirche durch Jesus Christus in den Bund Gottes mit seinem Volk hineingenommen ist« und stellte fest, dass die »Nichtachtung der bleibenden Erwählung Israels und seine Verurteilung zur Nichtexistenz [...] immer wieder christliche Theologie, kirchliche Predigt und kirchliches Handeln bis heute gekennzeichnet [haben]« und »wir uns [dadurch] auch an der physischen Auslöschung des jüdischen Volkes schuldig gemacht [haben].«[227] Außerdem stellte die Synode fest, dass die Kirche ihr Zeugnis dem jüdischen Volk gegenüber nicht wie ihre Mission an die Völkerwelt wahrnehmen könne.
Zuletzt veränderte Deutschlands größte evangelische Landeskirche Hannover im Jahr 2020 ihre Verfassung, in der es nun heißt: »Verkündigung, Zeugnis und Dienst erfolgen in Gemeinschaft mit anderen christlichen Kirchen und im Zeichen der Treue Gottes zum jüdischen Volk. [...] Die Landeskirche ist durch Gottes Wort und Verheißung mit dem jüdischen Volk verbunden. Sie achtet seine bleibende Erwählung und seinen Dienst

als Volk und Zeuge Gottes. Im Wissen um die Schuld der Kirche gegenüber Jüdinnen, Juden und Judentum sucht die Landeskirche nach Versöhnung. Sie fördert die Begegnung mit Jüdinnen, Juden und Judentum und tritt jeder Form von Judenfeindlichkeit entgegen.«[228]

Rund 80 Jahre nach Ende des Zweiten Weltkriegs kann resümiert werden, dass die intensive Besinnung der Kirchen über ihr Verhältnis zum Judentum zu wichtigen Klarstellungen geführt hat, die heute kaum mehr bestritten werden und die eine Abkehr von der jahrhundertelangen christlichen Judenfeindschaft markieren: Christlicher Glaube ist fest im Judentum verwurzelt und ohne dieses nicht zu verstehen; Jesus selbst lebte und starb als gläubiger Jude; Israel ist nicht »verworfen«, sondern war und bleibt das auserwählte Volk Gottes, »denn unwiderruflich sind Gnade und Berufung, die Gott gewährt« (Röm 11,29). Der Bund Gottes mit Israel ist ungekündigt und besteht fort. Römische Päpste und evangelische Kirchenleitungen verurteilten wiederholt und mit allem Nachdruck jede Form von Antisemitismus. Die Evangelische Kirche in Deutschland distanzierte sich ausdrücklich von Luthers Judenhass, ranghohe Vertreter*innen der Kirchen besuchten mehrfach das Vernichtungslager Auschwitz-Birkenau und gedachten am Ort des Grauens der Opfer. In Yad Vashem versicherte Johannes Paul II., dass »die katholische Kirche [...] betrübt ist über den Hass, die Taten von Verfolgungen und die antisemitischen Ausschreitungen von Christen gegen die Juden, zu welcher Zeit und an welchem Ort auch immer«. Christliche »Judenmission« wird heute von der großen Mehrheit der christlichen Kirchen abgelehnt. Wichtiges wurde damit gesagt und eingestanden.[229]

4.3 Katholische Kirche verweigert Schuldeingeständnis

Aber die Aufarbeitung der christlichen Schuldgeschichte ist damit noch keineswegs abgeschlossen. Dies zeigt ein genauerer Blick auf die erwähnten Dokumente. Denn es fällt auf, dass alle offiziellen Dokumente und Erklärungen der *katholischen* Amtskirche peinlich darauf bedacht sind, einen wie auch immer gearteten Zusammenhang von christlichem Judenhass, nationalsozialistischem Antisemitismus und der Schoah zu vermeiden. Während die Rheinische Landessynode »Mitverantwortung und Schuld der Christenheit in Deutschland am Holocaust« erkennt und bekennt, »uns auch an der physischen Auslöschung des jüdischen Volkes

schuldig gemacht [haben]«, sucht man Entsprechendes in den katholischen Erklärungen vergeblich. Wesentliches und Bestürzendes bleibt damit von meiner Kirche noch ungesagt und uneingestanden: Jahrhundertelang geschürter katholischer Judenhass ist mitverantwortlich für Antisemitismus, der in der Schoah gipfelte. In keinem römischen Dokument wird ein Zusammenhang zwischen diesem antijüdischen Hass und späterem Antisemitismus anerkannt. Die katholische Amtskirche weigert sich bislang konsequent, Verantwortung für den von ihr geschürten und praktizierten Judenhass und seine Folgen zu übernehmen.
Dies wird im Folgenden anhand wichtiger römischer Verlautbarungen der vergangenen Jahre zum Judentum und zur Schoah belegt. Dazu werden römische Dokumente analysiert, die in Kontexten formuliert wurden, die eine ausdrückliche Thematisierung des Zusammenhangs von christlicher Judenfeindschaft, Antisemitismus und Schoah nicht nur nahegelegt, sondern zwingend notwendig gemacht hätten.[230]

»Wir erinnern. Eine Reflexion über die Shoah«

Am 16. März 1998 veröffentlichte die Vatikanische »Kommission für die religiösen Beziehungen zum Judentum« das Dokument »Wir erinnern. Eine Reflexion über die Shoah«[231]. Diesem Text vorangestellt ist ein Schreiben von Papst Johannes Paul II., in dem es heißt, dass die Kirche ihre Söhne und Töchter ermutige, »ihre Herzen zu läutern, indem sie die in der Vergangenheit gemachten Fehler und ihre Untreue gegenüber dem Glauben bereuen.« Die Kirche rufe sie dazu auf »zu prüfen, inwieweit auch sie für die Übel unserer Zeit Verantwortung tragen.«
In dem sich daran anschließenden Text ist allerdings nicht von einer Mitschuld der Kirche an der Schoah die Rede, im Gegenteil, die Kirche wird selbst als Opfer dargestellt:

> »Die Shoah war das Werk eines typisch modernen neuheidnischen Regimes. Sein Antisemitismus hatte seine Wurzeln außerhalb des Christentums. Um seine Ziele zu erreichen, zögerte es nicht, sich der Kirche entgegenzustellen und auch ihre Mitglieder zu verfolgen«.

Woher nimmt der päpstliche Rat die Gewissheit, apodiktisch zu behaupten, der Antisemitismus habe seine Wurzeln außerhalb des Christentums? Eine nachvollziehbare Begründung liefert das Dokument nicht dafür. Dann folgt ein weiterer höchst merkwürdiger Abschnitt, der deutlich macht, wie groß hier die Vorbehalte sind, eine Mitverantwortung der Kirche anzuerkennen:

> »Man kann [!] sich jedoch fragen [!], ob die Verfolgung der Juden durch die Nazis aufgrund der anti-jüdischen Vorurteile, die in den Herzen und Köpfen einiger [!] Christen bestanden, nicht leichter gemacht wurde. Machten ihre Ressentiments gegen die Juden die Christen weniger sensibel oder gar gleichgültig gegenüber den Judenverfolgungen durch die Nationalsozialisten nach ihrer Machtergreifung?«

Es bleibt bei dieser seltsam vagen und beschönigenden Frage. Das Dokument weicht einer Antwort aus, betont dagegen, dass viele Christen den verfolgten Juden jede mögliche Hilfe zuteilwerden ließen. Viele katholischen Bischöfe, Priester, Ordensleute und Laien seien dafür auch vom Staat Israel geehrt worden. Verglichen damit, so wird gerade noch eingestanden, waren »der geistige Widerstand und das konkrete Handeln anderer Christen nicht so, wie man es von den Jüngern Christi hätte erwarten können«. Die päpstliche Kommission benennt und bekennt in dieser »Reflexion über die Shoah« nicht eine Mitschuld der katholischen Kirche, sondern betreibt ihre Apologie, indem sie auf das Wirken von – zum Teil höchst umstrittenen – Ausnahmegestalten verweist.[232]

»Schuldbekenntnis im Verhältnis zu Israel«

Auf dieser Linie liegt auch das »Schuldbekenntnis im Verhältnis zu Israel«, das in einem von Papst Johannes Paul II. am 12. März 2000 im Petersdom geleiteten Gottesdienst abgelegt wurde:

> »Lass die Christen der Leiden gedenken, die dem Volk Israel in der Geschichte auferlegt wurden. Lass sie ihre Sünden anerkennen, die nicht wenige von ihnen gegen das Volk des Bundes und der Seligpreisungen begangen haben, und so ihr Herz reinigen.«[233]

Auch diese Worte bleiben eigentümlich unbestimmt und verharmlosend. Schon die Formulierung dem Volk Israel seien Leiden »auferlegt« worden, ist merkwürdig fatalistisch. In diesem »Schuldbekenntnis« übernimmt dann nicht etwa die Kirche als Kirche Verantwortung, sondern verweist auf »nicht wenige« Christen, die Sünden begangen haben und die *ihre* Sünden anerkennen sollen. Warum diese auf Abstand bedachte Formulierung? Zählt die katholische Kirche die antijüdischen Entscheidungen vieler Synoden und Konzilien nicht zu »ihrer« Geschichte? Erst beim anschließenden Gebet, bei dem es nicht mehr um die Anerkennung von Schuld geht, wechselt der Papst in die erste Person:

> »Gott unserer Väter, du hast Abraham und seine Nachkommen auserwählt, deinen Namen zu den Völkern zu tragen. Wir sind zutiefst betrübt über das Verhalten aller, die im Laufe der Geschichte deine Söhne und Töchter leiden ließen. Wir bitten um Verzeihung und wollen uns dafür einsetzen, dass echte Brüderlichkeit herrsche mit dem Volk des Bundes«.

Kann man Verzeihung erbitten für Vergehen, für die Verantwortung zu übernehmen man sich beharrlich weigert?
Dem »Schuldbekenntnis im Verhältnis zu Israel« ist damit zu entnehmen, dass die katholische Kirche keine Mitschuld an der Schoah anerkennt – sonst wäre hier der Ort gewesen, zu dieser Schuld zu stehen. Entsprechend sah es schon das Dokument der zur Vorbereitung des Schuldbekenntnisses eingesetzten Internationalen theologischen Kommission. Zwar heißt es auch dort, dass die Feindseligkeit oder das Misstrauen vieler Christen gegenüber den Juden im Laufe der Zeit eine bedrückende historische Tatsache sei. Ein Zusammenhang mit der Schoah wird aber bestritten:

> »Die Schoah, der Judenmord, war freilich das Ergebnis der ganz und gar heidnischen Ideologie des Nationalsozialismus, der, getrieben von einem erbarmungslosen Antisemitismus, nicht nur den Glauben der Juden verachtete, sondern die Menschenwürde des jüdischen Volkes negierte.«[234]

Grußwort von Benedikt XVI. in der Kölner Synagoge

Bei einem Deutschlandbesuch sprach Papst Benedikt XVI. am 19. August 2005 auch in der Kölner Synagoge.[235] Der Papst brachte sein Entsetzen über die Schoah zum Ausdruck, verurteilte jede Form des Antisemitismus und erinnerte wieder an die jüdischen Wurzeln des Christentums. Diese drei Punkte finden sich in fast allen einschlägigen römischen Stellungnahmen nach dem Zweiten Vatikanischen Konzil. Doch auch hier fällt ins Auge, was nach Erachten des Papstes zur Schoah führte:

> »[E]ine wahnwitzige neuheidnische Rassenideologie [hat] zu dem staatlich geplanten und systematisch ins Werk gesetzten Versuch der Auslöschung des europäischen Judentums geführt«.

»Weil man die Heiligkeit Gottes nicht mehr anerkannte«, so der Papst weiter, »wurde auch die Heiligkeit menschlichen Lebens mit Füßen getreten.« Meint Benedikt XVI., dass damit alles Wesentliche, was zur Schoah führte, gesagt sei? Warum sprach der Papst als ranghöchster Vertreter der katholischen Kirche hier nicht von der christlichen und speziell katholischen Judenfeindschaft, die dem nationalsozialistischen Antisemitismus jahrhundertelang Vorschub leistete? Während der Papst bezüglich der Schoah auf die Verantwortlichkeit der »neuheidnische[n] Rassenideologie« verweist, verbleibt er völlig im Nebulösen und Ungefähren, wo es um die Geschichte der Beziehungen zwischen jüdischer und christlicher Gemeinde in Köln geht, dem Ort, an dem dieses Grußwort gesprochen wurde. Diese Geschichte sei »komplex und oft schmerzlich«: »Es gab Perioden guter Nachbarschaft, doch es gab auch die Vertreibung der Juden aus Köln im Jahr 1424«. Kein Wort über den Kölner Pogrom im Jahr 1096 im Zusammenhang mit dem ersten Kreuzzug oder über das Massaker an Jüd*innen im Jahr 1349, nach dem sich der Kölner Erzbischof Wilhelm von Gennep die übriggebliebenen Besitztümer der erschlagenen und verbrannten Jüd*innen mit den Bürgermeistern geteilt und angeeignet hatte.[236] Wäre die Kölner Synagoge nicht der richtige Ort gewesen, daran zu erinnern? Wäre es nicht *notwendig*, dass der Papst auch hier die Gründe nennt, die zu den Pogromen geführt haben?

Ansprache von Benedikt XVI. in Auschwitz

Am 29. Mai 2006 besuchte Papst Benedikt das ehemalige Vernichtungslager Auschwitz-Birkenau. Wo, wenn nicht hier, könnte der Papst sagen und bekennen, was er als das Oberhaupt der katholischen Kirche sagen und bekennen muss?

»An diesem Ort des Grauens, einer Anhäufung von Verbrechen gegen Gott und den Menschen ohne Parallele in der Geschichte, zu sprechen, ist fast unmöglich – ist besonders schwer und bedrückend für einen Christen, einen Papst, der aus Deutschland kommt.« [237]

Nach diesem Beginn seiner Rede meint man noch zu ahnen, was der Papst als Christ und Deutscher unter dieser besonderen Bürde versteht: Christen haben durch ihre Judenfeindlichkeit dem Antisemitismus den Boden bereitet, zahllose Deutsche trugen Verantwortung für antisemitischen Rassismus und Judenhass, die in der Schoah gipfelten. Doch davon spricht Papst Benedikt in Auschwitz nicht. Er sieht sich als Vertreter eines Volkes, das zum Opfer wurde, als »Sohn des Volkes, über das eine Schar von Verbrechern [...] Macht gewonnen hatte, so dass unser Volk zum Instrument ihrer Wut des Zerstörens und des Herrschens gebraucht und missbraucht werden konnte«. Wieder nennt der Papst die für ihn Verantwortlichen: »die Machthaber des Dritten Reiches«, »jene Gewalttäter«. Der Papst erkennt und benennt aber gerade nicht die fürchterliche Verstrickung des Christentums und der katholischen Kirche in die Schoah, sondern lokalisiert Schuld und Verantwortung bei den *anderen*, einer »Schar von Verbrechern«. Der Papst hält damit an der von der Holocaustforschung längst widerlegten These fest, nur Hitler und den Kreis seiner Getreuen für die begangenen Verbrechen und insbesondere auch für die Judenverfolgung verantwortlich zu machen.[238]

Man fragt sich nach Lektüre dieser Rede aber vor allem, warum es dem Papst *als Christ* besonders schwer erschien, in Auschwitz zu sprechen. Ihn bedrückt die Frage der Theodizee: Wo war Gott in jenen Tagen? Warum hat er geschwiegen? Warum konnte er dies alles dulden? Für jede Theologie, für jede Rede von Gott sind diese Fragen heute bedrängend und unvermeidlich. Doch die Schoah war das Werk von Menschen. Ehe wir nach Gott fragen, ehe wir uns fragen, ob wir angesichts der Schoah überhaupt noch *von Gott* zu sprechen vermögen, müssen wir fragen, was und wer die Schoah ermöglichte. Die Rede des Papstes in Auschwitz gibt keine Hinweise darauf, dass ihn christliche Mitschuld am Antisemitismus und an der Schoah belastet. Christlicher Judenhass wird von ihm in diesem Zusammenhang nicht erwähnt. Doch als Papst in Auschwitz *nicht* von diesem Hass und seinen fatalen Folgen zu sprechen, als Papst in Auschwitz keinen Anteil an kirchlicher Schuld und Verantwortung anzuerkennen, kommt einer *Leugnung* der Verstrickung der katholischen Kirche in die Schoah gleich.

Am Ende seiner Rede in Auschwitz drückt Benedikt XVI. die Hoffnung aus, dass das Erinnern helfe, »dem Bösen zu widerstehen und der Liebe zum Sieg zu verhelfen«. Diese Hoffnung macht Erinnerung zur Pflicht – aber eine Erinnerung, die nichts verschweigt und nichts verdrängt, sondern die die kirchliche Verstrickung in die Schoah erkennt und bekennt. Solange die katholische Kirche diese Verstrickung verleugnet, statt für sie Verantwortung zu übernehmen, bleiben die wiederholten römischen Vergebungsbitten und Versöhnungsgesten fragwürdig und beängstigend leer. Misstrauen und gespannte Wachsamkeit sind geboten, wo das vernichtende Potenzial, das christliche Judenfeindlichkeit ins sich barg und birgt, noch immer nicht erkannt ist, sondern systematisch verdrängt oder verschwiegen wird.

Noch einmal »Nostra aetate«

Die bereits erwähnte Erklärung des Zweiten Vatikanischen Konzils »Nostra aetate« war ein Meilenstein im Verhältnis meiner Kirche zum Judentum. Wo in der Vergangenheit Verachtung und Hohn verbreitet wurde, will jetzt das Konzil »die gegenseitige Kenntnis und Achtung fördern«. Und doch trägt dieses Dokument noch deutliche Spuren alter Judenfeindschaft und ist auf merkwürdige Weise ambivalent. Während im letzten Abschnitt vorliegender Studie die freundlichen Aussagen von »Nostra aetate« zum Judentum hervorgehoben wurden (entsprechend der breiten positiven Rezeption, die das Neue, bis dahin von der katholischen Kirche noch nicht Gesagte hervorhob), sind nun aber auch die ungleich weniger freundlichen Seiten dieses Dokuments zu benennen.

»Dankbaren Herzens« erkenne die Kirche, »daß die Anfänge ihres Glaubens und ihrer [!] Erwählung schon im Israel der Patriarchen und Propheten zu finden sind«[239], lautete noch der erste Satz im ursprünglichen Entwurf zu diesem Abschnitt über das Judentum. »Dankbaren Herzens« ist im beschlossenen Text gestrichen. Geblieben ist dagegen, dass die Kirche bereits »im Israel der Patriarchen und Propheten« Anfänge ihrer *eigenen* »Erwählung« ausmacht. Der Exodus Israels aus der Knechtschaft in Ägypten – das ist *die* Gründungserzählung des Judentums schlechthin – wird dafür in Anspruch genommen, dass »in dem Auszug des erwählten Volkes aus dem Lande der Knechtschaft das Heil der Kirche [!] geheimnisvoll vorgebildet [sei]«. Gott habe aus »unsagbarem Erbarmen den Alten Bund mit Israel geschlossen«, Jerusalem allerdings habe »die Zeit seiner Heimsuchung nicht erkannt«, »ein großer Teil der Juden hat das Evangelium nicht angenommen, ja nicht wenige haben sich seiner Ausbreitung widersetzt« und »[g]ewiss [sei] die Kirche das neue Volk Gottes«. In »Nostra aetate« ist die alte Substitutionstheologie, in der die Kirche die Stelle der Synagoge einzunehmen beansprucht, noch mit Händen zu greifen.

Das alles ist enthalten in dem kurzen Abschnitt, der – wie gesehen sogar mit gewissem Recht – als »Revolution« im Verhältnis der katholischen Kirche zum Judentum gefeiert wird. Bei derart massiven theologischen Vorbehalten gegen das Judentum wundert es dann auch nicht mehr, wenn die Konzilsväter meinen, ausdrücklich feststellen zu müssen, dass man »die Ereignisse [Christi] Leidens weder allen damals lebenden Juden ohne Unterschied noch den heutigen Juden zur Last legen könne.« Der eindringliche letzte Satz aus dem *Entwurf* der Vorlage findet sich in »Nostra aetate« leider nicht mehr, sondern wurde für die Endfassung gestrichen: »Wer dieses Volk verachtet oder verfolgt, der fügt der katholischen Kirche Leid zu.«[240] Vor allem aber enthält diese Erklärung keinerlei Hinweis auf die systematische christliche Judenfeindschaft, geschweige denn ein Schuldeingeständnis.

»Denn unwiderruflich sind Gnade und Berufung, die Gott gewährt«

Im Jahr 2015, also 50 Jahre nach Verabschiedung von »Nostra aetate«, würdigt die vatikanische »Kommission für die religiösen Beziehungen zum Judentum« noch einmal diese Erklärung mit einem Dokument, das im Titel ein wunderschönes Pauluswort aus dem Römerbrief zitiert: »Denn unwiderruflich sind Gnade und Berufung, die Gott gewährt« (Röm 11,29). Die Kommission blickt auf die Entwicklung der jüdisch-katholischen Beziehungen in den dazwischen liegenden Jahrzehnten zurück und will neue Impulse dazu setzen.

Doch wieder wird hier nicht nur jedes Schuldeingeständnis der katholischen Kirche vermieden, sondern auch die Geschichte des Verhältnisses der Kirche zum Judentum völlig unangemessen dargestellt. Die Kommission gibt zu bedenken, »dass es in früheren Zeiten große Vorbehalte auf beiden Seiten gegeben hat, und zwar teilweise deshalb, weil die Geschichte des Christentums als diskriminierend gegenüber dem Judentum betrachtet wurde, bis hin zu Versuchen von Zwangsbekehrungen«[241]. Nur »große Vorbehalte« gegenüber dem Judentum? Die Geschichte des Christentums wurde als diskriminierend gegenüber dem Judentum betrachtet? Das klingt eher indigniert als selbstkritisch. Hier wird noch nicht einmal die fortgesetzte Diskriminierung des Judentums durch das Christentum unumwunden eingestanden. »Versuche« von Zwangsbekehrungen? Das ist mehr als nur Geschichtsvergessenheit, das ist etwa im Hinblick auf die massenhaft vollzogenen Zwangstaufen in Spanien im 14. und 15. Jahrhundert, als den Jüd*innen oft nur die Wahl zwischen Tod und Taufe blieb, eine geschichtsverfälschende Darstellung.

Wenn die Kommission von »Vorbehalten auf beiden Seiten« und *gegenseitiger* Anfeindung und Diffamierung spricht oder feststellt, dass »Judentum und Christentum [...] sogar in unerbittliche Kämpfe [gerieten] und [...] sich gegenseitig [bezichtigten], den vorgegebenen Weg Gottes verlassen zu haben«[242], ignoriert sie dabei vollkommen die realen asymmetrischen Machtverhältnisse, die die christliche Seite oft gnadenlos ausgespielt hat.

Richtig erkennt die Kommission, dass die Trennung der Kirche von der Synagoge bis ins dritte bzw. vierte Jahrhundert gedauert habe, macht für die Trennung aber das Judentum verantwortlich: »Erst als die Zahl der Heidenchristen die Mehrheit darstellte und in der jüdischen Gemeinschaft die Polemik bezüglich der Gestalt Jesu immer schärfere Konturen annahm, schien eine definitive Trennung nicht mehr abwendbar.«[243] Als christlicher Beitrag zur Trennung werden hingegen die eigenen Missionserfolge genannt. Die gehässige christliche Polemik apostolischer Väter schon im zweiten Jahrhundert oder etwa die wüsten antijüdischen Attacken des Kirchenvaters Johannes Chrysostomos im vierten Jahrhundert gegen christliche Gemeindeglieder, die in Antiochien noch enge und freundschaftliche Beziehungen zu jüdischen Gemeinden pflegten, werden hier völlig ausgeblendet.

Papst Franziskus zum Judentum

Auch Papst Franziskus blieb in seinen Stellungnahmen zum Judentum auf der Linie seiner Vorgänger. Wie sie verleiht er durch Gesten seiner Hochachtung des Judentums Ausdruck. Er betet bei seinem Besuch in

Jerusalem an der Klagemauer, betet auch gemeinsam mit jüdischen Rabbinern und besucht im Jahr 2016 die römische Synagoge. Aber die starken Gesten werden nicht mit ebensolchen Worten verbunden. Peinlichst ist auch dieser Papst darauf bedacht, keine kirchliche Mitverantwortung oder Schuld an den Judenverfolgungen zuzugestehen:

> »Das jüdische Volk hat im Laufe seiner Geschichte Gewalt und Verfolgung erleben müssen, bis hin zum Völkermord an den europäischen Juden in der Schoah. Sechs Millionen Menschen sind allein aufgrund ihrer Zugehörigkeit zum jüdischen Volk der unmenschlichsten Gewalt zum Opfer gefallen; im Namen einer Ideologie, die Gott durch den Menschen ersetzen wollte.«[244]

Der Papst meint natürlich die *nationalsozialistische* Ideologie; dass es auch nur irgendeinen Zusammenhang mit *christlicher* Judenfeindschaft und Ideologie geben könnte, zieht der Papst nicht in Betracht. Er erwähnt zwar, dass im Oktober 1943 mehr als tausend Mitglieder der jüdischen Gemeinde von Rom nach Auschwitz deportiert wurden:

> »Heute will ich mit ganzem Herzen an sie erinnern; besonders ihr Leid, ihre Verzweiflung, ihre Tränen dürfen nie vergessen werden. Aus der Vergangenheit müssen wir für die Gegenwart und die Zukunft lernen.«

Was muss gelernt werden? »Die Schoah lehrt uns«, so Papst Franziskus, »dass man immer wachsam bleiben muss, um rechtzeitig zum Schutz der Menschenwürde und des Friedens eingreifen zu können.« Einer seiner Vorgänger hatte diese Deportation wortlos geschehen lassen, als ein »rechtzeitiger« Interventionsversuch noch möglich war. Will der Papst darauf anspielen? Warum ist es so unvorstellbar, dass er als einer der Nachfolger von Papst Pius XII. unmissverständlich Verantwortung für dieses Versagen übernimmt? Eine schonungslose Offenlegung der damaligen Vorgänge im Vatikan und eine entsprechende Verantwortungsübernahme wäre der erste Schritt, um angemessene Lehren daraus zu ziehen.

Im Jahr 2014 hatte Papst Franziskus bei seinem Besuch in Israel auch die Holocaust-Gedenkstätte Yad Vashem besucht. Seine Ansprache zeugt von seiner tiefen Erschütterung über das Ungeheuerliche, »wie es unter dem ganzen Himmel noch nie geschehen ist«, und mündet in ein ergreifendes Gebet:

> »Denk an uns in deiner Barmherzigkeit. Gib uns die Gnade, uns zu schämen für das, was zu tun wir als Menschen fähig gewesen sind, uns zu schämen für diesen äußersten Götzendienst, unser Fleisch, das du aus Lehm geformt und das du mit deinem Lebensatem belebt hast, verachtet und zerstört zu haben. Niemals mehr, o Herr, niemals mehr! ›Adam, wo bist du?‹ Da sind wir, Herr, mit der Scham über das, was der als dein Abbild und dir ähnlich erschaffene Mensch zu tun fähig gewesen ist. Denk an uns in deiner Barmherzigkeit.«[245]

Das sind bewegende Worte an einem Ort, der uns fast die Sprache nimmt. Aber es fehlt auch hier das *kirchliche* »Confiteor«, das einst jeder Ministrant gemeinsam mit dem zelebrierenden Priester zu Beginn des Gottesdienstes vor den Stufen des Altars betete und dabei zu den Worten »*mea* culpa, *mea* culpa, *mea maxima* culpa« mit der Faust gegen die eigene Brust schlug.

Katholisches Unvermögen

Auf den ersten Blick vermitteln die Dokumente und Erklärungen der katholischen Amtskirche zum Judentum seit dem Zweiten Weltkrieg den Eindruck, das Notwendige sei gesagt: Scham und blankes Entsetzen angesichts der Schoah; Verurteilung der Judenverfolgungen und jedweden Antisemitismus'; althergebrachte Anschuldigungen werden aufgegeben, an ihre Stelle tritt Respekt und Achtung, das Bemühen um ein angemessenes Verständnis und die aufrichtige Bereitschaft zum Dialog. Das alles ist, wie bereits erwähnt, nicht hoch genug einzuschätzen. Aber in all diesen kirchenamtlichen Texten fehlt zweierlei: *erstens* fehlt die schonungslose Aufarbeitung der eigenen Geschichte, die unweigerlich zur Einsicht führen würde, dass dies eine Geschichte ist, in der die Kirche zutiefst am jüdischen Volk schuldig wurde, und *zweitens* fehlt das dann notwendige Bekenntnis dieser Schuld gefolgt von entsprechenden Konsequenzen.

Auf die katholischen Stellungnahmen trifft noch immer zu, was Eberhard Bethge schon 1978 mit Bezug auf die evangelische Kirche feststellte: Es gebe zwar ernsthafte und ehrliche Versuche einer *Metanoia*, das heißt eines Umdenkens und einer Umkehr im Hinblick auf das Judentum, »aber wenig Analyse und noch weniger Konsequenzen«. Metanoia werde aber zu einem »blasphemischen Alibi«[246], wenn sie ohne Konsequenzen bleibe. In der katholischen Theologie liegen mittlerweile zahlreiche Studien zur Geschichte christlicher Judenfeindschaft vor, aber die katholische Amtskirche hat sich deren Erkenntnisse offensichtlich nicht zu eigen gemacht und darum auch nicht die notwendigen Konsequenzen gezogen. Zu diesen Konsequenzen würde vor allem zählen, dass sich meine Kirche zu ihrem Versagen und ihrer Schuld bekennt: zu ihrer Schuld an christlicher Judenfeindschaft und deren Folgen, zu ihrer Mitschuld an der Schoah.

Dieses Schuldbekenntnis muss endlich unmissverständlich und konkret erfolgen. Unmissverständlich heißt, auf die sattsam bekannte uneigentliche, gewundene und oft schwülstige Kirchensprache zu verzichten, die weite Interpretationsspielräume offen lässt, wie das Gesagte denn nun gemeint ist. Namentlich die Päpste Pius XII. und Benedikt XVI. waren Meister dieser Sprache. Der Kritik an ihren vagen Aussagen konnten sie damit begegnen, doch implizit auch gemeint zu haben, was da vermisst werde.

Das überfällige Bekenntnis sollte konkrete Beispiele kirchlicher Schuld an Judenverfolgungen auflisten und auch liturgisch regelmäßig in Gottesdienste integrieren, um diese Schuld und die damit gegebene Verantwortung den Gläubigen fest in Erinnerung zu halten. Dies könnte zum Beispiel in Form einer Litanei geschehen, ähnlich der ausführlichen Allerheiligenlitanei, die in der Osternacht gebetet wird. Jedes einzelne Beispiel sollte von der Gemeinde mit der Bitte um Erbarmen quittiert werden. Das wäre endlich ein glaubwürdiges Bekennen meiner Kirche und ein Zeichen, dass sie es mit der Umkehr ernst nimmt. Ein angebrachtes Gebet, das diesen Bußgottesdienst einleiten könnte, liegt schon vor. Papst Johannes XXIII. soll es kurz vor seinem Tod formuliert haben, es kursiert zumindest unter seinem Namen im Internet:

> »Wir erkennen heute, dass viele Jahrhunderte der Blindheit unsere Augen verhüllt haben, so dass wir die Schönheit Deines auserwählten Volkes nicht mehr sehen und in seinem Gesicht nicht mehr die Züge unseres erst geborenen Bruders wiedererkennen.

> Wir erkennen, dass ein Kainsmal auf unserer Stirn steht. Im Laufe der Jahrhunderte hat unser Bruder Abel in dem Blute gelegen, das wir vergossen, und er hat Tränen geweint, die wir verursacht haben, weil wir Deine Liebe vergaßen. Vergib uns den Fluch, den wir zu unrecht an den Namen der Juden hefteten. Vergib uns, dass wir Dich in ihrem Fleische zum zweitenmal ans Kreuz schlugen. Denn wir wussten nicht, was wir taten.«[247]

Das Gebet kehrt die Blickrichtung um und wendet die tradierten antijüdischen Denkmuster zu Recht gegen uns selbst: Die Kirche war verblendet, nicht die Synagoge. Nicht mehr Kain wird hier als Jude gedeutet und der erschlagene Abel als Christus, wie in christlicher Tradition. Nein, *wir* sind Kain, der Mörder, *wir* standen nicht auf Seiten Abels, des Opfers. Der Gekreuzigte hingegen ist eins mit den gemordeten Jüd*innen. Das Gebet fasst in Worte, was Marc Chagall im berühmten Bild »Weiße Kreuzigung« zum Ausdruck brachte.

Römisch-katholisches Selbstverständnis blockiert Schuldbekenntnis

Leider aber hat meine Kirche ein grundsätzliches Problem mit konsequenter Aufarbeitung und dem Eingeständnis von Schuld. Das zeigen in unserer Zeit einmal mehr die völlig unangemessenen amtskirchlichen Reaktionen auf den vielfachen, kriminellen und lange systematisch vertuschten sexualisierten Machtmissbrauch von Klerikern. Die kirchliche Verstrickung in die Schoah und die sexuellen Verbrechen durch kirchliche Amtsträger sind ein nicht vergleichbarer Sachverhalt. Aber in beiden Fällen ist dasselbe Verdrängungs- und Vertuschungsmuster auf kirchlicher Seite auszumachen. Die Sorge um das Ansehen und die schwindende Macht der Kirche überwiegt die Empathie mit den Opfern und die Bereitschaft zu lückenloser Aufklärung. Noch immer scheint in meiner Kirche die Fiktion von der Kirche als »societas perfecta«, das heißt einer angeblich »vollkommenen Gemeinschaft« zu wirken. Wenn die römisch-katholische Kirche mit der Kirche des Glaubensbekenntnisses identifiziert wird – worauf Papst Benedikt XVI. mit allem Nachdruck bestand – dann ist diese Kirche notwendig auch »heilig« und »die Sündenlose«[248]. Mag sie auch aus sündigen Menschen bestehen, sie selbst bleibt sündenfrei.

»Die Kirche ist heilig, weil sie von Christus geheiligt worden ist. [...] Die Kirche wird in dieser Heiligkeit erhalten vom Heiligen Geist, der ihr Leben und Wirken unaufhörlich innerlich durchdringt und formt.«[249]

Dieser Satz steht auch noch in der von der vatikanischen Glaubenskongregation im Jahr 2000 herausgegebenen Erklärung, die sich »Erinnern und Versöhnen« nennt. Aber das darin ausgedrückte kirchliche Selbstverständnis blockiert aufrichtige Versöhnung.
An dieser Sicht auf sich selbst hat sich in meiner Kirche auch nach der Schoah nichts geändert. Aber nach der judenfeindlichen Kirchenge-

schichte und ihren monströsen Folgen noch zu formulieren, dass der Geist Gottes das Leben und Wirken dieser Kirche unaufhörlich [!] durchdringe und forme, ist Blasphemie. Meine Kirche war im Hinblick auf ihr Verhalten zum Judentum und zu Jüd*innen vom Geist Gottes verlassen und ist schuldig geworden. Aber meine Kirchenleitung bringt dieses notwendige Eingeständnis einfach nicht über die Lippen. Wer dieses Unvermögen erst einmal wahrgenommen hat, findet es in allen amtskirchlichen Erklärungen wieder, die sich mit kirchlichen Irrtümern und Verfehlungen befassen. Das führt zu geradezu grotesken sprachlichen Verrenkungen. Das Dokument, das die eigene Schuldgeschichte »erinnern« und mit allen, an denen meine Kirche schuldig geworden ist, »versöhnen« will, darf nicht den Titel tragen »Die Kirche und *ihre* Verfehlungen in der Vergangenheit«, sondern »Die Kirche und die Verfehlungen in ihrer Vergangenheit«. Es gab demnach zwar Verfehlungen in der Vergangenheit der Kirche, aber das waren nicht *ihre* Verfehlungen. Es ist erbärmlich und traurig, wie sich meine Kirche windet und dreht und sich an ihr fiktives Selbstbild klammert.
Die Worte variieren, die Strategie bleibt dieselbe. In Superlativen wird Entsetzen und Bestürzung über das Geschehene bekundet, aber keine kirchliche Schuld eingestanden. Der emeritierte Papst Benedikt XVI. agierte bezüglich seiner eigenen Rechtfertigung noch jüngst in ganz entsprechender Weise. Angesichts der erschütternden Missbrauchsfälle in seinem Bistum sprach er vage und nebulös von seinem »Schmerz über die Vergehen und Fehler, die in meinen Amtszeiten und an den betreffenden Orten geschehen sind«[250]. Aber es wird vom ihm keine Verantwortung übernommen und er streitet *eigene* Versäumnisse und Fehler ab.

Es ist an der Zeit, dass sich die katholische Kirche von ihrer nicht mehr nachvollziehbaren und beschämenden Ekklesiologie und dem damit verbundenen überhöhten Amtsverständnis verabschiedet. Und es ist längst schon an der Zeit, dass sie *als Kirche* auf sich nimmt, was sie in »Beichtspiegeln« ihren Gläubigen nahelegt. Was dort geschrieben steht, gilt auch ihr selbst:

> »Keiner kann vor der Schuld fliehen und keiner sich selbst vergeben. Es ist bedrückend, sich die Folgen eigener Schuld vor Augen zu führen [...].«[251]

Die Schuld, die meine Kirche auf sich geladen hat, ist derart abgründig, dass sie meinte, davor nur fliehen zu können. Doch auch 80 Jahre nach der Schoah ist es noch nicht zu spät, innezuhalten und diese Schuld zu bekennen.

> Durch das »Bekenntnis der Sünden [...] [bleibt] die schuldhafte Situation [...] nicht im Dunkel, sondern wird zur Sprache gebracht und ins Licht des Evangeliums gehoben. Allein schon das Aussprechen der Schuld hat eine befreiende Wirkung und erleichtert die Versöhnung mit anderen. Das Bekenntnis hilft, [...] [die] eigenen Grundeinstellungen und ethischen Maßstäbe vor Gott zu überprüfen.«[252]

Ich würde es den Jüd*innen, mit denen heute katholische Theologie und Kirche den Dialog suchen, nicht verdenken, wenn sie ein eindeutiges Schuldbekenntnis der katholischen Kirche als Voraussetzung für jeden weiteren Dialog fordern würden. Ich bewundere die Geduld und die übergroße Nachsicht, die uns von unseren jüdischen Gesprächspartner*innen entgegengebracht werden. Ihnen ist die Geschichte christlicher Judenfeindschaft präsent. Zugleich äußern einige aber auch ihr Erstaunen und ihr Unverständnis, wie wenig dies auf christlicher Seite oft der Fall sei. Ich empfinde dies als beschämend. Völlig verfehlt, ja anmaßend ist die gönnerhafte Rede vom »Dialog auf Augenhöhe« mit dem Judentum: Die dazu notwendige Höhe hat meine Kirche noch längst nicht erreicht.

4.4 Theologische Revision steht aus

Aber auch mit der Aufarbeitung der eigenen Geschichte und einem Schuldbekenntnis ist es noch nicht getan. Eberhard Bethge schrieb im

Jahr 1978, es werde sich noch herausstellen, dass »unsere überkommene Identität tatsächlich bedroht sein wird, wenn die Kirche die Forderungen, die der Holocaust an sie stellt, erst einmal besser erkannt haben wird«[253]. Nun lässt sich der Weg, den christliche Kirchen und Theologie einschlagen müssen, wenn sie diesen Forderungen genügen wollen, etwas präziser beschreiben. Die überkommene christliche Identität profilierte sich durch ihre Judenfeindlichkeit. Diese Judenfeindlichkeit bereitete erst dem Antisemitismus und dann der Schoah den Boden. Die Schoah fordert darum von den Kirchen, ihre Identität von Grund auf neu zu bedenken und neu zu formulieren. Diese Forderung zielt auf den innersten Kern christlichen Selbstverständnisses. Es genügt nicht eine

Neubestimmung des *Verhältnisses* zum Judentum oder nur das Wesen des *Judentums* neu bestimmen zu wollen, wie der emeritierte Papst wähnte. In Frage steht vielmehr das Wesen des Christentums selbst. Damit stehen aber die Dogmatik und die von ihr in Geschichte und Gegenwart vertretenen Glaubenssätze auf dem Prüfstand. Das heißt die Disziplin, die sich bis heute als Leitdisziplin der Theologie versteht, ist gefordert. Es ist nicht zu erkennen, dass dieser Forderung bislang Genüge geleistet worden wäre.

Ich will an einem Beispiel verdeutlichen, worum es geht. Das Konzil von Nicäa dogmatisierte die Wesensgleichheit von Gott, dem Vater, und Jesus, dem Sohn, der »wahrer Gott vom wahren Gott« sei. Das Bestehen auf diesem Glaubenssatz und das rigorose Vorgehen gegenüber denjenigen Christ*innen, die ihm nicht folgen konnten, sabotierte, wie weiter oben ausgeführt, das bis dahin mögliche respektvolle Zusammenleben von jüdischen und christlichen Gemeinden. Wer nach Nicäa noch jüdische Gottesdienste besuchte oder die jüdische Fastenpraxis befolgte, wurde des »Judaisierens« bezichtigt und der Ketzerei beschuldigt. Wenn ich bedenke, mit welchem antijüdischen Hass etwa von Johannes Chrysostomos das nicäische Bekenntnis durchgesetzt wurde und welche Wirkungsgeschichte dieser Hass über die Jahrhunderte hin entwickelte – dann fällt es mir leicht, mich mit den Glaubenssätzen zu begnügen, die *vor* (und auch noch *nach*!) Nicäa vielen Christ*innen genügten, um ihrem christlichen Glauben Ausdruck zu verleihen. Dann fällt es mir nicht nur leicht, das Dogma von der Wesensgleichheit von Gottvater und Sohn zu verabschieden, sondern ich betrachte dies für meinen Glauben auch als notwendig. Es ist der Verzicht auf ein Bekenntnis, das aus jüdischer Sicht die blasphemische Vergottung eines Menschen bedeutet. Viele Christ*innen teilten damals diese Sicht – sie wurden aus der Kirche ausgeschlossen, sofern sie an ihrer Überzeugung festhielten.

Grundproblem ist der exklusive Anspruch

Das Problem sind aber nicht die Göttlichkeit Jesu und der trinitarische Glaube als solche. Wer daran festhalten will, mag dies auch heute noch tun. Auch lässt sich heute die Intention dieses Dogmas formulieren, ohne auf einer Vergöttlichung Jesu zu bestehen. Das Problem ist der *exklusive Anspruch*, mit dem dieser Glaube auftrat und zumeist noch immer auftritt. Abweichende Meinungen duldete die Kirche auch in ihren eigenen Reihen nicht, ihr Wahrheitsanspruch war exklusiv, ausgrenzend nach außen wie nach innen.

Christlicher Glaube, der sich einer fundamentalen Revision unterzieht, muss die Frage beantworten, ob die klassische Trinitätstheologie der Konzilien von Nicäa, Konstantinopel, Ephesus und Chalcedon unverzichtbar *notwendig* ist, um heute christlichen Glauben auszudrücken, und wie der exklusive Anspruch, mit dem diese Theologie auftritt, aufgegeben werden kann.

Ein exklusiver Anspruch, der sich gegen das Judentum richtete, markierte schon, wie im ersten Kapitel ausgeführt, den Beginn des Christentums. Dieser Anspruch wird bis heute von meiner Kirche mit Nachdruck vertreten. Auch das bereits zitierte Dokument der »Kommission für religiöse Beziehungen zum Judentum« (2015) hält daran unverrückt fest. Die Kirche sei »der endgültige und unüberbietbare Ort des Heilshandelns Gottes«[254], lautet dort einer der zentralen Sätze. »Die Theorie« dass es zwei verschiedene Heilswege gäbe, nämlich einen jüdischen ohne Christus und einen christlichen durch Christus, wird abgelehnt, denn dies »würde tatsächlich die Fundamente des christlichen Glaubens gefährden«. Das Bekenntnis zur »universalen und deshalb auch exklusiven Heilsmittlerschaft Jesu Christi«[255] gehöre zum Kern christlichen Glaubens, erklärt die Kommission. Israel als bleibendes »Volk Gottes« zu würdigen und zugleich an der »exklusiven Heilsmittlerschaft Jesu Christi« festzuhalten, passt aber nicht zusammen. Solange an dieser Exklusivität festgehalten wird, bleibt das formelhafte Bekenntnis zum nie aufgekündigten Bund Gottes mit Israel theologisch inhaltlich leer. Es würde erst an Glaubwürdigkeit gewinnen durch Aufgabe des christlichen Exklusivitätsanspruchs. *Dieser Verzicht auf Exklusivität ist die zentrale Forderung der Schoah an die Kirchen und die Theologie.*

Der Verzicht ist aber nicht nur mit einem veränderten christlichen Selbstverständnis und einer von Grund auf revidierten Einstellung *zum Judentum* verbunden, sondern er ermöglicht auch ein Umdenken im Verhältnis zu allen Menschengruppen, die in Geschichte und Gegenwart Opfer christlicher Exklusivitätsansprüche geworden sind. Um diese unheilvollen Ansprüche geht es im Folgenden.

5. Kapitel:
Unheilvolle Exklusivitätsansprüche

Damit komme ich zurück auf die schon formulierte These: Die radikal inklusive jüdische Jesusbewegung wurde verkehrt in ein exklusives Christentum, für das Ausgrenzung von Beginn an konstitutiv war und geblieben ist. Es wurde weiter oben bereits darauf hingewiesen, dass – schon ehe von »Christentum« als eigener Religion die Rede war – jüdische Jesusnachfolgegemeinden den Anspruch erhoben, dass *allein* die Anerkennung Jesu als Messias den Weg zum Gott Israels eröffne. Der großen Mehrheit des Judentums wurde damit der Zugang zu Gott brüsk abgesprochen. Dieser exklusive Anspruch einer kleinen, aber noch immer jüdischen Gruppierung barg in sich schon das Potential der späteren christlichen Judenfeindlichkeit. Im Verlauf der zweiten Hälfte des ersten Jahrhunderts wurden dann die messiasgläubigen Gemeinden mehr und mehr von nichtjüdischen Mitgliedern dominiert, die sich nun nicht mehr als zum Judentum *Dazugekommene* verstanden, sondern ein Selbstverständnis in bewusster Entgegensetzung zum Judentum entwickelten. Jüdische Gemeindeglieder waren fortan nicht mehr willkommen und wurden systematisch ausgegrenzt; christliche Gemeindeglieder, die weiterhin mit dem Judentum sympathisierten und an jüdischen Frömmigkeitsformen partizipierten, wurden des »Judaisierens« bezichtigt.

Die Exklusivität, die das Christentum für sich beanspruchte, richtete sich bald nicht nur gegen das Judentum, sondern blieb ein Markenkern des von der Kirche bestimmten christlichen Glaubens. Der Anspruch auf eigene Exklusivität und die Exklusion anderer wurde ein ums andere Mal erst theologisch begründet, dann tatsächlich praktiziert (zuweilen auch umgekehrt): Wer sich dem, was die römische Kirche als wahren Glauben vorgab, nicht fügte, wurde verstoßen, verfolgt und immer wieder auch vernichtet. Wer leugnete, was das Konzil dekretierte, wurde exkommuniziert: »...anathema sit«, »...der sei ausgeschlossen« wurde zur stereotypen Formel im Anschluss an die dogmatischen Formulierungen der Konzilien. Exklusivitätsansprüche nach außen und nach innen avancierten somit zum Selbsterhaltungsprinzip des Christentums, ganz besonders in seiner römisch-katholischen Variante. Opfer wurden im Verlauf der Kirchengeschichte Andersgläubige und Angehörige anderer Kulturen, sogenannte »Ketzer« in den eigenen Reihen, angebliche »Hexen«, Frauen, Transgender, Intersexuelle, Homosexuelle, überhaupt als »anders« wahrgenommene Menschen. Im Folgenden wird an einigen Beispielen aus ganz unterschiedlichen Zeiten und auf unterschiedliche Menschengruppen bezogen aufgezeigt, wie prägend das exklusive Selbstverständnis für den christlichen Glauben war und welche Folgen daraus erwuchsen.

5.1 Ausschluss der Tiere

Ehe wir uns aber mit der Exklusion von Menschengruppen befassen, soll der Tiere gedacht werden, die von der christlichen Theologie fast vollständig übersehen und vergessen wurden. Doch Vorsicht ist geboten: Selbst ein so unverfänglich und lebensfreundlich klingendes Thema wie Tierschutz ist historisch mit Antisemitismus verbunden. Antisemitismus versteckte sich (nicht nur) in der Vergangenheit hinter der Sorge um das Wohl von Tieren. Vorgebliches oder tatsächliches Mitleid mit Tieren und empathielo-

ser Hass auf eine Menschengruppe schließen sich offensichtlich nicht aus.

Antisemitismus und Tierschutz

Mitleid in dem Sinne, dass ich ein »Leiden, welches nicht *meines* ist [...], dennoch *mitempfinde*, es als *meines fühle*, und dennoch nicht *in mir*, sondern *in einem Andern*«[256], ist für Arthur Schopenhauer (1788–1860) Grundlage der Moral. Solches Mitleid beschränkt sich nicht auf Menschen. Grenzenloses Mitleid mit *allen* lebenden Wesen sei sogar der festeste und sicherste Bürge für das sittliche Wohlverhalten:[257]

> »Mitleid mit Thieren hängt mit der Güte des Charakters so genau zusammen, daß man zuversichtlich behaupten darf, wer gegen Thiere grausam ist, könne kein guter Mensch seyn.«[258]

Schopenhauer widmet in seiner »Preisschrift über die Grundlage der Moral« einen umfangreichen Paragraphen dem Mitleid mit Tieren. Die darin geäußerten Gedanken zählen zu den wichtigsten Quellen für den modernen Tierschutz. Während aber in den anderen Teilen der Preisschrift Schoppenhauers antijüdische Einstellungen nur am Rande bzw. indirekt zum Ausdruck kommen,[259] werden in den Abschnitten über das Mitleid mit Tieren judenfeindliche Stereotype offen und hemmungslos in die Argumentation miteinbezogen:

> »Die vermeinte Rechtlosigkeit der Thiere, der Wahn, daß unser Handeln gegen sie ohne moralische Bedeutung sei, oder [...] daß

> es gegen Thiere keine Pflichten gebe, ist geradezu eine empörende Rohheit und Barbarei des Occidents, deren Quelle im Judenthum liegt. [...] Man muß wahrlich an allen Sinnen blind, oder vom *foetor Judaicus*[260] total chloroformirt seyn, um nicht zu erkennen, dass das Wesentliche und Hauptsächliche im Thiere und im Menschen das Selbe ist [...].«[261]

Schopenhauer hält es weiter für wahrscheinlich, dass das Christentum ein »Abglanz Indischen Urlichtes von den Ruinen Aegyptens« ist, »welcher aber leider auf Jüdischen Boden fiel«[262]. Alle Zeiten und alle Länder hätten sehr wohl die Quelle der Moralität erkannt, nur Europa nicht, woran allein der *foetor Judaicus* Schuld sei, der hier alles durchziehe:

> »[D]a muß es dann schlechterdings ein Pflichtgebot, ein Sittengesetz, ein Imperativ, kurzum, eine Ordre und Kommando seyn, dem parirt wird: davon gehn sie nicht ab, und wollen nicht einsehn, daß Dergleichen immer nur den Egoismus zur Grundlage hat.«[263]

Schopenhauer qualifiziert das Judentum als mitleidlose Pflichtenreligion und führt fehlendes Mitleid mit Tieren auf jüdischen Einfluss zurück. Die unheilige Allianz von Tierschutz und Antisemitismus war damit geschaffen. Barbara Venerito hat in ihrer Dissertation aus dem Jahr 2018 nachgewiesen, dass sich bei den heftigen Kontroversen bezüglich Schächtung und Tierversuchen um die Wende zum 20. Jahrhundert »schächtkritische Tierärzte, Tierschützer und Antisemiten gleicher Argumente [bedienten].«[264] Insbesondere im Umkreis von Richard Wagner (1813–1883) und der von ihm initiierten »Bayreuther Blätter« vermengten sich Tierschutzthemen mit völkisch rassistischem Gedankengut, Antisemitismus und Eugenik.[265] Unter den Nazis war das Schächtverbot im April 1933 das erste antijüdische Gesetz – Antisemitismus tarnte sich heuchlerisch als Tierschutz. Gerade die Beurteilung des Schächtens durch die Arier einerseits und durch die Juden andererseits zeige deutlich, wie verschieden die inneren Empfindungen bei diesen beiden Rassen seien, stand im »Handbuch der Judenfrage« von Theodor Fritsch:

> »Der Arier, soweit er nicht sittlich verroht ist, kann in dem Schächten nur einen Akt höchster Grausamkeit erblicken.«[266]

Der antisemitische Hetzfilm »Der ewige Jude« [267], der die Öffentlichkeit auf die geplante »Endlösung der Judenfrage« einstimmen sollte, zeigte Schächtszenen, die als eindeutiger Beweis für die Grausamkeit der Schächtmethode dienen und »zugleich den Charakter einer Rasse, die ihre stumpfe Roh[h]eit unter dem Mantel frommer Religionsausübung verbirgt, [enthüllen]«[268] sollten. Auch heute ist höchstes Misstrauen angebracht, wenn bekanntermaßen islam- und judenfeindliche Organisationen wegen vorgeblicher Sorge um das Tierwohl gegen die Ausnahmeregelungen für Schächtungen aus religiösen Gründen polemisieren.

Im heutigen Judentum wird die Form der Durchführung von Schächtungen unterschiedlich beurteilt. Scharfe Kritik findet jedenfalls die Fokussierung auf jüdische oder muslimische Schächtungen, wenn es um die heute üblichen Praktiken des Schlachtens von Tieren geht. Hanna Rheinz, Gründerin der »Jüdischen Initiative Tierschutz« richtet den Blick auf die Zustände in unseren Schlachthöfen und fordert, dass es

> »angesichts des industriell organisierten massenhaften Schlachtens von Tieren [...] zwingend notwendig [sei], die Bestimmungen der Halacha bzgl. der Rechte der Tiere auf Leben in körperlicher und seelischer Unversehrtheit sowie optimaler Schonung im Falle des Schlachtens zu erfüllen; diese [seien] unverzichtbar Teil der Unantastbarkeit und Heiligkeit des Lebens aller Lebewesen und somit die wichtigste spirituelle Botschaft des Judentums gerade in der heutigen Zeit.«[269]

Rheinz verweist darauf, dass als Ergebnis der besonderen Beziehung des Judentums zum Tier bereits in biblischen Zeiten ein Tierschutzgesetz formuliert worden sei, dessen moralische Konsequenz heutigen Gesetzen weit überlegen ist, da den Tieren dort Rechte zugewiesen werden.[270] Diese Rechte beruhen nicht auf einem speziesistischen[271] Gnadenbegriff, sondern auf einem Gerechtigkeitsbegriff, der nicht zwischen den Spezies diskriminiere. Dadurch sei der jüdische Tierrechtsgedanke weitaus radikaler, so Rheinz weiter, als die auf dem caritativen Tierschutz und dem christlichen Pietismus beruhende, im 18. und 19. Jahrhundert entstandene Tierschutzbewegung.[272] Unter Berücksichtigung der langen Tradition jüdischen Tierrechts spricht Rheinz von einer »Kabbala der Tiere«[273].

Biblische Sicht: Tiere gehören dazu

In der Bibel werden insbesondere in den hebräischen Teilen Tiere und ihr Zusammenleben mit Menschen vielfach thematisiert. In der idealen gottgewollten Welt, die der priesterschriftliche Schöpfungshymnus in Gen 1 entwirft, wird das Verhältnis von Mensch und Tier konfliktfrei gedacht. Beide sind Geschöpfe Gottes und es gibt zwischen ihnen keine Konkurrenz um die zum Leben notwendigen Ressourcen. Gen 1,29f weist Menschen und Tieren jeweils unterschiedliche Nahrung zu, beide leben vegan. Dazu bemerkt der Alttestamentler Andreas Schüle:

> »Der Argumentationsgang ist denkbar einfach: Die Wesen, die die Lebenssubstanz in sich haben, sollen sich ausschließlich von dem ernähren, was keine Lebenssubstanz in sich hat.«[274]

Offensichtlich erkennt die Priesterschrift im Töten von Tieren und Menschen eines der elementarsten Probleme der Welt.[275] Nach Gottes ursprünglichem Willen, so die Priesterschrift, soll aber kein Blut fließen und kein Wesen getötet werden – auch nicht, um es zu essen. Im biblischen Erzählgang gesteht Gott erst nach der Sintflut den Menschen in einer von Angst und Schrecken beherrschten Welt Tiere als Nahrung zu und auch dies nur in eingeschränkter Weise (vgl. Gen 9,2–4).

Tiere gehören dazu. Tiere und Menschen bilden eine Schicksalsgemeinschaft. Dieser Gedanke durchzieht die gesamte Bibel.[276] Das Verhältnis des Menschen zu Tieren bleibt zwar ambivalent, denn anders als heute waren damals Tiere auch eine ständige Bedrohung. Doch sie werden als Mitgeschöpfe geachtet. Nach biblischer Vorstellung sind sie wie der Mensch von Gott aus Erde geformt und mit dem gleichen Atem Gottes belebt (Gen 2,7; 7,22; vgl. Ps 104,29). Dem Menschen ist Verantwortung für die Erhaltung der gemeinsamen Lebenswelt aufgetragen, keinesfalls uneingeschränkte Verfügungsgewalt über Tiere (Gen 1,26–30). In den Bund, den Gott mit Noachs Familie schließt, sind Tiere ausdrücklich eingeschlossen (Gen 9,12). Tieren kommen eigene Rechte zu: Auch für Arbeitstiere gilt die Sabbatruhe (Ex 20,10). Dem dreschenden Rind darf kein Maulkorb angelegt werden (Dtn 25,4). Besondere Bestimmungen bedenken das Verhältnis der Tiermutter zu ihrem Neugeborenen (Lev 22,27f). Tiere können in ihrer Not Gott anrufen, der ihnen hilft und Nahrung verschafft (Ps 36,7; Ps 104,21; Ps 147,9; Ijob 38,41). Mensch und Tier haben ein und dasselbe Geschick:

> »Wie diese sterben, so sterben jene. Beide haben ein und denselben Atem. Einen Vorteil des Menschen gegenüber dem Tier gibt es da nicht« (Koh 3,19).

Auch in endzeitliche Heilsvisionen sind die Tiere eingeschlossen. Biblische Prophetie setzt ihre Hoffnung auf eine Welt, in der Mensch und Tier einträchtig zusammenleben, niemand mehr des anderen Feind ist und sich kein Lebewesen vor einem anderen fürchten muss:

> »Dann wohnt der Wolf beim Lamm, der Panther liegt beim Böcklein. Kalb und Löwe weiden zusammen, ein kleiner Knabe kann sie hüten. Kuh und Bärin freunden sich an, ihre Jungen liegen beieinander. Der Löwe frisst Stroh wie das Rind. Der Säugling spielt vor dem Schlupfloch der Natter, das Kind streckt seine Hand in die Höhle der Schlange. Man tut nichts Böses mehr und begeht kein Verbrechen auf meinem ganzen heiligen Berg; denn das Land ist erfüllt von der Erkenntnis JHWHs, so wie das Meer mit Wasser gefüllt ist« (Jes 11,6–9).

Der Friede, der hier ausgemalt wird, besteht sowohl zwischen den Tieren untereinander als auch zwischen Menschen und Tieren. Gerade von den Tieren, die besonders gefürchtet wurden und die als besonders heimtückisch galten, geht keine Gefahr mehr aus, sogar der Löwe wird zum Vegetarier. Selbst die gefährdetsten und wehrlosesten Menschen brauchen sich vor den Tieren nicht mehr zu fürchten. Das sei »endzeitlicher Vegetarismus«, schreibt der Alttestamentler Klaus Koenen. »Die Zeit des Fressens und Gefressen-Werdens wird ein Ende finden.«[277] Friede wird in dieser Vision nicht durch Vertreibung, Unterwerfung oder Ausrottung der Feinde gewonnen, sondern durch Überwindung des Feinde-Seins. Der Alttestamentler Jürgen Ebach macht dabei darauf aufmerksam, dass hier das schwache Tier nicht unter der fürsorglichen Obhut des starken steht, sondern gerade umgekehrt: Der Wolf wohnt (wörtlich »ist Gast«) beim Lamm, der Panther liegt beim Böcklein. Die Schwachen sind nicht auf die Mildtätigkeit der Mächtigen angewiesen, sondern werden selbst aufgerichtet und kommen zu ihrem Recht.[278] Die Welt, die hier visionär ins Bild gesetzt ist, ist eine Welt, in der kein Blut mehr fließt, ja mehr noch, eine Welt, in der überhaupt nichts Böses mehr getan wird und kein Lebewesen ausgeschlossen ist: Tiere gehören dazu.

Christliche Anthropozentrik und ihre Folgen

Obwohl Tieren im Zusammenhang zentraler biblischer Themen unbestreitbar eine wichtige Bedeutung zukomme, stoße man auf der Suche nach ihrer angemessenen Würdigung innerhalb der theologischen Weltkarte auf einen großen weißen Fleck, stellt der Theologe Rainer Hagencord fest: »Die Welt der Tiere ist für die westliche, christliche Theologie ›terra incognita‹.«[279] Ihre Absicht, eine »Theologie der Tiere« zu verfassen, habe Heiterkeit erregt und sei vor allem in kirchlichen und theologischen Kreisen teils mit skeptischem, teils nachsichtigem und teils auch wohlwollendem Lächeln bedacht worden, berichten Simone Horstmann, Thomas Ruster und Georg Taxacher.[280] Sie konstatieren, dass die traditionelle Dogmatik die Tiere ignoriere und sprechen von einer »Tiervergessenheit der Theologie«[281].

Diese tiervergessene Theologie wurde maßgeblich von der aristotelischen Seelenlehre beeinflusst, wonach Pflanzen, Tiere und Menschen zwar als beseelt galten, aber scharf voneinander getrennt wurden durch die jeweils unterschiedliche Art dieser Seelen. Dem Menschen war eine »Geistseele« vorbehalten, die, so lehrte dann die katholische Kirche, unmittelbar von Gott geschaffen worden sei.[282] Zudem kamen in der christlichen Theologie auch stoische Vorstellungen zur Geltung, die die gesamte Welt allein auf den Menschen hingeordnet sahen und Tieren keinen davon unabhängigen Eigenwert zuerkannten. Eine derartige, uns heute reichlich naiv anmutende Anschauung begegnet zum Beispiel schon bei Marcus Tullius Cicero (106–43 v. d. Z.):

> »Vom Anfang ab ist die Welt der Götter und Menschen wegen gemacht, und alles in ihr Befindliche ist zum Genuss des Menschen bereitet und ausgedacht worden. [...] Die Umläufe der Sonne, des Mondes und der übrigen Gestirne [...] gewähren ein Schauspiel für den Menschen [...] ihr abgemessener Lauf zeigt den Wechsel, die Veränderung und die Reife der Zeit: da aber nur die Menschen dies verstehn, so kann es auch nur für die Menschen gemacht

sein. [...] Allein es ist so unmöglich, dass dies [d. i. der Überfluss der Pflanzenwelt, A.B.] der Thiere wegen geschehen sei, dass man vielmehr erkennt, wie auch die Thiere nur der Menschen wegen gemacht worden sind. [...] Ebendies gilt für das Schwein, denn wozu anders als zur Speise könnte es dienen? Chrysipp selbst sagt von ihm, dass es eine Seele nur deshalb erhalten habe, damit es nicht faule.«[283]

So anmaßend und arrogant uns eine solche Sicht auf die uns umgebende Welt auch erscheint, so sehr hat diese doch die christliche Theologie maßgeblich geprägt. Gemäß Gottes Willen, meint Augustinus, muss Leben und Tod der Tiere dem Nutzen des Menschen dienen.[284] Wir können zwar sehen und an ihren Lauten wahrnehmen, dass Tiere unter Schmerzen sterben, so Augustinus, aber das könne der Mensch gering schätzen, »weil er mit dem Tier, das natürlich keine Geistseele hat, durch keine Rechtsgemeinschaft verbunden ist«[285]. »Es ist fast einmütige Auffassung der Gläubigen und der Nichtgläubigen«, erklärte noch das Zweite Vatikanische Konzil im Jahr 1965, »daß alles auf Erden auf den Menschen als seinen Mittel- und Höhepunkt hinzuordnen ist.«[286] Tiere, Pflanzen und leblose Wesen seien »von Natur aus zum gemeinsamen Wohl der Menschheit von gestern, heute und morgen bestimmt«, befindet der Katechismus der Katholischen Kirche.[287]

Nach Ansicht des katholischen Moraltheologen Eberhard Schockenhoff liegt aus Perspektive (s)einer anthropozentrischen Ethik der eigentliche Grund, warum wir Tiere verzehren dürfen, darin, »dass der Mensch aufgrund seines Vorrangs vor den Tieren diese zum Zwecke der Selbsterhaltung und Erfüllung seiner vitalen Interessen benutzen darf«. Der Mensch hat darum nach Schockenhoff »das Recht, zur Erhaltung und Förderung seines eigenen Lebens auf das Leben der Tiere zurückzugreifen«[288], das heißt, er darf das Leben eines Tieres »für die eigenen Zwecke in Dienst [nehmen]«[289]. Schockenhoff hat darum auch keine Einwände »gegen einen vernünftigen Anteil tierischer Nahrung an einer varianten Ernährungsweise des Menschen«[290], solange die Nutztierhaltung nicht einseitig am Interesse der billigen Mengenproduktion fleischlicher Nahrung für den Menschen ausgerichtet sei.

Tiere spielen in der lehramtlichen katholischen Dogmatik keine Rolle mehr. Tieren ist keine unsterbliche Seele verliehen und sie sind nicht erlösungsbedürftig.[291] »Diese zentralen Exklusionen«, so die katholische Theologin Simone Horstmann, »sind mit dafür verantwortlich, dass die Tiere im Gefolge einer solchen Tradition regelrecht für bedeutungslos erklärt wurden.«[292] Durch die dogmatische Selbstdeutung des Menschen als »Krone der Schöpfung«[293] – in der Bibel steht dies nicht geschrieben – und durch die Fehldeutung des »dominium terrae« in Gen 1,28 als Freibrief für die Herrschaft über Tiere wurde ein christlicher Anthropozentrismus begründet, der einer »große[n] anthropozentrische[n] Maßlosigkeit«[294] und einem Speziesismus sondergleichen den Boden bereitet hat. Gregor Taxacher verweist zu Recht auf die notwendige Differenzierung zwischen biblischer Sicht auf die Schöpfung und späterer christlicher Dogmatik:

> »Es sind nicht die Schöpfungstexte der Genesis und es ist nicht die Menschwerdung des Sohnes im Neuen Testament, sondern es ist erst eine bestimmte dogmatische Systematik, von welcher eine gerade Linie zur modernen Mentalität und Praxis führt, in welcher die Schöpfung zum Supermarkt einer Wachstumsökonomie geworden ist.« [295]

Erst solche Dogmatik konnte als Rechtfertigung zu einer rücksichtslosen Ausbeutung der Schöpfung mitsamt den Tieren dienen. Zu den »gnadenlosen Folgen des Christentums«[296] zählt somit auch der Ausschluss der Tiere. Tiere wurden nicht mehr als Mitgeschöpfe betrachtet, sie gehören nicht mehr dazu. Diese theologische Exklusion hat dazu beigetragen, so Simone Horstmann, dass heute als völlig normal betrachtet wird, wie wir mit Tieren umgehen:

> »Unsere Gesellschaft leistet sich im Brustton der vollkommenen Selbstverständlichkeit eine eigene Tötungsindustrie, Millionen Wesen werden jährlich über die Straßen des Landes verfrachtet, nachdem sie ihr kurzes Leben unter unvorstellbaren Bedingungen fristen mussten. [...] Es liegt in der Verantwortung der Theologie, die eigene Schuld an diesem unsäglichen Missbrauch endlich einzugestehen: Die Abgründe des horrenden Tiermissbrauchs sind imprägniert von einer theologischen Tradition, die die Tiere für bedeutungslos erklärt hat.«[297]

Unerträgliche Vergleiche

Als höchst beklemmend empfinde ich, dass die Worte, mit denen das Leid und das Schicksal der Tiere unserer Zeit beschrieben werden, an die Berichte über die Schoah erinnern. Damit darf aber kein Vergleich einhergehen, zwischen dem, was in der Schoah geschah, und dem, was bis heute Tieren widerfährt. Schon gar nicht darf damit das Grauen der Schoah relativiert werden. Deutlich wird damit nur, dass unsere Sprache versagt, um auch nur annähernd angemessen von der *Schoah* zu sprechen. Im vorliegenden Zusammenhang geht es darum aufzuzeigen, wie Exklusivitätsansprüche unterschiedlicher Art christliches Selbstverständnis wesentlich bestimmten, christliche Leidempfindsamkeit unterbanden

und welche Folgen sich daraus für die jeweils Ausgeschlossenen ergaben. Die Exklusion des Judentums stand am Anfang des Christentums und war im Hinblick auf seine Wirkungsgeschichte unvergleichlich verhängnisvoll. Aber diese erste christliche Exklusion zog weitere Exklusionen nach sich. Darum geht es hier und im Folgenden.

Die Überheblichkeit, die sich in der christlichen Anthropozentrik ausdrückte, ist jedenfalls mitverantwortlich für unermessliches Tierleid – in unseren Tagen mehr denn je. Sabine Horstmann fordert, dass die

> »unzähligen, nie geahndeten Verbrechen der Menschen an den Tieren, die nicht nur, aber eben auch theologische Ursachen haben, […] endlich von den Verantwortlichen anerkannt, wo irgendwie möglich wiedergutgemacht, zukünftig verunmöglicht und aufgearbeitet werden [müssen].«[298]

Notwendig ist, dass Theologie und Kirchen ihre Mitverantwortlichkeit für geschehenes und geschehendes Tierleid erkennen und Konsequenzen daraus ziehen. Beunruhigend an der Forderung Horstmanns ist allerdings, dass sie so missverstanden werden kann, dass wir nun endlich auch den Tieren schulden, was wir den Opfern der Schoah schon längst schulden.[299] Das wäre ein fatales Missverständnis. Irritierend ist bei der zitierten Forderung besonders das Wort »wiedergutgemacht«. »Wiedergutmachung« ist ein Fachterminus vor allem im Kontext der Entschädigung der Verfolgten des Nationalsozialismus, eine entsprechende Anwendung auf geschehenes Tierleid ist unangebracht. Dass Simone Horstmann die Verbrechen an Tieren in eine Reihe mit der Schoah stellt, legen auch noch andere Formulierungen bei ihr nahe:

> »Schlachttransporte werden, wenn sie die Ställe verlassen haben, teilweise gar nicht mehr mit Futter und Wasser versorgt; Tiere hungern und dürsten ebenso wie ihre menschlichen Pendants. Schweine werden hierzulande überwiegend vergast – ein minutenlanger, grauenvoller Tod, mit unverkennbaren historischen Parallelen.«[300]

Anders als Horstmann halte ich es nicht für statthaft, hier von »historischen Parallelen« zu sprechen. Darum ist auch die Wortwahl, die diese Parallelen nahelegen soll, fehl am Platz. Genauso ist der Vergleich »Jagdkanzeln umstellen Waldgebiete wie einst die Wachttürme von deutschen Lagern«[301] völlig deplatziert. Beschreibungen von Tierleid, die gezielt in Anlehnung an Berichte über die Schoah formuliert werden oder sogar beides vergleichen, relativieren die Schoah.
Die erschreckende Tiervergessenheit von Theologie und Kirchen *allein* ließe sich vergleichsweise leicht korrigieren, wenn sie nur gewollt wäre. Die christliche Judenfeindlichkeit hatte hingegen nicht nur unvergleichliche Folgen, sondern untergräbt auch die *Fundamente* christlichen Selbstverständnisses und fordert eine *radikale* Selbstbesinnung und Neuorientierung, was christliche Identität bestimmt. Würde dieser Forderung konsequent entsprochen, wäre eine veränderte Haltung zu den Tieren darin eingeschlossen.

5.2 *»Außerhalb der Kirche kein Heil«*

»Extra ecclesiam nulla salus« – »außerhalb der Kirche kein Heil«: Nirgendwo sonst findet der exklusive Anspruch der Kirche so unverhüllten Ausdruck wie in dieser auf Bischof Cyprian von Karthago (200/210–258) und den christlichen Gelehrten Origenes (185–253/254) zurückgehenden Behauptung. Dieses von der katholischen Kirche nie ausdrücklich widerrufene Dogma bedeutete für die, die derart ins Nichts gestellt wurden, eine existentielle Bedrohung und war oft ein Todesurteil.

Kirche oder Hölle

Das sogenannte nicäno-konstantinopolitanische Glaubensbekenntnis, dessen Text erstmals auf dem Konzil von Chalcedon im Jahr 451 öffentlich verlesen wurde, spricht von der »una, sancta, catholica et apostolica ecclesia«, der »einen, heiligen, allgemeinen und apostolischen Kirche«. Die Fiktion, dass der Weg zum Heil für alle Menschen nur über diese Kirche verlaufe, die sich darum als »heilsnotwendig« verstand, behauptete sich über die Jahrhunderte hin gegen alle Widerstände. Als im zwölften Jahrhundert die Katharerbewegung die Rechtmäßigkeit der bestehenden Kirche bestritt und eigene kirchliche Strukturen entwickelte, ging die Kirche massiv gegen sie vor. »Es gibt nur *eine* allgemeine Kirche der Gläubigen. Außer ihr

wird keiner gerettet«[302], bestimmte das IV. Laterankonzil im Jahr 1215. Dass in unserer Welt rettungslos verloren sein konnte, wer dieser Kirche nicht angehörte, demonstrierten die Kreuzzüge gegen die Katharer*innen (1209–1229). Dazu hatte Papst Innozenz III. im Jahr 1208 aufgerufen:

> »Damit die heilige Kirche Gottes ihren grausamsten Feinden, furchterregend und in wohlgeordneter Schlachtreihe, entgegenziehen könne, um die Anhänger jener ketzerischen Bosheit, die, schlangengleich, nahezu die ganze Provence wie ein Krebsgeschwür infiziert hat, auszurotten, hielten wir es für geboten, die Kommandos christlicher Ritterschaft in den umliegenden Regionen zusammenzurufen […].«[303]

Den folgenden gnadenlosen Massakern fielen zehntausende Menschen zum Opfer. Allein im südfranzösischen Béziers wurden im Jahr 1209 nach Einnahme der Stadt rund 20 000 Menschen niedergemetzelt oder verbrannt.[304] Der Anspruch, dass Heil nur in der Kirche möglich sei, verband sich mit einer Kirchenpolitik, die den Menschen außerhalb dieser Kirche das Leben buchstäblich zur Hölle machte. Um Menschen, die angeblichen Häresien anhingen, aufzuspüren, beauftragte Papst Gregor im Jahr 1231 Sonderermittler, insbesondere Dominikaner. Damit war eine neue Form der Verfolgung von sogenannten Irrgläubigen geschaffen: die berüchtigte päpstliche Inquisition.

Einen Höhepunkt kirchlichen Exklusivitätsanspruchs bilden die dogmatischen Festlegungen des Konzils zu Florenz (1432–1445):

> »[Die heilige römische Kirche] glaubt fest, bekennt und verkündet, dass ›niemand außerhalb der katholischen Kirche, weder Heide‹ noch Jude noch Ungläubiger oder ein von der Einheit Getrennter – des ewigen Lebens teilhaftig wird, vielmehr dem ewigen Feuer verfällt, das dem Teufel und seinen Engeln bereitet ist, wenn er sich nicht vor dem Tod ihr [der Kirche] anschließt. Soviel bedeutet die Einheit des Leibes der Kirche, dass die heiligen Sakramente nur denen zum Heil gereichen, die in ihr bleiben, und dass nur ihnen Fasten, Almosen, andere fromme Werke und der Kriegsdienst des Christenlebens den ewigen Lohn erwirbt. ›Mag einer noch so viele Almosen geben, ja selbst sein Blut für den Namen Christi vergießen, so kann er doch nicht gerettet werden, wenn er nicht im Schoß und in der Einheit der katholischen Kirche bleibt‹ [Fulgentius].«[305]

Maßlose Überheblichkeit verbindet sich hier mit wüsten Drohungen und Einschüchterungen. Nackte Angst vor der Hölle sollte die Menschen dazu bringen, sich taufen zu lassen oder angebliche Irrtümer zu widerrufen. Zahllose Menschen, die der »heilsnotwendigen« Kirche widerstanden, wurden gefoltert und bezahlten mit ihrem Leben.

Römisch-katholische Kirche als einzig wahre Kirche

Doch der exklusive Anspruch der römischen Kirche wurde im Verlauf der Jahrhunderte immer mehr durch die Wirklichkeit konterkariert. Weitere Kirchen entstanden und kehrten Rom den Rücken. Schon im fünften Jahrhundert hatten sich die orientalisch-orthodoxen Kirchen verselbstständigt, im Jahr 1054 war es zum endgültigen Bruch zwischen Rom und Konstantinopel gekommen, und im Zeitalter der Reformation trennten sich die Lutherischen und die Reformierten Kirchen sowie die Anglikanische Kirche von der Römischen Kirche, die damit faktisch zu einer partikularen Konfessionskirche geworden war. Doch dessen ungeachtet und mit ungemindertem Nachdruck hielt meine Kirche daran fest, die einzig wahre, heilige, katholische und apostolische zu sein. Dies wurde nicht nur in päpstlichen Erklärungen, Ansprachen und dogmatischen

Bestimmungen unermüdlich wiederholt, sondern auch in vielen kontroverstheologischen Lehrbüchern ausführlich verteidigt und unter Aufbietung hochkomplexer theologisch-philosophischer Argumentation zu begründen versucht. Der argumentative Aufwand mag die eigenen Kirchenglieder beeindruckt und vielleicht auch beruhigt haben, auf der richtigen Seite zu stehen; aber es war kein Beitrag zu einer selbstkritischen theologischen Reflexion.

Auch durch neue geistesgeschichtliche und gesellschaftliche Entwicklungen wie Renaissance, Humanismus, Reformation, Aufklärung, neuzeitliche Naturwissenschaften, Historismus, sozialistische, demokratische und gewerkschaftliche Bewegungen sah sich die römisch-katholische Kirche

von vielen Seiten in ihrem absoluten Wahrheitsanspruch in Frage gestellt und in der ihr zuerkannten Bedeutung geschmälert. Auch hier wieder diente der exklusive Anspruch der Selbstvergewisserung und Selbstbehauptung auf Kosten der Anderen. Worum es eigentlich ging, zeigen unverhüllter als die dickbändigen Lehrbücher katholischer Dogmatik die knappen Formulierungen katholischer Katechismen, insbesondere derjenigen, die für Kinder bestimmt waren. Die überlegene Exklusivität der römisch-katholischen Kirche wurde diesen auch noch im 20. Jahrhundert von klein auf eingeimpft: In schlichten, eingängigen Sätzen mussten sie im Religionsunterricht lernen, dass sie – insbesondere im Unterschied zu den jüdischen, aber auch zu den protestantischen Menschen in ihrer Stadt oder in ihrem Dorf und ihrer Nachbarschaft – der einzig wahren, heiligen und apostolischen Kirche angehörten. Nur ihre Kirche habe »vom Heiland die Aufgabe bekommen, die Menschen zur ewigen Seligkeit zu führen«[306]. *»Alle andern Kirchen sind nicht heilig«*, wird betont, denn »sie haben keinen heiligen Stifter«[307]. Es wird auch noch eigens aufgezählt, wer alles nicht der einzig wahren Kirche angehöre:

> »1. die Ungetauften (Heiden, Mohammedaner und Juden), 2. die, welche zwar getauft sind, aber nicht den rechten Glauben haben (Irrgläubige, z. B. Protestanten), 3. die, welche den Papst nicht als ihr Oberhaupt anerkennen (Griechen und Russen), 4. die, welche zur Strafe aus der Kirche ausgeschlossen sind (Exkommunizierte).«[308]

Ein solches Selbstverständnis ist auf Konfrontation angelegt und stiftet unweigerlich Unfrieden. Wer in diesem Glauben aufwächst, muss alle

Menschen, die anderen Religionen oder christlichen Konfessionen angehören, als bedauernswerte Geschöpfe betrachten. In manchen Regionen Europas führte dieses konfessionalistische Selbstverständnis auch noch in der zweiten Hälfte des 20. Jahrhunderts zu gewalttätigen, ja mörderischen Auseinandersetzungen. Katholische Arroganz gegenüber anderen christlichen Konfessionen ist bis heute verbreitet. In der Gegend, in der ich lebe, werden Evangelische ganz offen als »Wüstgläubige« bezeichnet. »Ist doch nur scherzhaft gemeint«, heißt es, wenn die Betroffenen darauf verwundert und manchmal auch verletzt reagieren.
Noch im Jahr 1928 warnte Papst Pius XI. vor der Ökumenischen Bewegung. Er untersagte die Teilnahme an deren Konferenzen und verbot den Katholik*innen jedwede Unterstützung oder Mitarbeit daran. Anderenfalls »würden sie einer falschen christlichen Religion, die von der einen Kirche Christi grundverschieden ist, Geltung verschaffen«[309]. Der Papst sah nur einen Weg zur Wiedererlangung der Einheit:

> »Es gibt nämlich keinen anderen Weg, die Vereinigung aller Christen herbeizuführen, als den, die Rückkehr aller getrennten Brüder zur einen wahren Kirche Christi zu fördern, von der sie sich ja einst unseligerweise getrennt haben.« [310]

Herabsetzende Zugeständnisse

Wie in Stein gemeißelt begleitet das Dogma von ihrer angeblichen Heilsnotwendigkeit die katholische Kirche. Viele Päpste zitieren es und versuchen es dann doch da und dort ein wenig zu modifizieren. So wiederholte auch Papst Pius IX. bei einer Ansprache im Jahr 1854, es sei im Glauben festzuhalten, dass außerhalb der apostolischen, römischen Kirche niemand gerettet werden könne; sie sei die einzige Arche des Heils und jeder, der nicht in sie einträte, müsse in der Flut untergehen. Aber, so der Papst, niemand sei davon betroffen, »der da lebt in unüberwindlicher Unkenntnis der wahren Religion«[311].
Auch in einem Schreiben der vatikanischen »Kongregation für die Glaubenslehre« aus dem Jahr 1949 wird zunächst eingeschärft, dass »zu den Gegenständen, die die Kirche immer verkündet hat und nie zu verkünden aufhören wird, [...] auch jener unfehlbare Satz [gehört], dass außerhalb der Kirche kein Heil ist«[312]. Doch dann wird es sophistisch. Damit nämlich jemand das ewige Heil erlange, sei nicht immer erfordert, dass

er der Kirche als Glied *in Wirklichkeit* einverleibt sei. Es genüge, dass er ihr im Wunsch und im Verlangen anhange. Und es wird noch diffiziler: Dieser Wunsch müsse nicht einmal immer explizit sein, wie er bei den Taufbewerbern sei. Es genüge ein »impliziter Wunsch«, der »in jener seelischen Einstellung enthalten [sei], in der der Mensch sein Wollen dem Willen Gottes gleichförmig haben will«[313].

Von hier aus ist es nur noch ein kleiner Schritt zur Vorstellung Karl Rahners von einem »anonymen Christentum«. Demnach können auch ungetaufte Menschen, die sich ausdrücklich nicht zum Christentum bekennen und sogar die Kirche ablehnen, trotzdem (ohne es zu wissen) »anonyme Christen«[314] sein. Das mag gut gemeint sein, ist aber eine Vereinnahmung von Menschen für die eigene Sache entgegen deren Selbstverständnis. Letztendlich bleibt auch dies Ausdruck eines höchst exklusiven Glaubensverständnisses, das nicht in der Lage ist, sich vorzustellen, dass es Wege zu Gott bzw. zum Heil auch völlig abseits des christlichen Glaubens geben kann. Vorbildliches Menschsein kann dann nur dadurch gewürdigt werden, dass es »anonym« für das Christentum reklamiert wird.

Diese Sicht spiegelt sich auch in der schon genannten Erklärung »Nostra aetate« des Zweiten Vatikanischen Konzils. Im Hinblick auf andere Religionen wird dort festgestellt, dass die »katholische Kirche nichts von alledem [ablehnt], was in diesen Religionen wahr und heilig ist«[315]. Vor dem Hintergrund der polemischen Abqualifizierung anderer Religionen in der Vergangenheit ist dies ein wahrhaft revolutionärer Satz meiner Kirche. Aber dieser Satz wird durch den Kontext dahingehend eingeschränkt, dass »wahr und heilig« in diesen Religionen nur sein kann, was mit dem christlichen Glauben übereinstimmt. Christus bleibt Maßstab für die Beurteilung anderer Religionen, er ist »›der Weg, die Wahrheit und das Leben‹ (Joh 14,6), in dem die Menschen die Fülle des religiösen Lebens finden«[316]. Dazu passend wird in dieser Erklärung an anderen Religionen nur wahrgenommen und genannt, was eine Entsprechung zum christlichen Glauben aufweist. Was diesen Religionen eigen und für sie darüber hinaus wesentlich ist, wird nicht erwähnt.

Es ist üblich geworden, das religionstheologische Modell, das »Nostra aetate« bei der Verhältnisbestimmung zu nichtchristlichen Religionen zugrunde liegt, als »Inklusivismus« zu bezeichnen. Doch es handelt sich dabei um eine Form der Vereinnahmung, die mit dem heutigen Verständnis von Inklusion als »Miteinander der Verschiedenen«[317] und der Anstrengung eines wertschätzenden Verständnisses anderer Menschen und ihrer Überzeugungen nichts gemein hat. Stattdessen wird am eigenen exklusiven Anspruch unbeirrt festgehalten und alles andere nur im Hinblick auf sich selbst und am Maßstab der eigenen Überzeugung beurteilt. Dies wird auch deutlich, wenn die Kirchenkonstitution des Konzils die Kirche Christi in der katholischen Kirche verwirklicht sieht. Zwar sei nicht ausgeschlossen, dass vielfältige Elemente der Wahrheit und Heiligung auch außerhalb ihres Gefüges zu finden seien. Aber es wird unterstellt, dass diese Elemente »als der Kirche Christi eigene Gaben [!] auf die katholische Einheit hindrängen [!]«[318].

Die liberale nachkonziliare katholische Theologie bemühte sich, die Konzilsdokumente wohlwollend zu deuten. Doch dem Wortlaut dieser Texte ist an vielen Stellen ein unverändert exklusives, ja arrogantes Selbstbild der katholischen Kirche zu entnehmen. Christus, so heißt es da, habe die Notwendigkeit der Kirche, in die die Menschen durch die Taufe wie durch eine Türe eintreten, bekräftigt. Darum könnten jene Menschen nicht gerettet werden, die um die katholische Kirche und ihre von Gott durch Christus gestiftete Heilsnotwendigkeit wissen, in sie aber nicht eintreten oder in ihr nicht ausharren wollten.[319]

Der weltweite »Ökumenische Rat der Kirchen« umfasst heute 350 Kirchen als ordentliche Mitglieder. Die römisch-katholische Kirche ist bis heute nicht darunter.

Dominus Jesus: Gefangen in der eigenen Tradition

Wer gehofft hatte, dass das Zweite Vatikanische Konzil eine Entwicklung einleiten würde, in der sich die katholische Kirche zumindest schrittweise von ihrem Exklusivitätsanspruch verabschiedet, sah sich spätestens im Jahr 2000 bitter enttäuscht. In diesem Jahr veröffentlichte die vatikanische »Kongregation für die Glaubenslehre« unter ihrem Präfekten Kardinal Ratzinger eine »Erklärung über die Einzigkeit und die Heilsuniversalität Jesu Christi und der Kirche« (Dominus Jesus). Diese Erklärung hält und überbietet, was schon der Titel zum Ausdruck bringt. Es ist ein trauriges, wie aus der Zeit gefallenes Dokument im Stil der Pius-Päpste des 19. und 20. Jahrhunderts. Einerseits wird dekretiert, was »fest zu glauben«[320] sei, andererseits wird aufgezählt, welche Meinungen und Behauptungen »im Gegensatz zum christlichen und katholischen

Glauben« [321] stünden und welche »irrige[n] oder zweideutige[n] Positionen«[322] abgelehnt werden. Das in dieser Erklärung ausgedrückte kirchliche Selbstverständnis lässt keinen Raum für andere Weltdeutungen, Religionen oder christliche Kirchen, sondern bestreitet deren Berechtigung:

> »Die immer währende missionarische Verkündigung der Kirche wird heute durch relativistische Theorien gefährdet, die den religiösen Pluralismus nicht nur *de facto*, sondern auch *de iure* (oder prinzipiell) rechtfertigen wollen. In der Folge werden Wahrheiten als überholt betrachtet, wie etwa der endgültige und vollständige Charakter der Offenbarung Jesu Christi, [...] die Einzigkeit und die Heilsuniversalität Jesu Christi, die universale Heilsmittlerschaft der Kirche, die Untrennbarkeit – wenn auch Unterscheidbarkeit – zwischen dem Reich Gottes, dem Reich Christi und der Kirche, die Subsistenz der einen Kirche Christi in der katholischen Kirche.«[323]

In Verbindung mit der Einzigkeit und der Universalität der Heilsmittlerschaft Jesu Christi müsse die Einzigkeit der von ihm gestifteten Kirche als Wahrheit des katholischen Glaubens fest geglaubt werden, insistiert die Glaubenskongregation.[324] Sie begründet den Exklusivitätsanspruch der katholischen Kirche ausgerechnet damit, dass in ihr allein die »Kirche Jesu Christi« verwirklicht sei. Jesus von Nazareth und seine zutiefst inklusive Botschaft wird dazu benutzt, um die eigene Exklusivität zu begründen.
Die Glaubenskongregation widerspricht ausdrücklich denjenigen, die aus der Kirchenkonstitution des Zweiten Vatikanischen Konzils »die Meinung ableiten, dass die einzige Kirche Christi auch in anderen christlichen Kirchen verwirklicht sein könnte«[325] und bekräftigt dies durch ein Zitat aus einer eigenen »Notifikation«, mit der sie schon im Jahr 1985 den Befreiungstheologen Leonardo Boff gemaßregelt hatte. Demnach bestehe »nur eine einzige ›Subsistenz‹ der wahren Kirche [...], während es außerhalb ihres sichtbaren Gefüges lediglich ›Elemente des Kircheseins‹ [gebe]«[326]. Den evangelischen Kirchen wird damit der Status als Kirche abgesprochen. Sie gelten nur als »kirchliche Gemeinschaften«, aber nicht als »Kirchen im eigentlichen Sinn«[327]. Wenn dann auch noch gönnerhaft zugestanden wird, dass diese, »trotz der Mängel, die ihnen nach unserem Glauben anhaften, nicht ohne Bedeutung und Gewicht im Geheimnis des Heiles [seien]«[328], ist dies Ausdruck kaum noch zu überbietender Überheblichkeit und verletzen-

der katholischer Selbstherrlichkeit. Eine derartige Brüskierung anderer christlicher Kirchen, die sich – anders als die römisch-katholische Kirche – über Konfessionsgrenzen hinweg schon seit vielen Jahrzehnten um ökumenische Verständigung bemühen, hatten zu Beginn des 21. Jahrhunderts auch romskeptische Menschen nicht mehr für möglich gehalten.

Dieses sich gegen jede Infragestellung systematisch verbarrikadierende Kirchenverständnis traf auch innerkatholisch auf heftigen Widerspruch. Weil diese Kritik auch in den folgenden Jahren nicht abriss, sah sich der Vatikan, dem mittlerweile Papst Benedikt XVI. vorstand, im Jahr 2007 veranlasst, sich dieses Themas ein weiteres Mal anzunehmen, ohne auch nur im Geringsten von seiner hinlänglich bekannten Position abzurücken. »Unter Voraussetzung der gesamten katholischen Lehre über die Kirche« wollte die Glaubenskongregation »die authentische Bedeutung einiger ekklesiologischer Ausdrücke des Lehramts [klären], die in der theologischen Diskussion in Gefahr sind, missverstanden zu werden«[329]. Dies geschah schulmeisterlich, wie aus den alten Katechismen bekannt, in Frage und Antwort, wobei ausgiebig und selektiv aus früheren lehramtlichen Dokumenten zitiert wurde:

> »**Frage**: Wie muss die Aussage verstanden werden, gemäß der die Kirche Christi in der katholischen Kirche subsistiert?
> **Antwort**: Christus hat eine einzige Kirche ›hier auf Erden ... verfasst‹ und sie als ›sichtbare Versammlung und geistliche Gemeinschaft‹ gestiftet, die seit ihrem Anfang und durch die Geschichte immer da ist und immer da sein wird und in der allein alle von Christus eingesetzten Elemente jetzt und in Zukunft erhalten bleiben. ›Diese ist die einzige Kirche Christi, die wir im Glaubensbekenntnis als die eine, heilige, katholische und apostolische bekennen [...]. Diese Kirche, in dieser Welt als Gesellschaft verfasst und geordnet, subsistiert in der katholischen Kirche, die vom Nachfolger des Petrus und von den Bischöfen in Gemeinschaft mit ihm geleitet wird‹.«[330]

Um auch noch jedes denkbare Missverständnis auszuräumen, wie dies gemeint sein könnte, wird anschließend erläutert, dass das Wort »subsistiert« die »vollständige Identität der Kirche Christi mit der katholischen Kirche besag[e]«[331].

Selbst Kardinal Karl Lehmann, damals Vorsitzender der katholischen Deutschen Bischofskonferenz, ging dies zu weit, so dass er sich zu einem öffentlichen Statement genötigt sah. Dabei stellte freilich auch er den »Anspruch der katholischen Kirche auf substantielle Identität zwischen der Kirche Jesu Christi und ihr« nicht in Frage, widersprach aber der römischen Glaubenskongregation immerhin insoweit, als er feststellte, dass die katholische Kirche im Hinblick auf die Kirche Jesu Christi »kein exklusives, absolutes Identitätsmodell [vertrete]«. Anders als der Papst sah Lehmann »grundlegend Raum, die anderen Kirchen nicht nur moralisch, sondern theologisch als Kirchen zu achten«[332].

Aber auch diese sehr sparsame und vorsichtige Kritik zeitigte keine römische Reaktion. Die kritisierten Textpassagen wurden nicht zurückgenommen und schrieben sich bislang unkorrigiert in die lange Geschichte katholischen Überlegenheitsgehabes ein.

Die ideologische Fiktion meiner Kirche, identisch mit der im Glaubensbekenntnis genannten Kirche Jesu Christi zu sein, ist der Grund, warum sie bislang grundsätzlich nicht bereit ist, eigene Schuld und eigenes Versagen anzuerkennen und zu bekennen. Schuld sind demnach immer nur einzelne Christ*innen, schuldig wird aber nie die katholische Kirche selbst. Alle Schuldzuweisungen prallen an ihrem anmaßenden Selbstverständnis ab. Doch mit der Weigerung eigene Fehler einzugestehen, vergibt meine Kirche auch die Chance, aus diesen Fehlern und aus diesem Versagen zu lernen, die eigene Identität zu hinterfragen und zu revidieren. Das exklusivistische römisch-katholische Kirchenverständnis steht für ein Christentum, das aufgrund seiner desaströsen Folgen jede Legitimität verloren hat.

5.3 *Bibel, Sklaverei und Kirche*

Sklaverei in biblischer Zeit

Die Bibel ist zu Zeiten entstanden, als Sklaverei eine gesellschaftliche Realität und Selbstverständlichkeit war. Die unterschiedlichen Formen von Sklaverei, zum Beispiel als Schuldsklaverei aufgrund von Überschuldung oder durch Gefangennahme bei Kriegen, wurden in der Antike und auch im alten Israel nicht grundsätzlich hinterfragt. Wohl aber werden extreme Formen von Sklaverei insbesondere in prophetischen Texten kritisiert (u. a. Am 2,6; 8,6; Jes 10,1f) und in Gesetzestexten werden auch

Rechte zum Schutz von versklavten Menschen genannt (u. a. Ex 20,10; 21,2–11).[333]

Im Neuen Testament wird »Sklave sein« auch metaphorisch und in positivem Sinn verwendet, um die vollständige Hingabe eines Menschen auszudrücken. So heißt es im Philipperhymnus, Christus Jesus sei »wie ein Sklave und den Menschen gleich« (Phil 2,7) geworden. Paulus wiederum nennt sich selbst wiederholt »Sklave Christi« (Röm 1,1; Gal 1,10; Phil 1,1). Wer unter seinen Jüngern der Erste sein wolle, sagt Jesus im Markusevangelium, der solle »der Sklave aller« (Mk 10,44) sein. »Die positive Konnotierung des Metaphernfeldes ›Sklaverei‹ im Blick auf Jesus Christus«, so die Neutestamentlerin Hanna Roose, »konnten freie Christen und Christinnen dahingehend funktionalisieren, dass die Untergebenheit der (christlichen) Sklavinnen und Sklaven auch christologisch festgeschrieben wurde.«[334] Das lässt sich auch schärfer formulieren: Diejenigen, die von Sklaverei profitierten, verharmlosten diese als eine Form von möglicher Christusnachfolge. Wer versklavt wurde, sollte nicht dagegen revoltieren, sondern dies als gottgegebenes Schicksal hinnehmen. Die gesellschaftskritische Spitze biblischer Hoffnung wurde damit gebrochen. Die Verwirklichung christlicher Existenz wurde reduziert auf eine Angelegenheit innerlicher Einstellung zu den gegebenen Umständen.

In die Jesusnachfolgegemeinden wurden auch versklavte Menschen aufgenommen. Zwar schreibt Paulus im Galaterbrief, aufgrund der Taufe gebe es »nicht mehr Juden und Griechen, nicht Sklaven und Freie, nicht männlich und weiblich; denn ihr alle seid einer in Christus Jesus« (Gal 3,28), doch auch dies führte nicht zur grundsätzlichen Infragestellung der Sklaverei. Im Gegenteil: »Alle, die das Joch der Sklaverei zu tragen haben«, ermahnt der Verfasser des ersten Timotheusbriefes, »sollen ihren Herren alle Ehre erweisen, damit der Name Gottes und die Lehre nicht in Verruf kommen« (1 Tim 6,1).

Rassistische Rechtfertigung von Sklaverei ist unbiblisch

Nach der biblischen Darstellung zu Beginn des Buches Genesis wurde der Mensch als »Bild Gottes« (Gen 1,26f) geschaffen. Adam und Eva werden als Stammeltern der gesamten Menschheit eingeführt. Eine auf »Rassen« basierende Unterscheidung der Menschen ist der Bibel fremd. Obwohl die Bibel wie gesehen Versklavung kennt, bietet sie keinen Anhalt, um diese rassistisch zu begründen. Doch wurde vor allem zu Hochzeiten des transatlantischen Sklavenhandels versucht, die Versklavung insbesondere der afrikanischen Bevölkerung biblisch zu legitimieren. Zu den Bibeltexten, die diesbezüglich eine gewichtige Rolle spielten, zählt die Perikope von Noachs Fluch und Segen:[335]

> »Die Söhne Noachs, die aus der Arche gekommen waren, sind Sem, Ham und Jafet. Ham ist der Vater Kanaans. Diese drei sind die Söhne Noachs; von ihnen aus verzweigten sich alle Völker der Erde. Noach, ein Ackerbauer, war der Erste, der einen Weinberg pflanzte. Er trank von dem Wein, wurde davon betrunken und entblößte sich drinnen in seinem Zelt. Ham, der Vater Kanaans, sah die Blöße seines Vaters und erzählte davon draußen seinen beiden Brüdern. Da nahmen Sem und Jafet einen Überwurf; den legten sich beide auf die Schultern, gingen rückwärts und bedeckten die Blöße ihres Vaters. Sie hatten ihr Gesicht abgewandt, sodass sie die Blöße ihres Vaters nicht sahen. Als Noach aus seinem Weinrausch erwachte und erfuhr, was ihm sein jüngster Sohn angetan hatte, sagte er: Verflucht sei Kanaan. Sklave der Sklaven sei er seinen Brüdern! Und weiter sagte er: Gepriesen sei JHWH, der Gott Sems, Kanaan aber werde sein Sklave. Raum schaffe Gott für Jafet. In Sems Zelten wohne er, Kanaan aber werde sein Sklave.« (Gen 9,18–27)

Wird hier ein Volk verflucht und für alle Zeiten zur Sklaverei verdammt? Schon die Übersetzung des entsprechenden hebräischen Wortes עֶבֶד (‘ævæd) ist fraglich. Die Einheitsübersetzung (2016) übersetzt mit »Sklave«, die Lutherbibel (2017) demgegenüber abgeschwächt mit »Knecht«, die Zürcher Bibel noch gemäßigter mit »Diener«. Festzuhalten ist aber vor allem, was in dieser Textstelle alles nicht ausgedrückt ist: Nicht Ham wird verflucht, sondern Kanaan; zwar heißt es, dass sich von den Söhnen Noachs alle Völker verzweigen, doch es werden den drei Brüdern keine bestimmten Völker zugeordnet; und von unterschiedlichen Rassen oder Hautfarben ist hier schon gar nicht die Rede. Umso bemerkenswerter ist, dass all dies in diesen Text im Verlauf seiner »rassifizierenden Rezeption«[336] hineingedeutet wurde.

Die einzelnen Stationen der komplexen Rezeptionsgeschichte von Gen 9,18–27 lassen sich heute nicht mehr mit Sicherheit rekonstruieren.[337] Fest steht, dass die Söhne Noachs schon früh mit bestimmten, aber keineswegs immer denselben Menschengruppen identifiziert wurden.

Augustinus setzte die von Noach verfluchten Nachkommen Hams mit Häretikern gleich, der Jesuit Cornelius a Lapide im 17. Jahrhundert nicht nur mit Häretikern, sondern nun auch mit Juden.[338] Im 18. Jahrhundert wurde dann die Vorstellung populär, die von Noach gesegneten Söhne Sam und Japhet seien die Stammväter Europas und Asiens, wohingegen Ham, der nun selbst als verflucht galt, der Stammvater Afrikas sei. Dessen Nachkommen seien wegen der Sünde ihres Ahnherrn nicht nur zur Sklaverei verdammt, sondern auch »Schwarze« geworden – wobei ganz selbstverständlich vorausgesetzt wurde, dass nicht nur das erste Menschenpaar, sondern auch die Söhne Noachs allesamt »Weiße« gewesen seien. Derart wurde Anti-Schwarzer Rassismus in die Bibel hineingelesen und zugleich die im 18. und 19. Jahrhundert gängige Versklavungspraxis vermeintlich biblisch legitimiert.

Papst Nikolaus V. ermächtigt zur immerwährenden Versklavung Ungetaufter

Sklaverei und Sklavenhandel waren nicht nur antike Phänomene, die dann erst im Zuge der europäischen Expansion ab dem 16. Jahrhundert wieder aufgelebt wären.[339] Die auch in der Wissenschaft des 20. Jahrhunderts noch geläufige Vorstellung, dass die Sklaverei mit dem Untergang des römischen Reiches dank christlicher Moralvorstellungen verschwunden sei, trifft nicht zu. Die Formen der Sklaverei wandelten sich zwar, aber es besteht eine Kontinuität von der antiken Sklaverei über die Sklaverei im Mittelalter und in der Neuzeit bis ins 19. Jahrhundert – und darüber hinaus bis zur Gegenwart. Christentum, Islam und Judentum sind in diese Geschichte der Sklaverei verstrickt, wenngleich sie darin eine unterschiedliche Rolle spielten und innerhalb aller drei Religionen Sklaverei unterschiedlich und oft auch kontrovers diskutiert wurde. Doch auch in diesem Kontext kursieren bis in die Gegenwart offensichtlich gezielt antijüdische Darstellungen bezüglich der Rolle des Judentums, indem etwa tatsachenwidrig behauptet wird, jüdische Sklavenhändler hätten im transatlantischen Sklavenhandel eine dominierende Rolle gespielt.[340]

Die Historikerin und Theologin Nicole Priesching beschreibt das Verhältnis zwischen christlichen und muslimischen an der Sklaverei Beteiligten als reziprokes Verhältnis:

> »[A]uf beiden Seiten gab es Sklavenhalter und Sklaven. Diesem Befund diametral gegenüber steht die zeitgenössische europäi-

sche Wahrnehmung der Sklaverei in der Frühen Neuzeit bzw. der zeitgenössischen Propaganda. Hier erscheint der Muslim einseitig als barbarischer Sklavenhalter und der Christ einseitig als unter diesem leidenden Sklaven.«[341]

Es entwickelte sich die Praxis, in der Regel nur die »Ungläubigen«, das heißt die Angehörigen der jeweils anderen Religionen zu versklaven. Entsprechend verurteilten auch päpstliche Stellungnahmen bis ins 19. Jahrhundert hinein nur die Versklavung von Getauften. Papst Nikolaus V. erlaubte hingegen in der Bulle »Romanus pontifex« im Jahr 1455 den portugiesischen Königen ausdrücklich die Unterwerfung, Versklavung und Ausbeutung der Sarazenen, Heiden und »der übrigen Feinde Christi«:

»Seit langem haben wir [...] König Alfons mit unseren [früheren] Schreiben unter anderem die umfassende und unbeschränkte Befugnis eingeräumt, die Sarazenen und Heiden und die übrigen Feinde Christi, wo auch immer sie sich aufhalten, anzugreifen, aufzuspüren, zu bezwingen, niederzukämpfen und zu unterwerfen, und die Königreiche, Herzogtümer, Fürstentümer, Herrschaften, Besitzungen, die beweglichen und unbeweglichen Güter, welche auch immer sie innehaben und besitzen, [anzugreifen und sich zu unterwerfen] und die Bewohner [jener Länder] in immerwährende Sklaverei zu führen und die Königreiche, Herzogtümer, Grafschaften, Fürstentümer, Herrschaften, Besitzungen und Güter dem eigenen [Besitz] und dem der Nachfolger hinzuzufügen, sie sich anzueignen und sie zu Gebrauch und Nutzen für sich selbst und seine Nachfolger zu verwenden.«[342]

Die weiteren Bestimmungen dieses »auf ewig gültigen Erlaß[es]«[343] sprechen König Alfons und seinen Nachfolgern exklusive Rechte zu, um seine Eroberungen auch gegenüber anderen europäischen Konkurrenten abzusichern, und belegen alle Zuwiderhandelnden schon durch den Verstoß selbst (das heißt, auch wenn dieser nicht aufgedeckt würde) mit Exkommunikation. Wer sich dennoch eine Zuwiderhandlung anmaße, solle »wissen, daß er bei dem Allmächtigen und den seligen Aposteln Petrus und Paulus in Ungnade fallen [werde].«[344] Der Papst betont, dass seine Urkunde unanfechtbar sei und »immerdar Geltung und volle Bestandskraft behalten soll«[345]. Null und nichtig sei auch, was jemand auf andere Weise mit welcher Befugnis auch immer wissentlich oder unwissentlich dagegen unternehme.

Späte und zögerliche Verurteilung der Sklaverei

Die Bulle »Romanus pontifex« wurde von Rom nie ausdrücklich widerrufen oder zurückgenommen. Selbst die Verurteilung des transatlantischen Sklavenhandels durch Papst Gregor XVI. im Jahr 1839 war noch so vage formuliert, dass danach offen blieb und noch lange umstritten war, ob der Papst damit nur den Sklavenhandel oder auch die Sklaverei an sich verurteilt hatte – falls Letzteres der Fall gewesen sein sollte, wäre es jedenfalls das erste entsprechende päpstliche Dokument gewesen.[346] Zuvor waren Päpste selbst an der Versklavung von Menschen beteiligt, beispielsweise indem sie den Einkauf von Sklaven für die päpstliche Galeerenflotte in Auftrag gaben.[347] Alte und kranke, für den Galeerendienst untaugliche Sklaven konnten sich zwar freikaufen und selbst einen Preis dafür vorschlagen, doch Innozenz XI. – Papst von 1676 bis 1689 – forderte dafür stets eine deutlich höhere Summe und dürfte damit deren Galeerendienste noch einmal verlängert haben.[348]

Die menschenverachtende Praxis des Sklavenhandels und der Sklaverei wurde von den Päpsten lange Zeit gerechtfertigt und selbst praktiziert. Zu Recht vermisst der katholische Missionswissenschaftler Mariano Delgado in der deutschsprachigen Theologie bis heute eine gründliche, wissenschaftliche Aufarbeitung der Mitverantwortung des Papsttums am transatlantischen Sklavenhandel.[349] Päpstliche Kritik am Sklavenhandel wurde erst formuliert, als dank Vorkämpfern wie dem evangelikalen Protestanten William Wilberforce (1759–1833) Sklavenhandel im britischen Empire gesetzlich verboten worden war.

5.4 Mission, Kolonisation und Rassismus

Aussendung der Jünger durch Jesus

Markus-, Lukas- und Matthäusevangelium erzählen (vgl. Mk 6,6b–13; Lk 10,2–16; Mt 10,7–16), Jesus habe Jünger (und möglicherweise auch deren Ehefrauen) ausgesandt, damit sie ganz Israel sammeln und das nahe gekommene Reich Gottes verkünden. Sie seien dabei von Jesus mit der Vollmacht ausgestattet worden, Kranke zu heilen und Dämonen auszutreiben, um so wie Jesus selbst die rettende und heilende Gottesmacht schon erfahrbar zu machen. Dabei waren die Jünger noch nicht einmal mit dem zum Überleben Nötigsten ausgestattet:

> »Geht! Siehe, ich sende euch wie Schafe mitten unter die Wölfe. Nehmt keinen Geldbeutel mit, keine Vorratstasche und keine Schuhe! Grüßt niemanden auf dem Weg! Wenn ihr in ein Haus kommt, so sagt als Erstes: Friede diesem Haus! Und wenn dort ein Sohn des Friedens wohnt, wird euer Friede auf ihm ruhen; andernfalls wird er zu euch zurückkehren.« (Lk 10,3–6)

Die Jünger signalisierten dadurch ein »deutlich nicht aggressives Auftreten« [350]. Sie trugen wohl nicht einmal einen Stock zur Selbstverteidigung bei sich und waren so ganz auf das Wohlwollen ihrer Mitmenschen angewiesen. Während sich die Aussendung der Jünger noch auf die Sammlung Israels bezog, erweiterte sich dieser Bereich durch die paulinische »Völkermission« auf Teile Kleinasiens und Griechenlands und wurde noch in neutestamentlicher Zeit zu einem Projekt mit ausdrücklich globalem Anspruch. Das Matthäusevangelium endet mit der Aufforderung:

> »[...] geht und macht alle Völker zu meinen Jüngern; tauft sie auf den Namen des Vaters und des Sohnes und des Heiligen Geistes und lehrt sie, alles zu befolgen, was ich euch geboten habe« (Mt 28,19f).

Diese Verse, die die neutestamentliche Exegese nicht als authentische Worte Jesu, sondern als nachösterliche Gemeindebildung einstuft, lassen einen weiten Spielraum, wie diese Aufforderung zu verstehen ist.[351] Das belegen schon der bis heute dafür gebräuchliche Begriff »Missionsbefehl« und seine unterschiedlichen Übersetzungen. War früher von »Heiden« als Adressaten der Mission die Rede, so wird heute korrekt mit »Völker« übersetzt; hieß es in der Lutherbibel bis 2017 (wie heute noch in der katholischen Einheitsübersetzung) »machet zu Jüngern alle Völker«, so lautet die entsprechende Stelle seit der letzten Revision deutlich zurückhaltender »lehret alle Völker«. Dass Mission aber auch nicht nur werbend und lehrend, sondern auch offen drohend verstanden werden konnte, belegt ein Vers am Ende des Markusevangeliums, der freilich erst im zweiten Jahrhundert diesem Evangelium hinzugefügt und Jesus in den Mund gelegt wurde:

> »Geht hinaus in die ganze Welt und verkündet das Evangelium der ganzen Schöpfung! Wer glaubt und sich taufen lässt, wird gerettet; wer aber nicht glaubt, wird verurteilt werden« (Mk 16,15).

Anstelle von »verurteilt« übersetzte die Einheitsübersetzung bis zur letzten Revision 2016 noch mit »verdammt« (wie auch heute noch die Lutherübersetzung). In dem Ringen um eine angemessene Wiedergabe dieser neutestamentlichen Texte spiegeln sich heutige Versuche, ein neues Verständnis von Mission zu formulieren. Dies ist auch eine Reaktion auf die verheerende Wirkungsgeschichte des »Missionsbefehls«. Schon Augustinus rechtfertigte mit Bezug auf eine Stelle im Lukasevangelium (Lk 14,23) auch Gewalt, um Menschen, die er der Irrlehre bezichtigte, für die Kirche zurückzugewinnen: »Cogite intrare«, das heißt, zwingt sie einzutreten! Zwangsbekehrungen schienen damit legitimiert. Der Missionsgedanke hatte seine Unschuld verloren.

Schwertmission nach der Konstantinischen Wende

Augustinus' Äußerungen fallen in die Zeit nach der »Konstantinischen Wende«. Diese bedeutete auch eine einschneidende Wende für die christliche Mission, die nun unter dem *Schutz des Staates* stand. Gleichzeitig damit trat die Kirche in den *Dienst des Staates* ein. Der Historiker Horst Gründer erkennt in seiner umfassenden Studie »Welteroberung und Christentum« darin eine folgenreiche Veränderung:

> »Die Interessen von Staat und Kirche beginnen sich zu verflechten, da Missionierung die Ausdehnung der staatlichen Herrschaftssphäre versprach und der Kirche der weltliche Arm zur Verbreitung der Religion nützlich schien. [...] Der ›helfende‹ Gott der Zeit der apostolischen Mission wird zum ›zürnenden‹ Gott der Schwertmission, d. h. der Glaube wird gegebenenfalls mit Gewalt aufgezwungen und die Mission wird zu einem Instrument der Ausbreitung des christlich gewordenen Staates. Die Alternative lautet: Bekehrung oder Vernichtung.«[352]

Kirchliche Mission und staatliche Expansion gingen Hand in Hand miteinander her, sie ermöglichten und förderten sich nunmehr gegenseitig.

Während die frühkirchliche Einzeltaufe mit einem zwei- bis dreijährigen vorbereitenden Katechumenat verbunden war, in dem mit dem christlichen Glauben vertraut gemacht wurde, entsprangen die jetzt erfolgenden Massenbekehrungen nicht mehr innerer Überzeugung, sondern bedeuteten einen »staatspolitischen Akt der Unterwerfung«[353]. Bei der Mission bzw. der imperialen Expansion unter den fränkischen Hausmeiern ab dem sechsten Jahrhundert fielen »Friedensschluß, Annahme des Christentums und Anerkennung der fränkischen Herrschaft [...] im Taufakt zusammen«[354].

Der weitere Verlauf christlicher Mission ist ein höchst komplexes Geschehen, das von Epoche zu Epoche, von Region zu Region und je nachdem, vom wem bzw. von welcher Institution die Mission getragen und verantwortet wurde, differenziert betrachtet werden muss. Die kritische Aufarbeitung der christlichen Missionsgeschichte wurde von der Geschichtswissenschaft erst gegen Ende des 20. Jahrhunderts vorangetrieben, allerdings ohne dass bislang die entsprechenden Erkenntnisse in kirchlichen Verlautbarungen einen angemessenen Niederschlag gefunden hätten. Universitäre Symposien, akademische Veranstaltungen und wissenschaftliche Studien widmeten sich aber in den vergangenen Jahren zunehmend der dichten Verflechtung von christlicher Mission und europäischer Expansion in Amerika, Asien und Afrika.[355]

Europäische Expansion in Amerika im Zeichen des »erobernden Gottes«

Im 16. Jahrhundert begann mit der »Entdeckung« und Eroberung Amerikas durch die spanischen Konquistadoren eine neue Phase christlicher Mission. Für den in Brasilien lebenden katholischen Theologen Paulo Suess stand in seiner Zwischenbilanz zur 500-jährigen Präsenz des Christentums in Lateinamerika »das Gewaltpotential des Christentums als solche[s]« zur Debatte. Obwohl die Zerstörung von Leben und die Kolonisierung von Völkern im Evangelium keine Argumente fänden, seien es Christen gewesen, die im Namen des Evangeliums jüdische Synagogen zerstörten, heidnische Tempel niederbrannten und Häretiker an den Galgen brachten. Seit Konstantin, so Suess weiter, »bildete das Anathema der ›unchristlichen Anderen‹ gleichsam die Oberstimme zu den Seligpreisungen der ›christlichen Gleichen‹«[356].

Missionswille und Kreuzzugsgedanke seien zwar nicht die Hauptantriebskräfte der spanischen »Conquista« gewesen, urteilt Horst Gründer, aber »sie gehörten zu ihren wesentlichen konstitutiven, legitimatorischen und instrumentalen Momenten«[357]. Schon bei der spanischen Reconquista hatte die Zwangsbekehrung der jüdischen und maurischen Bevölkerung die Funktion, die religiöse Einheit aller Untertanen zu erzwingen. Auch in den in Amerika eroberten Gebieten sollte nun durch die Bekehrung der einheimischen Bevölkerung die Glaubenseinheit der Neuen Welt und die religiöse Homogenität der Unterworfenen gesichert werden:

> »Die Kirche hatte in diesem politisch-kulturellen Transformationsprozeß die zentrale Aufgabe der Umerziehung und Domestikation der indigenen Völker zu übernehmen – eine Rolle, die ihr nicht nur der Staat zugedacht hatte, sondern die sie auch ihrem eigenen Selbstverständnis nach ohne Widerspruch und ernsthafte Bedenken übernahm.«[358]

Die Eroberung Lateinamerikas, der Völkermord an der indigenen Bevölkerung und die gnadenlose Ausbeutung der Überlebenden rechtfertigte sich durch die damit einhergehende Ausbreitung des Christentums. Davon zeugt auch das »Requerimiento« (Anordnung, Mahnung), das ab dem Jahr 1526 den Indigenen vor ihrer Unterwerfung verkündet werden musste.[359] Erst informierte dieses Dokument kurz über den christlichen Glauben und die Autorität des Papstes, der den spanischen Königen alle Westindischen Gebiete übereignet habe. Dann folgte die Aufforderung, Papst und König anzuerkennen sowie sich im christlichen Glauben unterweisen zu lassen. Sollten die bedrohten Indigenen dem Folge leisten, so werde man sie »in diesem Falle nicht zwingen, Christen zu werden«, anderenfalls jedoch

> »werde ich, das versichern wir euch, mit Gottes Hilfe gewaltsam gegen euch vorgehen, euch überall und auf alle nur mögliche Art mit Krieg überziehen, euch unter das Joch und unter den Gehorsam der Kirche und Ihrer Hoheiten beugen, eure Frauen und Kinder zu Sklaven machen, sie verkaufen und über sie nach dem Be-

fehl Ihrer Hoheiten verfügen. Wir werden euch euer Eigentum nehmen, euch schädigen und euch Übles antun, soviel wir nur können, und euch als Vasallen behandeln, die ihrem Herrn nicht gehorsam und ergeben, sondern widerspenstig und aufsässig sind. Wir bezeugen feierlich, daß das Blutvergießen und die Schäden, die daraus erwachsen, allein euch zur Last fallen, nicht Ihren Hoheiten, nicht mir und nicht diesen Rittern, die mit mir gekommen sind.«[360]

Diese ultimative Kriegserklärung[361] konnte von der indigenen Bevölkerung schon allein aufgrund der ihr fremden spanischen Sprache nicht verstanden werden, sofern sie die Verlesung überhaupt hören konnten – denn der Dominikanermönch Bartolomé de Las Casas (1474–1566) berichtete, die Spanier hätten sich bei ihren Raubzügen in großer Stille und mit äußerster Vorsicht ihrem Ziel genähert, damit sie nicht gehört würden, und dieses Dokument den Bäumen verlesen. Sehr wohl gehört wurden diese Drohungen aber von den umstehenden Soldaten, die sich dadurch schon auf das nun bevorstehende Massaker einstimmen und vorab ihr christliches Gewissen beruhigen konnten. Ihre grausamen Misshandlungen, so berichtet der Franziskaner Diego de Landa, rechtfertigten sie mit ihrer zahlenmäßigen Unterlegenheit:

»[W]eil sie wenige wären, könnten sie so viele Menschen nicht unterwerfen, ohne sie mit schrecklichen Strafen einzuschüchtern, und als Beispiel führten sie die alte Geschichte vom Zug der Hebräer ins Gelobte Land an, (bei dem) auf Gottes Geheiß große Grausamkeiten (begangen wurden).«[362]

Der eben erwähnte Bartolomé de Las Casas war es auch, der über die Gräueltaten der Konquistadoren detaillierte Berichte anfertigte.[363] Scharf kritisierte Las Casas eine »Theologie des erobernden Gottes«, welche »Theologie als providentialistische Rechtfertigungsideologie der auf Kosten der Schwächeren Durchgekommenen«[364] verstand. Las Casas zählte damit zu den ganz wenigen Theologen seiner Zeit, die dem Christentum »seinen ureigenen Charakter als […] ›Religion der Unterdrückten‹, der Mühseligen und Beladenen zurück[gaben]«[365]. Doch Las Casas blieb lange Zeit ohne Nachfolger. Ungeachtet seines leidenschaftlichen Plädoyers

»stand die *gesamte* koloniale Expansion Europas im Zeichen des ›erobernden Gottes‹ und des abendländischen Zivilisationspathos«[366], wie der katholische Theologe Mariano Delgado zusammenfassend feststellt.

Mission in Afrika als konstitutiver Bestandteil der Kolonisation

Anders als Lateinamerika kam Afrika nicht erst im Zusammenhang der europäischen Expansion mit der Jesusbewegung bzw. mit dem Christentum in Berührung. Die Apostelgeschichte erzählt, dass »ein Äthiopier, ein Kämmerer, Hofbeamter der Kandake, der Königin der Äthiopier« (Apg 8,27) unterwegs nach Jerusalem um seine Taufe gebeten habe, nachdem ihm vom Apostel Philippus das Evangelium von Jesus verkündet worden sei. In Ägypten entstanden im vierten Jahrhundert frühe Formen des christlichen Mönchtums. Schon im dritten Jahrhundert war das Christentum im von Rom besetzten Nordafrika weit verbreitet. Von dort stammen bedeutende christliche Theologen: Der Kirchenschriftsteller Tertullian wurde um die Mitte des zweiten Jahrhunderts in Karthago geboren, der Kirchenvater Augustinus im Jahr 354 in Tagaste. Vom dritten bis zum fünften Jahrhundert wurden in Karthago eine Reihe von Synoden abgehalten, bei denen afrikanische Bischöfe zahlreich vertreten waren. Als sich der Islam in Nordafrika ausbreitete, blieb dennoch die äthiopische Kirche bestehen, sie verlor aber weitgehend den Kontakt zum europäischen Christentum. Noch beim Konzil von Florenz im Jahr 1439 waren aber afrikanische Abgesandte vertreten. Das heißt, es gibt eine lange Geschichte des Christentums im nordöstlichen Afrika schon Jahrhunderte vor der europäischen Expansion in Afrika.[367]

Bis in die Mitte des 19. Jahrhunderts waren in Europa die küstenfernen Regionen Afrikas kaum bekannt. Erst ab der Mitte dieses Jahrhunderts wurde das Innere Afrikas zum Ziel ausgedehnter Forschungs- und Entdeckungsexpeditionen. Es folgte ungefähr ab dem Jahr 1880 das »Scramble for Africa«, der »Wettlauf um Afrika«, bei dem vor allem England, Frankreich, Deutschland, Italien und Belgien miteinander wetteiferten, Afrika zu kolonialisieren. Zu Beginn des 20. Jahrhunderts war Afrika fast vollständig unter den europäischen Imperialmächten aufgeteilt.

Ohne auf die Einzelheiten dieses höchst vielschichtigen Prozesses näher einzugehen, kann hier nur zusammenfassend die Rolle der Mission im Rahmen der Kolonisation Afrikas skizziert werden. Selbstverständlich ist dabei der missionarische Eifer der europäischen Missionsgesellschaften von den vor allem machtpolitisch und ökonomisch motivierten Aktivitäten der staatlichen Invasionen zu unterscheiden. Beide Vorgänge waren jedoch untrennbar miteinander verbunden. Vielfach bereiteten Missionare durch ihr Vordringen in für die europäischen Eindringlinge bislang noch unerschlossene Gebiete der nachfolgenden Kolonialeroberung den Weg:

> »Die Kolonialpioniere kamen oft ohne die Missionare gar nicht aus, denen sie nicht selten sogar ihr Leben verdankten. Während der militärischen Eroberung sorgten diese für Informationen, übernahmen Führerdienste, dienten als Unterhändler, gaben Unterkunft und Verpflegung und stellten ihre Stationen als Anlauf- und Stützpunkte zur Verfügung.«[368]

Auch aus Sicht der kolonialisierten Völker, so Horst Gründer, sei das missionarische Vordringen und der koloniale Vorstoß des Westens als eine zeitliche und inhaltliche Einheit erschienen.[369] Gründer zitiert als treffende Beschreibung Worte des letzten souveränen Königs der Zulu, Cetshwayo, aus den 1870-er Jahren: »First a missionary, then a consul and then come[s] army«. Die entsprechende Wahrnehmung gibt im Jahr 1905 Himarua, König der Kavango in Südwestafrika, wieder, als ein deutscher Pater ihn ersucht, sich in seinem Gebiet niederlassen zu dürfen:

> »Wenn einmal die Missionare hier sind, dann kommen bald andere Deutsche, sind diese aber mal hier, dann kommen auch bald die deutschen Soldaten, und dann werde ich meine Herrschaft verlieren.«

Die Haltung der Missionare war dabei von einem kulturellen Überlegenheitsgefühl geprägt, das mit der festen Überzeugung von der Inferiorität indigener Religionen einherging:

> »Ausgehend von der dogmatischen Vorstellung, daß die christlich-europäischen Werte als Norm für die gesamte Menschheit zu dienen hätten, übertrug der Missionar dabei unbedenklich seinen eigenen leistungsethischen Wertkanon auf die außereuropäische Welt [...].«[370]

Gründer kommt bei der Untersuchung der historischen Zusammenhänge zwischen europäischer Machtausweitung und religiös-kultureller Ausbreitung des Christentums zu dem Ergebnis, dass »die Mission – trotz aller Einschränkungen im einzelnen – ein *konstitutiver Bestandteil des westlichen Kolonialexpansionismus* gewesen [sei].«[371] Christliche Mission, durchgeführt im Bewusstsein der Exklusivität christlichen Glaubens, ist damit mitverantwortlich für diesen Expansionismus und seine verheerenden Folgen.

Katholische europäische Imperialisten in Ostafrika

Die geschichts- und kulturwissenschaftliche Forschung hat sich in den vergangenen Jahrzehnten in neuen postkolonialen Perspektiven mit Mission und kolonialen Verhältnissen im Allgemeinen befasst. Fast nie seien dabei allerdings katholische Missionsaktivisten in den Blick genommen worden, stellt der Göttinger Historiker Richard Hölzl fest. In seiner im Jahr 2021 publizierten Habilitationsschrift mit dem Titel »Gläubige Imperialisten« untersucht er darum die spezifisch *katholische* Mission in Ostafrika. Das sogenannte »Deutsch-Ostafrika« war von 1885 bis 1918 deutsche Kolonie und umfasste das Gebiet der heutigen Länder Tansania (ohne Sansibar), Burundi und Ruanda sowie einen kleinen Teil des heutigen Mosambik. Diese Kolonie bewohnten mehr als 7 Millionen Menschen und sie war fast doppelt so groß wie das damalige Deutsche Reich. Auch Richard Hölzl schließt sich dem Urteil Horst Gründers an, dass christliche Mission Teil der kolonialen Eroberung war und half, Kolonialismus an maßgeblichen Wendepunkten zu begründen und auszugestalten:

> »Der deutsche und europäische Kolonialismus [...] war nicht nur ökonomisch und machtpolitisch begründet. Er war zu einem guten Teil ein religiöser Kolonialismus.«[372]

Der Katholizismus sei dabei keineswegs an der Peripherie des europäischen Kolonialismus gestanden:

> »Katholische Mission begründete den deutschen Kolonialismus mit und stabilisierte ihn in entscheidenden Phasen [...].«[373]

Dabei macht Hölzl einen bemerkenswerten Wandel der Zielsetzung katholischer Missionsbemühungen aus. Sei es um das Jahr 1830 primär noch darum gegangen, vermeintlich heidnische Seelen vor der ewigen Verdammnis zu retten, so sei zum Ende dieses Jahrhunderts sukzessive eine »christliche Zivilisierungsmission« ins Zentrum gerückt.[374] Dieses Missionskonzept war mit der Vorstellung verbunden, dass es eine lineare zivilisatorische Entwicklung hin zu einer christlichen Zivilisation gebe, demgegenüber außereuropäische nichtchristliche Gesellschaften als primitiv, unzivilisiert und unmoralisch dargestellt wurden. Christliche Mission sah sich beauftragt, diese Entwicklung voranzutreiben.

Das Konzept der »christlichen Zivilisation« ermöglichte den katholischen Missionen und mit ihnen dem politischen Katholizismus von erklärten Gegnern des Bismarckreiches zu wichtigen Trägern der kolonialen Politik zu mutieren und dieser zur Legitimation zu dienen:

> »Missionen waren der entscheidende Schlüssel, um protokoloniale und koloniale Konflikte und Kriege aus ihren regionalen politischen, ökonomischen und kulturellen Kontexten zu lösen und zu einer Auseinandersetzung zwischen der ›christlichen Zivilisation‹ und einer Gegenkultur vermeintlich fanatischer Muslime um den Einfluss in Afrika zu stilisieren.«[375]

Das Leitbild »christlicher Zivilisation« bestärkte nicht nur »ohne Abstriche die Forderung nach kolonialer Eroberung und Herrschaft«, sondern legitimierte auch massive und strukturelle Gewalt, indem sie diese »als bloße Ausnahmen eines an sich humanen Projekts markierten«[376].

Rassistische Diskriminierung

Das katholische Missionskonzept verband so ein missionarisches mit einem imperial-säkularen Anliegen und betrachtete beide durch eine rassistische Einstellung gegenüber der einheimischen Bevölkerung als gerechtfertigt:

> »Die katholischen Missionen vertraten die Position, nur die christliche Religion schütze die kolonisierten Bevölkerungen vor den Anfechtungen der Natur und verhindere einen Rückfall in den Zustand der ›Wildheit‹. Das katholische Zivilisationskonzept brachte so klare Differenzen zwischen Kolonisierten und Kolonisierenden hervor, nicht nur zwischen vermeintlichen Heiden und Getauften.«[377]

Dies äußerte sich etwa darin, dass die Mission afrikanischen Priestern kaum Leitungsfunktionen überließ, ihnen keine Gehälter zahlte, Teile der Messstipendien einbehielt und die wenigen von ihnen geführten Missionsstationen nicht mit Autos, sondern mit Fahrrädern und Motorrädern ausstattete.[378] Die traditionelle katholische Ämterhierarchie, die strikt zwischen Klerikern und Laien unterscheidet, wurde überlagert vom Machtgefälle zwischen europäischen Missionierenden und einheimischen Missionierten:

> »Die klare hierarchische Ordnung der Kolonialmission, die Afrikaner und Afrikanerinnen als Helfer, Untergebene und Heidenchristen einsortierte und europäische Missionare als Hirten, Seelsorger und Hüter über den Zugang zu einer ökonomisch, politisch und zunehmend auch kulturell wichtigen Organisation platzierte, dauerte auch im Zeitalter der Weltkirche fort.«[379]

Das damit zum Ausdruck kommende exklusive Überlegenheitsgefühl der Missionare und die Zurücksetzung afrikanischer Missionsakteure wurden auch von diesen als *rassistisch* begründet wahrgenommen. Als es um das Verbot bestimmter Formen traditionell afrikanischer Begräbnisfeiern ging, empörte sich ein einheimischer Lehrer:

> »Wenn ihr es verbietet, macht ihr das nicht wegen der Religion, sondern weil ihr Weiße seid und wir Narren.«[380]

Katholische Mission mitverantwortlich für kolonialen Vernichtungsfeldzug

Die Kolonisierung Ostafrikas mündete für die dortige Bevölkerung in einem Desaster. Dem im Jahr 1905 erfolgenden Maji-Maji-Aufstand begegnete die deutsche Kolonialmacht mit brutaler Gewalt. Die Aufständischen gingen nach für sie höchst verlustreichen Feldschlachten zu einer Guerillataktik über. Die deutschen Truppen praktizierten dagegen eine »Strategie der verbrannten Erde«, indem sie Dörfer und Felder zerstörten, Brunnen zuschütteten und so eine Hungerkatastrophe für die Bevölkerung auslösten. Allein dieser Kolonialkrieg, der sich bis ins Jahr 1907 hinzog, forderte unter der ostafrikanischen Bevölkerung weit über 100 000 Opfer. Die katholische Mission, die das ökonomische und politische Projekt der europäischen Kolonisation nie grundsätzlich in Frage gestellt, sondern mitbegründet, legitimiert und mitverantwortet hatte, trägt Mitverantwortung und Mitschuld auch an dem kolonialen Vernichtungsfeldzug im Anschluss an dem Maji-Maji-Aufstand.

5.5 Hierarchie als interne Exklusion

Der exklusive und autoritäre Anspruch der Kirche richtete sich nicht allein nach außen, sondern entfaltete seine Wirkung auch nach innen.

Der Größte von euch soll euer Diener sein

Nach Auskunft des Markusevangeliums, das auch die Gemeindeverhältnisse zu seiner Abfassungszeit im Blick hat, ging es in Jesu unmittelbarer Umgebung nicht immer konfliktfrei zu. Von Jesus auf ihre internen Rangstreitigkeiten angesprochen, schweigen »die Zwölf« betreten. Sie scheinen zu wissen, wie Jesus darüber denkt:

> »Sie kamen nach Kafarnaum. Als er dann im Haus war, fragte er sie: Worüber habt ihr auf dem Weg gesprochen? Sie schwiegen, denn sie hatten auf dem Weg miteinander darüber gesprochen, wer der Größte sei. Da setzte er sich, rief die Zwölf und sagte zu ihnen: Wer der Erste sein will, soll der Letzte von allen und der Diener aller sein« (Mk 9,33–35).

Nach Jesu Vorstellung sollte es unter denen, die ihm nachfolgten, anders zugehen, als sonst in der Welt üblich. Im Matthäusevangelium reagiert Jesus ganz entsprechend auf das Konkurrenzgehabe in seinem Kreis:

> »Ihr wisst, dass die Herrscher ihre Völker unterdrücken und die Großen ihre Vollmacht gegen sie gebrauchen. Bei euch soll es nicht so sein, sondern wer bei euch groß sein will, der soll euer Diener sein, und wer bei euch der Erste sein will, soll euer Sklave sein« (Mt 20,25–27; vgl. Mk 10,42–44).

Sie sollen sich auch nicht »Rabbi« nennen lassen, heißt es bei Matthäus weiter, denn nur einer sei ihr Meister, sie alle aber seien Brüder. »Auch sollt ihr niemanden auf Erden euren Vater nennen; denn nur einer ist

euer Vater, der im Himmel.« Nicht einmal als »Lehrer« sollten sie sich anreden lassen, denn nur Christus sei ihr Lehrer. Wer sich selbst erhöhe, werde erniedrigt (vgl. Mt 23,8–12). Die Evangelien beschreiben in dieser Hinsicht Jesus selbst als vorbildlich. Im Johannesevangelium ist er sich vor dem letzten gemeinsamen Mahl nicht zu schade, seinen Jünger*innen die Füße zu waschen. Freiwillig leistet er einen Dienst, den ansonsten Untergebene übernahmen.
Jesus gab denen, die er in seine Nachfolge berufen hatte, Anteil an seiner Sendung, sandte sie – wie bereits erwähnt – aus, damit sie wie er die Botschaft vom nahenden Reich Gottes verkünden sollten (vgl. Mt 10,5–15 par.). Aber das war nicht die förmliche Übertragung eines *Amtes,* »denn ›hinter‹ oder gar ›unter‹ den Jüngern gab es nicht die einfache Gemeinde, sondern sie selber waren diese Gemeinde«[381]. Angesichts Jesu Hoffnung, dass die endgültige Herrschaft Gottes unmittelbar bevorstand, erübrigte sich die Einrichtung von eigentlichen »Ämtern« und festen Strukturen. Schon gar nicht ist exegetisch haltbar, dass der historische Jesus von Nazareth eine Kirche gegründet, mit Petrus seinen Stellvertreter eingesetzt und damit das Papstamt begründet habe. Genauso wenig finden sich bei Jesus und den Menschen um ihn auch nur Ansätze einer in Klerus und Laienschaft unterteilten hierarchischen Kirche. Ganz im Gegenteil zeichnete sich diese Bewegung durch eine dezidiert antihierarchische und autoritätskritische Einstellung aus, die sich mit provisorischen Strukturen begnügte. Die in den USA lehrende Neutestamentlerin Elisabeth Schüssler-Fiorenza nennt diese Bewegung darum »discipleship of equals«[382], die feministische Befreiungstheologin Christine Schaumberger übersetzt dies treffend mit »Nachfolgegemeinschaft von Gleichgestellten«[383]

Kirchliche Ämter unter Legitimierungsdruck

Doch das angekündigte Reich Gottes ließ auf sich warten. Auch die von den jüdischen Jesusnachfolgegemeinden in Bälde erhoffte Wiederkunft des Messias bewahrheitete sich nicht. Organisatorische und strukturelle Anpassungen an die veränderte Situation wurden in diesen Gemeinden unvermeidlich. Dass diese noch keinesfalls die »christliche Kirche« darstellten, wurde bereits ausgeführt. Aber in der ersten und zweiten Generation nach Jesus ergab sich die Notwendigkeit einer Aufgabenverteilung, um ein sich nun auf längere Dauer einstellendes Gemeindeleben zu organisieren. Im Zusammenhang mit den Hausgottesdiensten und der

Armenfürsorge wurden unterschiedliche Dienste eingerichtet und ausgeübt. Aber wenn im Neuen Testament von »ekklesia« die Rede ist – die Lutherbibel übersetzt dies konsequent mit »Gemeinde«, die katholische Einheitsübersetzung an vielen Stellen schon mit »Kirche« – so ist »keineswegs eine abstrakt-ferne Hyperorganisation von Funktionären oberhalb der konkreten Versammlung [gemeint], sondern [...] im Ursprung eine sich an bestimmtem Ort zu bestimmter Zeit und zu bestimmtem Tun versammelnde Gemeinschaft«[384]. Überhaupt werden die verschiedenen kirchlichen Dienste und Berufungen keinesfalls als »Ämter« verstanden. Weltliche Begriffe für »Amt« werden im Neuen Testament im Zusammenhang mit kirchlichen Funktionen vermieden, so der katholische Theologe Hans Küng, »weil sie Herrschaftsverhältnisse aus[drücken], welche die christliche Gemeinde nicht übernehmen wollte«[385].

Die Institutionalisierung von sozialen Bewegungen und ihre Anpassung an veränderte Rahmenbedingungen sind Prozesse, die sich sehr unterschiedlich entwickeln und zu unterschiedlichen Ergebnissen führen können. Doch gleichgültig welcher Grad an Institutionalisierung erreicht wird, müssen diejenigen, die innerhalb der jeweiligen Organisation Ämter oder Funktionen ausüben, diese gegenüber ihren Mitgliedern rechtfertigen und begründen. Hilfreich ist dabei, wenn sich zur Legitimation entsprechende Hinweise bei anerkannten, möglichst nahe am Ursprung der Bewegung stehenden Autoritäten anführen lassen. In den Jahrzehnten der nachapostolischen Zeit etablierten sich in den christlichen Gemeinden aber immer festere hierarchische Strukturen, für die sich solche Hinweise nicht auffinden ließen.

Pseudapostolische Legitimierung kirchlicher Ämter

Dieses Defizit mag einen uns unbekannten Autor veranlasst haben, unter dem Namen des Paulus drei Briefe zu verfassen, die gezielt den Anschein erwecken, vom Apostel Paulus selbst geschrieben und an seine Mitarbeiter Timotheus bzw. Titus gerichtet zu sein. Der Verfasser behandelt darin kontroverse Fragen seiner eigenen Zeit fiktiv als schon zu Lebzeiten des Paulus virulente Fragen, und er beantwortet diese mit dessen Autorität. Die Täuschung gelingt. Gegen Ende des zweiten Jahrhunderts werden die »Pastoralbriefe« (1 und 2 Tim, 1 Tit) als kanonisch anerkannt, wobei ihre vermeintliche »Apostolizität« zweifellos ein wichtiges Kriterium für ihre Auswahl in den Kanon des Neuen Testaments darstellte.

Bis zu Beginn des 19. Jahrhunderts wurde die paulinische Herkunft der Pastoralbriefe nicht angefochten.[386]

Die heutige Exegese geht fast ausnahmslos davon aus, dass die Pastoralbriefe nicht von Paulus selbst stammen, und nimmt mehrheitlich an, dass sie um die Wende zum zweiten Jahrhundert oder sogar deutlich später entstanden sind.[387] Die dennoch unveränderte Bedeutung dieser (und anderer »pseudepigraphisch« genannter neutestamentlicher) Texte wird damit gerechtfertigt, »daß im Verständnis der Kirche eine Schrift nicht deswegen bedeutsam ist, weil die Identität der Verfasserin oder des Verfassers zweifelsfrei bekannt wäre, sondern weil ihr Inhalt als von Gottes Geist entscheidend mitgestaltet und mitgeprägt (›inspiriert‹) geglaubt wird«[388]. Demnach hätte sich freilich der Geist Gottes eines Fälschers bedient, der sich apostolische Autorität erschlichen hat, um seinen umstrittenen Positionen in den christlichen Gemeinden Nachdruck zu verleihen.[389]

»Paulus« gibt »Timotheus« konkrete Anweisungen, was er unternehmen soll, damit er »bestimmten Leuten verbiete[t], falsche Lehren zu verbreiten« (1 Tim 1,3), und wie er zur Festigung der Gemeinden beitragen könne. Dabei geht es ihm vor allem um die Gestaltung verschiedener Ämter, um die Zugangsvoraussetzungen zu diesen und um die mit diesen Ämtern verbundenen Rechte. Die Rede ist von Ältesten mit dem »Amt des Vorstehers« (1 Tim 5,17) und vom »Amt eines Bischofs« (1 Tim 3,1ff; Tit 1,5ff), deren Amtseinführung durch Handauflegung (1 Tim 5,22) vollzogen wird und die von der Gemeinde unterhalten werden (1 Tim 5,17f). Außerdem gibt es das Diakonatsamt (1 Tim 3,8–13) als drittes Leitungsamt. Wer ein Amt innehat, ist verantwortlich für die Ordnung in der Gemeinde; *prophetische* Gaben werden nicht als Amt genannt und nur nebenbei erwähnt (1 Tim 1,18; 4,14). Offensichtlich ist, dass »Paulus« den Einfluss von Frauen in der Gemeinde zurückdrängen will. Zwar befasst er sich, allerdings nicht sehr wohlwollend, mit einem Witwenamt (1 Tim 5,3-16) und er gibt zu erkennen, dass zu seiner Zeit auch Frauen das Diakonatsamt ausüben (1 Tim 3,11), aber ansonsten äußert sich »Paulus« geradezu abfällig über Frauen (1 Tim 2,9–15) – davon wird noch zu reden sein.

Die Exegeten Hans Conzelmann und Andreas Lindemann beurteilen die Pastoralbriefe als »de[n] – kirchengeschichtlich erfolgreiche[n] – Versuch, die Ende des 1. Jahrh[underts] sich entwickelnde kirchliche Ordnung mit ihren stark hierarchischen Tendenzen von Paulus her zu legitimieren und

so den Apostel zum dauernden Garanten eines sich in der Welt einrichtenden Christentums zu machen«[390]. Vor allem in der römisch-katholischen Kirche kam den Pastoralbriefen große Bedeutung zu. Sie dienten – und dienen – nicht nur der Legitimierung der hierarchischen Ämterstruktur der Kirche, sondern auch der Rechtfertigung, Frauen kirchliche Ämter zu verweigern. Eingeleitet war damit überdies die Entwicklung zu einer strikt in Amsträger und Laienschaft geteilten Kirche.
Sichtbaren Ausdruck fand diese »Klerikerkirche« zum Beispiel im späteren Kirchenbau durch Errichtung eines Lettners zwischen dem allein Geistlichen vorbehaltenen Altarraum und dem Kirchenschiff für das einfache Volk. Die Kirche, die für sich in Anspruch genommen hatte, an

Stelle Israels das neue Volk Gottes zu sein, schloss nun selbst die übergroße Mehrheit ihres Volkes nicht nur von der Machtausübung innerhalb der Kirche aus, sondern sogar von der aktiven Teilnahme am Gottesdienst. In manchen Kirchen hatte der Lettner die Form einer steinernen Mauer: Der Klerus mauerte sich ein und schottete sich gegen die einfachen Gläubigen ab.

Fiktion himmlischer Machtverhältnisse

In der Folgezeit und vor allem nach der Konstantinischen Wende differenzierte sich die hierarchische Struktur der Kirche weiter aus zu einem scharf gestuften dreigliedrigen System mit der Bischof an der Spitze, dem die Priester und diesen wiederum die Diakone untergeordnet waren. Ein solches System ließ sich beim besten Willen nicht mehr aus den kanonischen Schriften ableiten, neuer Legitimationsdruck entstand für die führenden kirchlichen Amtsträger. Abhilfe war gefragt und wurde in bemerkenswert dreister Weise geleistet. Doch der entsprechende Vorgang ist komplex.
Bezugspunkt einer neuerlichen Fälschung ist die Passage in der Apostelgeschichte, wonach Paulus in Athen auf dem Areopag predigte. Der Erfolg war bescheiden, doch immerhin schlossen sich Paulus einige Menschen an. Darunter Dionysius, der Areopagit, wie Apg 17,34 erzählt. Mehr ist uns von diesem Dionysius nicht bekannt.
Fast 500 Jahre vergehen. Dann wählt ein Mensch, dessen wahre Identität bis heute nicht gelüftet ist, den Namen Dionysius Areopagita als Pseudonym und bringt mehrere Schriften unter diesem Namen in Umlauf. Wieder gelingt die Täuschung. Mehr als 1000 Jahre lang glaubt man tat-

sächlich, diese Texte seien echte Schriften eines unmittelbaren Paulusschülers, Dokumente also, deren Ursprung fast bis an die Zeit Jesu heranreicht! Kein Wunder, dass diese Texte eine ungeheure Autorität genossen, fast so wie die kanonischen Bibeltexte, und von allen großen mittelalterlichen Theologen zitiert und kommentiert wurden.
Unter den pseudodionysischen Schriften ist auch eine Abhandlung über die himmlischen Heerscharen, genauer über die »Himmlische Hierarchie«[391]. Darin werden wir präzise über die im Himmel gültigen, genau geregelten Herrschaftsverhältnisse informiert. So gibt es dort unter den Engeln drei verschiedene Rangstufen, die wiederum dreifach unterteilt sind, also insgesamt neun sogenannte »Engelchöre«. Die derart von Gott geschaffene himmlische Ordnung bestimmt, wer wem etwas gebieten darf und wer gehorchen muss. An der Spitze dieser hierarchischen Ordnung steht Jesus Christus.
Da Dionysius zum Beleg nur sehr unzureichend auf Biblisches zurückgreifen kann, beruft er sich für sein Wissen über die himmlischen Verhältnisse auf geheimnisvolle Mysten; außerdem weist seine Darstellung deutliche Parallelen zu neuplatonischen Quellen auf. Soweit erscheint das Ganze zwar als höchst spekulativ und konstruiert, aber auch als recht harmlos.

Sakralisierung der Macht[392]

Doch unmittelbar auf die beschriebene Abhandlung lässt Dionysios eine zweite folgen »Über die kirchliche Hierarchie«[393]. Nun erst wird deutlich, worum es Dionysios eigentlich geht. Seine Argumentation ist sehr schlicht: Ganz entsprechend, wie es angeblich im Himmel geregelt ist, so hat es auch auf Erden zu sein. So wie die himmlische Hierarchie auf Jesus Christus hin ausgerichtet sei, so stehe analog an der Spitze der kirchlichen Hierarchie der Bischof. Wie unter den Engeln, so soll es auch unter den drei kirchlichen Rängen zugehen. Vom Bischof über den Priester zum Diakon – die Befehlslinie geht nur in eine Richtung, von oben nach unten. Der Bischof ist demnach als einziger befähigt, alle göttlichen Gaben zu vermitteln. Die nachfolgenden Ränge sind ihm strikt untergeordnet und haben zu gehorchen.
Besondere Nachwirkung entfaltete der von Dionysius im Rahmen dieser Abhandlungen erst geschaffene Begriff »Hierarchie«, übersetzt »heilige Herrschaft«. Hierarchie ist bei ihm die Bezeichnung für eine gestufte,

von Gott eingesetzte Ordnung der Welt, die jedem Wesen den ihm zukommenden Platz zuweist. Dionysius versucht seine Behauptungen dadurch zu erhärten, dass er sie als apostolisches Vermächtnis ausgibt. Aus dieser Perspektive gewinnt seine absichtsvolle Täuschung, der von Paulus bekehrte Areopagit zu sein, zusätzliche Brisanz. Die kirchliche Ordnung seiner Zeit wird von Dionysius nicht als geschichtlich gewachsene und damit unvermeidlich fragwürdige betrachtet, sondern er fordert diese Ordnung mit apostolischem Anspruch ein. Was der Darstellung in den »Hierarchien« an Plausibilität und Überzeugungskraft fehlt, wird so durch den Verweis auf Autorität eingeschärft.

Fiktiv entworfene, aber angeblich von Gott geschaffene Verhältnisse werden von Dionysius benutzt, um irdische Macht zu legitimieren und konkrete kirchenpolitische Interessen durchzusetzen. Das ist Ideologie, das ist die missbräuchliche Sakralisierung ganz und gar weltlicher Machtstrukturen und Machtansprüche.

Dionysius Areopagita wurde schließlich doch noch entlarvt. Als Johannes Eck, katholischer Theologe und Kontrahent Martin Luthers, sich in der Leipziger Disputation im Jahr 1519 auf Dionysius berief, um den päpstlichen Primat zu rechtfertigen, wies dies Luther entschieden zurück. Luther beanstandete,

> »dass man jenem Dionysius, wer auch immer er war, so viel (Autorität) zugesteht, obwohl sich bei ihm nahezu nichts an solider Bildung findet. Denn was in der ›Himmlischen Hierarchie‹ bezüglich der Engel erwähnt wird [...]: Welche Autorität oder Vernunft haben da, so frage ich, seine Beweisführungen? Sind das alles nicht seine eigenen Gedankenfündlein und Träumen zum Verwechseln ähnlich, wenn du unvoreingenommen liest und urteilst?«[394]

Von neun Engelschören spricht heute nicht einmal mehr der Katholische Katechismus. Aber bis in die Gegenwart hinein ist meine Kirche in zentralen Punkten ihres Selbstverständnisses, ihrer autoritären Ämterstruktur sowie ihrer liturgischen und sakramentalen Praxis von der Sicht geprägt, die in den dionysischen Schriften »Über die Himmlische Hierarchie« und »Über die Kirchliche Hierarchie« erstmals systematisch dargestellt und philosophisch-theologisch begründet wurde.

Erstarrte Strukturen

Es gab im Verlauf der Kirchengeschichte verschiedentlich Versuche, die autoritäre hierarchische Kirchenverfassung aufzubrechen und zu reformieren. Das Konzil zu Konstanz (1414–1418) bleibt unvergesslich verbunden mit der skandalösen Verurteilung und öffentlichen Verbrennung des Reformators Johannes Hus, obwohl diesem zuvor freies Geleit zugesichert worden war. Aufgrund des damaligen innerkirchlichen Schismas – es gab gleichzeitig drei Päpste, die sich gegenseitig exkommunizierten – unternahm dieses Konzil aber auch einen Vorstoß, um den Machtanspruch des Papstamtes einzugrenzen. Im Jahr 1415 verabschiedete das Konzil das Dekret »Sacrosancta«, in dem es heißt:

> »Als im Heiligen Geist rechtmäßig versammelt, ein Allgemeines Konzil bildend und die katholische Kirche repräsentierend, hat die Synode ihre Gewalt unmittelbar von Christus. Ihr hat also jedermann, welchen Standes oder welcher Würde auch immer, selbst der päpstlichen, zu gehorchen in allem, was den Glauben, die Überwindung des besagten Schismas und die Reform dieser Kirche an Haupt und Gliedern betrifft.«[395]

Sollte ein Papst den entsprechenden Beschlüssen eines Konzils nicht Folge leisten und den Gehorsam verweigern, wurde ihm eine gebührende Bestrafung angedroht, falls notwendig unter »Anwendung auch anderer Rechtsmittel«. Doch weder dieser letztlich vergebliche Vorstoß noch die Reformation konnte das hierarchische römisch-katholische System wirkungsvoll erschüttern. Die konziliare Bewegung scheiterte, der Primat des Papstes wurde bestätigt und im 19. Jahrhundert die päpstliche Machtfülle weiter ausgedehnt. Höhepunkt war die Verabschiedung des »Unfehlbarkeitsdogmas« auf dem Ersten Vatikanischen Konzil im Jahr 1870. Der entscheidende Satz lautet:

> »Wenn der römische Papst in höchster Lehrgewalt *(ex cathedra)* spricht, das heißt, wenn er seines Amts als Hirt und Lehrer aller Christen waltend in höchster, apostolischer Amtsgewalt endgültig entscheidet, eine Lehre über Glauben oder Sitten sei von der ganzen Kirche festzuhalten, so besitzt er aufgrund des göttlichen Beistandes, der ihm im heiligen Petrus verheißen ist, jene Unfehlbarkeit, mit

der der göttliche Erlöser seine Kirche bei endgültigen Entscheidungen in Glaubens- und Sittenlehren ausgerüstet haben wollte.«[396]

Falls sich jemand herausnehmen sollte, dieser endgültigen Entscheidung zu widersprechen, »sei er ausgeschlossen«, dekretierte das Konzil. Denjenigen, die diese dogmatische Entscheidung ablehnten, blieb damit nur die Möglichkeit, sich von der römisch-katholischen Kirche zu trennen. Die altkatholische Kirche ging diesen Weg. Die römisch-katholische Kirche hingegen bestätigte auf dem Zweiten Vatikanischen Konzil noch einmal ganz ausdrücklich dieses Dogma und legte die »Lehre über Einrichtung, Dauer, Gewalt und Sinn des dem Bischof von Rom zukommenden heiligen Primates sowie über dessen unfehlbares Lehramt [...] abermals allen Gläubigen fest zu glauben vor«[397].

Der katholische Theologe Hans Küng gibt in seinem Buch »Unfehlbar? Eine Anfrage« (1970) eine auch noch ein halbes Jahrhundert später zutreffende Beschreibung der Verfassung seiner Kirchenleitung: Man konzentriere sich »ängstlich und nervös immer stärker auf die Erhaltung des Status quo und der eigenen geistlichen Macht, von der man nichts abgeben will«[398], und er kritisiert das römische System, »das noch immer durch einen den heutigen Menschen ernsthaft erschreckenden geistlichen Absolutismus, einen formalistischen und vielfach unmenschlichen Juridismus und einen die echte Erneuerung tötenden Traditionalismus bestimmt ist«[399]. Küng fand unter den deutschen Bischöfen keine Unterstützung für sein Anliegen. Im Jahr 1979 entzog ihm die katholische Deutsche Bischofskonferenz im Einvernehmen mit der römischen Kurie die Lehrerlaubnis.

Die streng hierarchische Verfassung meiner Kirche mit dem Papst an der Spitze ist bis heute festgeschrieben im gültigen katholischen Kirchenrecht, dem »Codex iuris canonici«, der 1752 »Canones« umfasst. Kanon 331 ist nachzulesen auf der offiziellen Website des Vatikans und lautet:

»Der Bischof der Kirche von Rom, in dem das vom Herrn einzig dem Petrus, dem Ersten der Apostel, übertragene und seinen Nachfolgern zu vermittelnde Amt fortdauert, ist Haupt des Bischofskollegiums, Stellvertreter Christi und Hirte der Gesamtkirche hier auf Erden; deshalb verfügt er kraft seines Amtes in der Kirche über höchste, volle, unmittelbare und universale ordentliche Gewalt, die er immer frei ausüben kann.«[400]

Gegen ein Urteil oder ein Dekret des Papstes ist weder Berufung noch Beschwerde möglich.[401] *En détail* regelt das Kirchenrecht auch die umfassenden Machtbefugnisse des Bischofs innerhalb seiner Diözese.[402] Solange dieses kirchenrechtliche Korsett, das sich ungeachtet aller geistesgeschichtlichen Entwicklungen und historisch-kritischen Erkenntnissen mit einem religiösen Nimbus umgibt, Bestand hat, bleibt die römisch-katholische Kirche im Kern reformunfähig. Solange kann man allenfalls mit gewisser Erleichterung zur Kenntnis nehmen, wenn die Papstwahl des elitären Kardinalskollegiums auf einen charismatischen und weitherzigen Menschen fällt. Beim nächsten Papst kann dies schon wieder anders sein. Synodale Elemente und ein »synodaler Weg« würden diese Namen in der katholischen Kirche nur dann zu Recht verdienen, wenn sie nicht ständig in Gefahr stünden, durch die bestehenden kirchlichen Machtstrukturen wieder ausgebremst zu werden.

5.6 Ausgrenzung der Frauen

Jesus war ein Mann, Petrus war ein Mann, die zwölf Apostel waren Männer: Darum müssen auch Päpste, Bischöfe, Priester und Diakone Männer sein. Gott will es so und es ist schon immer so gewesen. Das ist in Kürze die primitive Rechtfertigung, mit der die römisch-katholische Kirche Frauen den Zugang zu diesen Ämtern verweigert und ihn exklusiv Männern vorbehält. Frauen dürfen diese Ämter nicht ausüben, weil sie Frauen sind. Das ist der einzige Grund, einen anderen gibt es nicht. »Die heilige Weihe empfängt gültig nur ein getaufter Mann«[403], lautet lapidar der entsprechende Kanon im katholischen Kirchenrecht. »Jesus, der Herr, hat Männer gewählt, um das Kollegium der zwölf Apostel zu bilden, und die Apostel taten das gleiche, als sie Mitarbeiter wählten, die ihnen in ihrer Aufgabe nachfolgen sollten«, führt der römische Weltkatechismus aus. »Die Kirche weiß sich durch diese Wahl, die der Herr selbst getroffen hat, gebunden. Darum ist es nicht möglich, Frauen zu weihen.«[404] Basta. So unverblümt, so fundamentalistisch, so unfassbar.

Frauen in der Bibel und in der jüdischen Jesusbewegung

Die Bibel ist ein höchst komplexes literarisches Werk, das im Verlauf mehrerer Jahrhunderte in unterschiedlichen patriarchalischen Gesellschaften entstand und das (fast?) ausschließlich von Männern verfasst wurde. Umso bemerkenswerter ist, dass die biblischen Texte an mehreren Stellen teils ganz ausdrücklich, teils auch nur andeutend und leicht überlesbar eine für die jeweilige Entstehungszeit bemerkenswert antipatriarchale Sicht auf Frauen widerspiegeln.

Nach Gen 1,27 erschuf Gott den Menschen als sein Bild, männlich und weiblich. »Adam«, aus Erde (»adama«) geformt, ist der zunächst noch unvollständige Mensch, nicht schon der erste Mann (vgl. Gen 2,1). Erst als Gott aus der Seite (nicht der Rippe) des Menschen die Frau bildet, spricht die Bibel von Frau und Mann, einander ebenbürtig, gemeinschaftlich aufeinander bezogen (vgl. Gen 2,21f).[405] Die Bibel erzählt von vielen starken, selbstbewussten und empathischen Frauen, die ihr Recht erkämpfen, Verantwortung übernehmen, solidarisch Not bewältigen: Miriam, Jael, Sara und Hagar, Lea und Rahel, Tamar, Judith, Ruth, Elisabeth und Maria und anderen.[406] Auch in der Jesusbewegung spielten Frauen nach dem Zeugnis der Evangelien eine tragende Rolle. Sie zählten zu Jesu Jünger*innen, unterstützten ihn mit ihrem Vermögen, belehrten ihn zuweilen, harrten unter seinem Kreuz aus, als die Jünger Jesu längst das Weite gesucht hatten. Es sind Frauen, von denen die Evangelien als ersten Zeuginnen der Auferweckung Jesu erzählen.

Auch die jüdischen Jesusnachfolgegemeinschaften sollten nicht patriarchalisch organisiert sein, vielmehr sollten in ihnen gesellschaftliche Hierarchien relativiert und aufgebrochen werden: »Es gibt nicht mehr Juden und Griechen, nicht Sklaven und Freie, nicht männlich und weiblich; denn ihr alle seid einer in Christus Jesus« (Gal 3,28), heißt es bei Paulus programmatisch. Es lässt sich nachweisen, dass dieser Anspruch zumindest in einem gewissen Ausmaß auch tatsächlich verwirklicht wurde. Maria Magdalena zählte zu den Jünger*innen Jesu und war Zeugin seiner Kreuzigung (Mk 15,40; Mt 27,56). Nach dem Johannesevangelium war sie auch die erste, die eine Begegnung mit dem auferweckten Jesus erfuhr und von ihm einen Verkündigungsauftrag erhielt (Joh 20,11–18). Prisca begleitete gemeinsam mit ihrem Mann Paulus nach Ephesus (Apg 18,26). Phöbe war Diakonin und Leiterin der Gemeinde von Kenchreä (Röm 16,1)[407]. Junia galt als herausragende Apostelin (Röm 16,7). Lydia dürfte Leiterin ihrer Hausgemeinde gewesen sein (Apg 16,15.40). Bei gottesdienstlichen Zusammenkünften beteten Frauen vor und redeten prophetisch (1 Kor 11,5 vgl. Apg 21,9).

Allerdings verband sich auch die Wiederentdeckung der Frauenfreundlichkeit Jesu und der Jesusnachfolgegemeinschaften in den letzten Jahrzehnten des 20. Jahrhunderts verschiedentlich mit judenfeindlichen Stereotypen. Der Journalist und studierte Theologe Franz Alt etwa sah Jesus als »ersten neuen Mann« und bediente sich dabei der klassischen antijüdischen Klischees: Jesus und seine Haltung zu Frauen wurden dem Judentum entgegengesetzt. Jesu jüdisches Umfeld wurde von Alt als dunkler Kontrast zu seiner Verkündigung konstruiert:

> »Jesu Reden und Lehren waren nicht irgendwie anders, er war *ganz* anders – der größte Kontrast zu seiner jüdischen Umwelt, den man sich vorstellen kann. […] Schriftgelehrte und Pharisäer klebten am Gesetz und an Konventionen, an Prinzip und Autorität. Jesus hingegen reagierte sachbezogen, spontan, einfühlsam und elastisch – am wirklichen Leben und am lebendigen Menschen orientiert, nicht an einer toten Lehre. […] Seine absolut neue Haltung gegenüber Frauen – inmitten einer frauenfeindlichen und ausschließlich männerorientierten antiken Welt – zeigt am deutlichsten den neuen Mann Jesus. […] Jesus war kein typischer Jude. […]«[408]

Demgegenüber ist einmal mehr mit allem Nachdruck zu betonen, dass die von Jesus ausgehende Bewegung eine ganz und gar jüdische Bewegung war, die auch nur verständlich ist, wenn sie in ihrem jüdischen Kontext verstanden wird. »Die Nachfolgegemeinschaft von Gleichgestellten, die Jesus ins Leben gerufen hat«, so Elisabeth Schüssler Fiorenza, »war eine *jüdische* Nachfolgegemeinschaft.«[409] Es waren *jüdische* Frauen, die sich auf Jesu Vision vom Reich Gottes als Praxis umfassenden Heilsseins eingelassen haben, betont Schüssler Fiorenza. Die Jesusbewegung sei darum am zutreffendsten als »innerjüdische Erneuerungsbewegung« zu verstehen, die »eine innerjüdische Alternative zu den herrschenden patriarchalen Strukturen darstellt und nicht als eine oppositionelle Gruppe, die jüdische Werte und jüdische Praxis verwarf«[410]. Die Judaistin Tal Ilan belegt mit antiken Quellen, dass die pharisäische Bewegung stark von Frauen unterstützt wurde, manchmal sogar gegen den Willen ihrer Ehemänner. Statt die Jesusbewegung dem antiken Judentum gegenüberzustellen, sollte sie darum innerhalb dieses Rahmens betrachtet werden, in dem man es duldete oder sogar unterstützte, wenn Frauen Schülerinnen oder Mitglieder bestimmter Bewegungen werden wollten.[411] Auch die orthodoxe Jüdin und Professorin für neutestamentliche Studien an der Vanderbilt University – Divinity School, Amy-Jill Levine, zählt zu den verbreiteten Irrtümern über das antike Judentum die »Meinung, das antike Judentum verkörpere Frauenfeindlichkeit und Jesus habe Frauen von diesem unterdrückerischen System befreit«. Statt dessen bezeuge das Neue Testament genauso wie die übrige jüdische Literatur dieser Epoche, »dass das Gesellschaftssystem trotz seiner patriarchalen Strukturen Frauen einige Möglichkeiten zur gesellschaftlichen, wirtschaftlichen und religiösen Teilhabe bot«[412].

Zurückdrängung der Frauen in den christlichen Gemeinden

Neutestamentliche Texte belegen, dass im Rahmen des Judentums im ersten Jahrhundert d. Z. patriarchale gesellschaftliche Strukturen zumindest partiell aufgebrochen werden konnten. Nun haben wir gesehen, dass die ursprünglich rein jüdischen Jesusnachfolgegemeinden zunehmend von nichtjüdischen Gemeindegliedern dominiert und die jüdischen Gemeindeglieder herausgedrängt wurden. Parallel zu dieser Entwicklung schwand auch die Möglichkeit, dass Frauen in diesen Gemeinden Leitungsfunktionen wahrnehmen konnten. Zugespitzt formuliert wurde so aus tendenziell frauenfreundlichen jüdischen Gemeinschaften eine zunehmend juden- und frauenfeindliche christliche Kirche. Jüdische Frauen in der Jesusbewegung besaßen jedenfalls mehr Freiheiten und hatten mehr Führungspositionen inne als Frauen im späteren Christentum.[413] Ob die Entwicklungen zur Judenfeindlichkeit und zur Frauenfeindlichkeit ursächlich zusammenhängen, ist damit noch nicht behauptet. Bemerkenswert ist freilich, dass die Pastoralbriefe die Rechte von Frauen in der Gemeinde massiv einschränken und dass dies einhergeht »mit dem Vergessen des Jüdischen in der eigenen Tradition und der stillschweigenden Ersetzung Israels durch sich selbst, die ›Gemeinde Gottes‹«[414].

Die Neutestamentlerin Luise Schottroff beurteilt den ersten Timotheusbrief als »Dokument eines […] patriarchalen Durchsetzungsversuchs«, der eine »geschlechtshierarchische Arbeitsteilung und hierarchische Leitungsstruktur wieder durchsetzen wollt[e].«[415] Zwar begegnen schon bei Paulus neben egalitären Aussagen auch noch Vorbehalte im Hinblick auf die Rolle von Frauen im Gottesdienst und in der Ehe, aber was der Verfasser der Pastoralbriefe fordert, kann sich keineswegs mehr auf die Intention des Paulus berufen:

> »Eine Frau soll sich still und in voller Unterordnung belehren lassen. Dass eine Frau lehrt, erlaube ich nicht, auch nicht, dass sie über ihren Mann herrscht; sie soll sich still verhalten. Denn zuerst wurde Adam erschaffen, danach Eva. Und nicht Adam wurde verführt, sondern die Frau ließ sich verführen und übertrat das Gebot. Sie wird aber dadurch gerettet werden, dass sie Kinder zur Welt bringt, wenn diese in Glaube, Liebe und Heiligkeit ein besonnenes Leben führen« (1 Tim 2,9–14; vgl. Tit 2,3–5).

Anders als Paulus vermeidet der Verfasser des Timotheusbriefs für Frauen den Begriff »Diakonin«, obwohl er nicht leugnen kann, dass es diese zu seiner Zeit noch gab (vgl. 1 Tim 3,8–13).

Anthropologische Diffamierung

Der sukzessive Ausschluss der Frauen von gemeindlichen Leitungsfunktionen wurde begleitet und theologisch unterfüttert mit diffamierenden Frauenbildern. In Gen 1,27 werden alle Menschen unterschiedslos als Gottesbilder qualifiziert, die Gott auf der Erde repräsentieren und denen damit Verantwortung für die Gestaltung unserer Welt aufgetragen ist. Doch schon biblisch wird diese unmittelbare Gottesbildlichkeit Frauen abgesprochen. Paulus schreibt im ersten Korintherbrief, der Mann sei »Bild und Abglanz Gottes«, die Frau dagegen »Abglanz des Mannes. Denn der Mann stammt nicht von der Frau, sondern die Frau vom Mann. Der Mann wurde auch nicht für die Frau erschaffen, sondern die Frau für den Mann« (1 Kor 11,7–9). Damit waren die patriarchalen Machtverhältnisse festgeschrieben.

Der »vollkommene Mensch«, von dem nach den gängigen (und beschönigenden) Übersetzungen im Epheserbrief die Rede ist (Eph 4,13), findet sich so nicht im griechischen Urtext. Dort steht nicht »Mensch« (anthropos), sondern »Mann« (aner). Als das Vollkommene, so lässt sich aus dem Kontext schließen, wurde vom Verfasser des Epheserbriefes der Mann betrachtet, die Frau dagegen als das Unvollkommene. Mensch und Gottesbild im eigentlichen Sinn ist demnach nur der Mann, die Frau ist auf diesen hin- und ihm untergeordnet. Der Vorrang des Mannes wurde in seinem angeblich überlegenen Intellekt und seiner Geistigkeit ausgemacht, während der Frau das Fleischliche und Sündenanfällige zugewiesen wurde. Hochangesehene Kirchenväter und Theologen ergingen sich fortan in wüsten Beschimpfungen von Frauen, warnten davor, sich von ihnen verführen zu lassen und diskutierten allenfalls, inwiefern die Frau wenigstens noch in abgeleiteter Weise als »Bild Gottes« betrachtet werden könne. Thomas von Aquin übernahm nicht nur die aristotelische Lehre, wonach die Frau als missglückter Mann zu verstehen sei (»femina est mas occasionatus«), sondern er folgerte auch aus der Gottesbildlichkeit des Mannes die totale Hinordnung des Daseinssinnes der Frau auf den Mann.[416]

Gegentraditionen zu diesen männlichen Projektionen insbesondere in den Werken von Hildegard von Bingen, Christine de Pizan, Beatrijs van Nazareth, Hadewijch von Antwerp und Gertrud die Große, die die Gottesbildlichkeit ohne Abstriche auch auf Frauen bezogen, konnten sich nicht durchsetzen und gerieten in Vergessenheit.[417]

Christliche Theologen haben maßgeblich dazu beigetragen, dass »die Frau« auf unterschiedlichste Weise instrumentalisiert wurde, männliche Phantasien und Wunschbilder zu verkörpern. Die Frau und ihr Körper wurde Mittel zur Darstellung von etwas *Anderem*, konstatiert die Theologin und Philosophin Andrea Günter: »Sprachlose Materie, auf die von Seiten der Männer projiziert wird. Körper ohne Geist, auf den ohne nennenswerten Widerstand das Eigene und das Andere projiziert werden kann.«[418] In einer bildhaften Theologie, schreibt die Theologin und Ethikerin Regina Ammicht Quinn, verkörpert Eva dabei »den Minderwert der Frau, später geschaffen, anfällig für die Sünde, durch Leidenschaften, nicht durch Verstandeskräfte getrieben, während Maria als neue Eva *frei von den Fehlern ihres Geschlechts* ist«[419]. Die katholische Mariologie mit den einschlägigen Mariendogmen förderte dabei eine Marienfrömmigkeit mit doppeltem Weiblichkeitsideal:

> »Auf der einen Seite das Ideal der Jungfrau-Mutter und Königin als dem weiblichen Ort, der Zuflucht und – spirituelle – Intimität gewährt, und auf der anderen Seite das Ideal der demütigen, selbstlosen und vor allem sexualitätsfreien Dienerin, die durch ihren Vorsprung der unbefleckten Empfängnis von ›normalen‹ Frauen nie ganz einzuholen, der aber in Selbstverleugnung dennoch nachzueifern ist.«

Die Figur der Maria wurde damit »ein Spiegel anderer Bedürfnisse, oder ein Spiegel religiöser Versatzstücke« [420].

Katholische Machtzentren bleiben Männerbastionen

Dabei erwies sich das amtskirchlich vertretene Frauenbild als durchaus flexibel und anpassungsfähig an vorherrschende gesellschaftliche Vorstellungen, solange diese die bestehende Unterordnung der Frau und die bestehenden androzentrischen kirchlichen Machtverhältnisse nicht in Frage stellten. Die Kulturwissenschaftlerin Anna Jagielska belegte in einer Diskursanalyse zu Weiblichkeitsvorstellungen in lehramtlichen Texten zwischen den Jahren 1880 und 2015, dass sich das katholische Frauenbild in diesem Zeitraum an der Tradition der spätbürgerlichen Romantik orientierte, in der Frauen als schützenswerte bzw. schutzbedürftige Wesen aufgefasst wurden:

> »Die Frau ist in den vatikanischen Texten immer auf Männer angewiesen und wird von ihnen entweder gefährdet oder beschützt. Ihr Wert wird an der Bedeutung für andere gemessen und deshalb findet sie vor allem als Ehefrau, Mutter und Tochter Erwähnung. Dies zeugt von einer androzentrischen Weltauffassung des Vatikans, der Frauen nicht als autonom wahrnimmt.«[421]

All die unterschiedlichen männlichen Projektionen und Konstruktionen, die im Verlauf der Kirchengeschichte stereotype christliche Frauenbilder produzierten und tradierten, hatten eine gemeinsame Begleiterscheinung: den Ausschluss der Frauen von den kirchlichen Ämtern. Die kirchlichen Machtzentren blieben bis weit ins 20. Jahrhundert hinein Männerbastionen. In der römisch-katholischen Kirche und in den orthodoxen Kirchen sind sie es bis heute geblieben. Es sind exklusiv patriarchal und autoritär geführte Kirchen.

5.7 Diskriminierende Normalitätstheologie

Im Hinblick auf Geschlecht, Geschlechtsidentität und sexuelle Orientierung ist die Positionierung der römisch-katholischen Kirche in ihren offiziellen Verlautbarungen eindeutig: LGBTQ*, also *lesbian, gay, bisexual, transgender, queer* (lesbisch, schwul, bisexuell, transgender, queer) und überhaupt alles, was sich außerhalb des binären heteronormativen Rasters bewegt, ist widernatürlich. Wer die entsprechende Geschlechtsidentität oder sexuelle Orientierung praktiziert, sündigt. Dafür soll es von meiner Kirche keinen Segen geben.

Gender-Theorien – Ideologien?

Die gegenwärtig in der Genderforschung vertretenen Geschlechtertheorien sind sehr vielfältig und im Einzelnen höchst vielschichtig. Teils ergänzen sich diese Theorien gegenseitig, teils sind sie Fortentwicklungen älterer, noch weniger differenzierter Konzepte, teils stehen sie auch in Konkurrenz zueinander. Hier können nur einige Grundgedanken und Konfliktlinien skizziert werden, ansonsten sei auf die entsprechende fachwissenschaftliche Literatur verwiesen.[422]

Gender beschreibt im Unterschied zum biologischen Geschlecht (engl. sex) das durch Gesellschaft und Kultur geprägte soziale Geschlecht einer Person. Diese Unterscheidung bedeutet aber weder eine Entgegensetzung von Sex und Gender, noch deren Trennung, denn auch das biologische Geschlecht ist nicht einfach gegeben, sondern immer schon gesellschaftlich gestaltet:

> »Biologische Dispositionen, aufgrund derer ein Mensch als weiblich oder männlich identifiziert oder einem ›third gender‹ zugeordnet wird, sind immer schon kulturell eingebettet: Mit dem Attribut männlich beziehungsweise weiblich verbinden soziale Gemeinschaften bestimmte Erwartungen an den Jungen/Mann oder das Mädchen/die Frau.«[423]

»Gender« ist ein offener und vieldimensionaler Begriff, der komplexe Lebenswirklichkeiten in ihren jeweiligen kulturellen Zusammenhängen versteht. Wer von Gender spricht, reflektiert, dass an das Geschlecht unterschiedliche Rollenerwartungen gestellt werden, die sich historisch verändern und dass sich in Auseinandersetzung mit diesen Erwartungen auch diverse Geschlechtsidentitäten ausbilden können. »Weiblichkeit« und »Männlichkeit« werden als fundamentale gesellschaftsstrukturierende Kategorien verstanden und nicht als biologische Tatsachen, die einfach von Natur aus oder durch göttliche Schöpfung gesetzt und unveränderlich festgelegt wären. Dabei erweist sich auch die mit einer binären Geschlechterordnung von Mann und Frau in den meisten Kulturen einhergehende Heteronormativität als kulturell bedingt. Würde allein der biologische, das heißt hier der chromosomale Befund für ein geschlechtliches Ordnungsschema zugrunde gelegt werden, wäre nicht ersichtlich, warum statt von zwei nicht von drei, vier, fünf, sechs oder gar sieben Geschlechtern (mit sehr unterschiedlichen Häufigkeiten) gesprochen werden sollte.

»Gender« *erfindet* nicht die strukturgebende »Grammatik« der in soziale Zusammenhänge eingeschriebenen Geschlechterverhältnisse, sondern »Gender« ist zunächst ein Analyseinstrument für diese Grammatiken religiöser, säkularer, politischer oder privater Art, wie die Ethikerin und Genderforscherin Regina Ammicht Quinn erläutert. »Gender« als *Analysekategorie* wirke aber zugleich auch als *Verunsicherungskategorie*, wie Ammicht Quinn betont, da dadurch nicht nur herkömmliche Männer-, Frauen- und Gottesbilder in Frage gestellt werden, sondern beispielsweise auch »traditionelles sexualmoralisches Ordnungsdenken durch ein Hinterfragen normativer Zweigeschlechtlichkeit ins Leere läuft«[424].

Höchst verunsichert reagiert jedenfalls die katholische Kirchenleitung auf Gender-Theorien und LGBTQ*-Bewegungen. Papst Franziskus mutmaßte, »ob die sogenannte Gender-Theorie nicht auch Ausdruck von Frustration und einer Resignation [sei], die auf die Auslöschung der sexuellen Differenz ziel[e], weil sie nicht mehr versteh[e], sich mit ihr zu konfrontieren«[425]. Im Apostolischen Schreiben »Amoris Laetitia« sprach der Papst von »einer Ideologie, die gemeinhin ›Gender‹ genannt wird« und die »den Unterschied und die natürliche Aufeinander-Verwiesenheit von Mann und Frau leugn[e]«[426]. Parallel dazu veröffentlichte allerdings die Deutsche Bischofskonferenz einen Flyer, in welchem sie gendersensibles Verhalten einforderte und »Gender-Mainstreaming« verteidigte – was wiederum scharfen Protest einzelner Bischöfe zur Folge hatte. Sehr deutlich verwahrte sich der Katholische Deutsche Frauenbund gegen die Diffamierung eines genderbewussten Denkens und Handelns. Gendersensibilität berge befreiendes und ideologiekritisches Potenzial, das es ermögliche, ungerechte Geschlechterverhältnisse zu verändern.[427] Davon unbeeindruckt bekräftigte die römische »Kongregation für das katholische Bildungswesen« im Jahr 2019 den ablehnenden Standpunkt des Vatikans. Die Gender-Theorien, so wird dort behauptet, »zeigen einen fortschreitenden Prozess der De-Naturalisierung oder der Entfernung von der *Na-*

tur hin zu einer totalen Option für die Entscheidung des emotionalen Subjekts«[428]. Eine philosophische Analyse zeige, »dass die *sexuelle Differenz* männlich/weiblich für die menschliche Identität konstitutiv [sei]«[429].

Homosexualität – widernatürlich?

Im Rahmen der Kontroversen um Gender-Theorien steht die Bewertung der Homosexualität besonders im Fokus, weil hier wissenschaftliche Erkenntnisse und römisch-katholische Positionierung besonders deutlich wahrnehmbar auseinanderklaffen. Die »Frage, ob eine homosexuelle Orientierung krankhaft ist, wurde durch Forschungen eines ganzen Jahrhunderts abschließend mit Nein beantwortet«, konstatierte im Jahr 2015 der Sexualmediziner und Psychotherapeut Hartmut Bosinski. »[A]n der Existenz einer biologischen Prädisposition der sexuellen Orientierung [könne] nach allen Befunden kein vernünftiger Zweifel bestehen«[430], stellt Bosinki fest und bezeichnet Homosexualität als eine »Normvariante menschlicher Beziehungsfähigkeit«. Es gibt unterschiedliche sexuelle Orientierungen, Heterosexualität ist eine davon, Homosexualität eine andere. Für beide gibt es mehr oder weniger ausgeprägte biologische Prädispositionen, die wiederum gesellschaftlich sehr unterschiedlich gestaltet werden können. Heterosexualität als das »Natürliche« wertzuschätzen und Homosexualität als »unnatürlich« zu verunglimpfen, entbehrt damit der Grundlage. Die Einstellung zu Homosexualität und homosexuellen Menschen ist keine Frage von Barmherzigkeit und Mitgefühl. Es geht dabei schlicht um die Anerkennung der Würde eines jeden Menschen und des Menschenrechts, aufgrund der sexuellen Orientierung nicht diskriminiert zu werden.

Diese Sicht hat sich auch innerhalb der evangelischen und katholischen Ethik, die in Deutschland an den theologischen Fakultäten gelehrt wird, durchgesetzt, aber leider bislang nicht im Vatikan und anderen christlich-fundamentalistischen Kreisen. Dort wird unverändert vertreten, was im katholischen Weltkatechismus steht: Homosexuelle Praktiken seien Sünde, Homosexuellen sei mit »Barmherzigkeit« zu begegnen. Auch Papst Franziskus distanziert sich nicht von dieser Position.

Diejenigen, die Homosexualität als widernatürlich ablehnen, verweisen immer wieder auf eine schockierende biblische Erzählung (Gen 19), um zu belegen, dass die Bibel Homosexualität verurteile: Lot hat Boten Gottes in der Gestalt von Männern zu Gast. Der Mob von Sodom, lauter Männer, fordert die Herausgabe von diesen Gästen, um sie zu vergewaltigen:

»Was hier erzählt wird hat nichts mit Homosexualität als sexueller Orientierung zu tun, sondern ist sexualisierte Gewalt. In patriarchaler Gesellschaft werden Männer entwürdigt, indem man sie durch Penetration ›zur Frau macht‹«[431],

stellte der Alttestamentler Erich Zenger fest. Hier wird nicht Homosexualität verurteilt, sondern Vergewaltigung. Der Exeget Thomas Hieke hat überzeugend nachgewiesen, »dass die Hebräische Bibel bzw. das Alte Testament nicht für eine homophobe Agenda herangezogen werden kann und darf«[432]. Der Neutestamentler Michael Theobald erinnert mit Bezug auf paulinische Äußerungen zur Gleichgeschlechtlichkeit daran, dass »fundamentalistische Bezugnahmen auf die Heilige Schrift [...] der ureigenen katholischen Hermeneutik widersprechen«.[433] Denn wie diese und andere vermeintlich »einschlägige« Bibelstellen zu werten sind, ist einmal mehr eine Frage des Bibelverständnisses. Wer die Bibel wörtlich nimmt, ausgewählte Passagen aus ihren ursprünglichen Kontexten reißt und unvermittelt auf unsere Situation bezieht, meint möglicherweise Homosexualität verurteilen zu müssen – der muss dann auch glauben, dass die Welt an sechs Tagen geschaffen wurde, der rechnet aus, wie viel Futter in Noachs Arche gewesen sein muss, damit alle Tiere an Bord überleben konnten, der quält sich mit der Frage ab, wie unbestreitbar widersprüchliche biblische Aussagen doch noch irgendwie harmonisiert werden können. Das machen einige christliche Fundamentalist*innen, das ist aber kein seriöser Umgang mit biblischen Texten.

Intersexualität – eine fiktive Konstruktion?

Es gibt Menschen, für die aufgrund ihrer Geschlechtschromosomen, ihrer Geschlechtsorgane und/oder ihrer Geschlechtshormone kein Platz innerhalb des binären Ordnungsschemas »männlich – weiblich« vorgesehen ist. Nach dem zuvor unter »Gender« Gesagten wundert es nicht, dass es solche Menschen gibt. Nach Schätzungen leben in Deutschland etwa 150 000 intersexuelle Menschen. Wenn exklusive geschlechtliche Binarität als gesellschaftliches Konstrukt und nicht als naturgegeben erkannt ist, fällt auch die Rechtfertigung weg, intersexuelle Kinder medizinisch an ein binäres männlich-weibliches Ordnungsmodell anzupassen. Und selbst wenn Binarität etwas »Naturgegebenes« wäre, wäre diese keine ethisch stichhaltige Begründung dafür, dass es auch ausschließlich so

sein *soll.*[434] Entsprechend besteht in Deutschland seit dem Jahr 2021 ein grundsätzliches Verbot einer geschlechtsangleichenden Operation bei nicht einwilligungsfähigen intersexuellen Kindern. Solche Operationen waren bis dahin schon im Säuglings- und Kleinkindalter durchgeführt worden und führten in der weiteren Entwicklung dieser Menschen oft zu massiven körperlichen und seelischen Beeinträchtigungen.
Die römische Kirche hält allerdings unverrückt daran fest, dass es natürlicherweise nur zwei Geschlechter gebe und kritisiert, dass »der Prozess der Identifikation« mit einem der beiden Geschlechter »von der fiktiven Konstruktion eines ›neutralen‹ oder ›dritten Geschlechts‹ [behindert werde]«[435]. Diese Sicht sieht sich durch die (frühere) Praxis der Medizin bestätigt, die »im Fall der sexuellen Unbestimmtheit [...] mit therapeutischer Zielsetzung eingreift, das heißt, auf der Grundlage objektiver Parameter in minimalinvasiver Weise handelt, mit dem Ziel, die konstitutive Identität deutlich zu machen«[436]. Weil hier die »therapeutische Zielsetzung« die Zweigeschlechtlichkeit des Menschen voraussetzt (beziehungsweise im konkreten Einzelfall erst herzustellen versucht), werden hier chirurgische Eingriffe befürwortet.

Transgender – eine Kampfansage an die Schöpfungsordnung?

Anders liegt der Fall für die römisch-katholische Kirche, wenn solche Eingriffe an *Transgender* vorgenommen werden, das heißt an Menschen, die sich ihrem nach der Geburt zugewiesenen Geschlecht nicht zugehörig fühlen. Dafür bringt das kirchliche Lehramt keinerlei Verständnis auf. Im schon zitierten Katechismus heißt es dazu:

> »Jeder Mensch, ob Mann oder Frau, muß seine Geschlechtlichkeit anerkennen und annehmen.«[437]

Gemeint ist damit freilich ausschließlich die jedem Menschen nach seiner Geburt *zugewiesene* Geschlechtlichkeit.
Dass die katholische Kirche binäre Geschlechtlichkeit als gottgegeben betrachtet, dokumentiert schon der Titel der bereits zitierten Stellungnahme der römischen Bildungskongregation »Als Mann und Frau schuf er sie«.
Wer sich mit seinem vermeintlich gottgegebenen Geschlecht nicht identifizieren kann und sich deshalb einem chirurgischen Eingriff unterzieht, wird vom kirchlichen Lehramt sowohl vom Ehesakrament ausgeschlos-

sen als auch von einem Weiheamt: Transgender können in der katholischen Kirche weder kirchlich heiraten noch Priester werden.

Naturrecht als Exklusionsinstrument

Die Identitäten von LGBTQ*-Menschen werden von der römisch-katholischen Kirche damit systematisch abgewertet. Was ist der tiefere Grund, dass meine Kirchenleitung diese Menschen diskriminiert und so vehement gegen die Gendertheorien polemisiert? Bleibt Päpsten und Bischöfen tatsächlich verborgen, dass sie damit Menschen zutiefst verletzen? dass ihre Argumentation auch bei Kirchengliedern auf Fassungslosigkeit stößt? dass sie die katholische Kirche damit öffentlich der Lächerlichkeit preisgeben? Wie ist dies zu erklären?

Die Publizistin Birgit Kelle sieht Zweigeschlechtlichkeit und Heteronormativität bereits im Alten Testament festgeschrieben: »... die hat doch der liebe Gott bereits erfunden: ›Als Mann und Frau‹ schuf er sie, da steht es doch schwarz auf weiß im Buch Genesis«[438] – das ist zwar sehr platt formuliert, trifft aber den Kern der lehramtlichen Argumentation. »Wenn Männer nicht Männer und Frauen nicht Frauen sein wollen, dann hieße das ja, dass Gott sich geirrt hat«, fasst Ammicht Quinn diese Betrachtungsweise zusammen. »Und da Gott sich nicht irren kann, kann es dies alles nicht geben. Jede Geschlechtsunordnung ist eine ›Kampfansage an die Schöpfungsordnung‹ (Susan Stryker)«[439].

Tatsächlich bemüht das kirchliche Lehramt eine angeblich ursprüngliche Schöpfungsordnung, um zu rechtfertigen, was heute sein soll. Die biblischen Schöpfungstexte informieren uns demnach darüber, wie es Gott gemacht hat, und so soll es darum auch bleiben. Dabei werden die Schöpfungstexte unter Ausblendung der Einsichten moderner Exegese *wörtlich* und allen zuwiderlaufenden naturwissenschaftlichen Erkenntnissen zum Trotz auch *historisch* verstanden.[440] Derart missverstandene biblische Aussagen werden dann in ein ontologisches System integriert. Es sei nötig, betont die Kongregation für das katholische Bildungswesen, die metaphysische Wurzel der sexuellen Differenz zu unterstreichen:

> »In der Tat sind Mann und Frau die beiden Modalitäten, in denen sich die ontologische Wirklichkeit der menschlichen Person ausdrückt und verwirklicht.«[441]

Im Hintergrund steht dabei die traditionelle katholische Naturrechtslehre. Für Gabriel Vásquez (1549–1604) war die menschliche Natur in ihrem objektiven An-sich-Sein die oberste Norm allen sittlichen Verhaltens und letzter Verpflichtungsgrund für das menschliche Handeln. Unmittelbar aus dem Sein des Menschen lasse sich demnach sein naturgesetzliches Sollen ableiten. Die Funktion der Vernunft beschränkte sich dann darauf, aus einer zugrundeliegenden Naturordnung ethische Forderungen zu deduzieren. »Agere sequitur esse« (das Handeln/Sollen gründet im Sein) wird als ethisches Axiom vorausgesetzt. Das heißt, die Wesensnatur des Menschen soll die unerschütterliche Grundlage der Ethik bilden. Die katholische Kirche habe stets darauf bestanden, konstatierte

der Moraltheologe Johannes Gründel im Jahr 1973, »dass es echtes Naturrecht, also aus der Natur des Menschen abzuleitende sittliche Verpflichtungen gibt, die mit Hilfe der Vernunft wenigstens in ihren Grundstrukturen erkennbar sind«[442]. Das römische Lehramt besteht auch heute noch darauf, dass es eine ontologisch bestimmte und erkennbare Natur nicht nur des Menschen, sondern auch der Frau und des Mannes gebe und dass sich daraus die ihnen zugedachten geschlechtsspezifischen gesellschaftlichen Rollen ableiten lassen.

Diese Argumentation ist längst obsolet. Die metaphysische Seinsordnung, auf die sich das Lehramt beruft, ist ein Konstrukt menschlicher Spekulation, sie ist ein ontologisches System, das nicht etwa der Natur abgelesen, sondern dieser übergestülpt wird. Das vorgeblich Natürliche kann dem Menschen nicht Maßstab sein, weil Künstlichkeit immer schon integraler Bestandteil der »Natur« des Menschen ist. Wo immer mit der Utopie eines »natürlichen Menschen« argumentiert wird, ist daran zu erinnern, dass schon der Begriff der Natur ein Konstrukt menschlicher Vernunft ist und dass es menschlichem Handeln gerade »natürlich« ist, das Vorgegebene umzugestalten. In Frage steht nur die Grenze menschlicher Manipulation, nicht aber deren Tatsache als solche. Gegen den Missbrauch des Naturbegriffs, der erst etwas als natürlich behauptet und dann dieses angeblich Natürliche mit dem Gesollten identifiziert, ist daran zu erinnern, dass menschliche Existenz immer schon und unvermeidlich das natürlich Vorgegebene gestaltet und formt. Darauf hat der philosophische Anthropologe und Soziologe Helmuth Plessner schon vor rund hundert Jahren hingewiesen und von der »natürlichen Künstlichkeit« des Menschen gesprochen.[443] Die katholische Sozialethikerin Mari-

anne Heimbach-Steins belegt an mehreren Beispielen, dass »eine vermutete Normativität der Natur immer auf einem beschränkten und überholbaren Wissen beruht und fast unvermeidlich zu ungerechten Ausschlüssen konkreter Menschen führt«[444].
Da die traditionellen metaphysischen Systeme, auf die sich die naturrechtliche Argumentation der Kirchen bezieht, heute von der Philosophie kaum mehr vertreten werden und jedenfalls ihre Überzeugungskraft verloren haben, bleibt dem Lehramt nur noch der Rückgriff auf die Bibel, die fundamentalistisch als unmittelbar geoffenbartes Gotteswort verstanden wird. Für alle, die dem nicht folgen können, sind diese lehramtlichen Stellungnahmen pure Behauptungen und eine Weltanschauung, die menschenrechtswidrige gesellschaftliche Verhältnisse zu rechtfertigen und zu stabilisieren versuchen.

Gendergerechtigkeit

»Gender« ist demgegenüber nicht nur eine Analyse- und Verunsicherungskategorie, sondern auch eine *Gerechtigkeitskategorie*, wie Ammicht Quinn betont:

> »Es geht im Gender-Denken und in der Gender-Praxis [...] darum, Exklusionen, die durch die Grammatiken der Geschlechterverhältnisse hervorgebracht worden sind, zu benennen und Schritt für Schritt zu beenden; es geht darum, Geschlechtertheorien und Praktiken zu entwickeln, die Menschen in ihrer Vielfalt gerecht werden, und Gerechtigkeit für Menschen in ihrer Vielfalt anzustreben.«[445]

Wer hingegen die unergründliche Vielfalt menschlicher Identitäten und humaner Beziehungs- und Liebesfähigkeit allein auf das binäre Ordnungsschema »Mann und Frau« eingrenzt, reduziert und vereinfacht damit nicht nur, sondern grenzt aus. Wo zweigeschlechtliche Heteronormativität als das allein Gottgewollte religiös überhöht und mit dem Nimbus des Sakralen versehen wird, wird Religion zur Ideologie. Ein Ordnungsmuster, das für einen Teil der Menschen keinen Raum oder allenfalls gerade noch »barmherzig« geduldete Nischen lässt, ist unvereinbar mit einer inklusiven christlichen Kirche. Geschlechtergerechtigkeit fordert, die spezifischen Bedürfnisse, Lebenssituationen und Interessen der Geschlechter zu berücksichtigen und Entscheidungen so zu gestalten, dass die Benachteiligung und Exklusion von Menschen aufgrund ihres Geschlechts verhindert werden. Dabei hilft die Gender-Kategorie, »Herausforderungen der Gerechtigkeit auf der Ebene sozialer Praxen und gesellschaftlicher Strukturen zu identifizieren und zu analysieren und kurzschlüssige normative Schlussfolgerungen zu vermeiden«[446].

5.8 Fazit: Selbstbehauptung auf Kosten Anderer

Die vorliegende Studie blickte im Bewusstsein der Schoah zurück auf die Anfänge des Christentums und unterzog aus dieser Perspektive die Geschichte christlicher Kirchen und christlicher Theologie einer schonungslosen Kritik. Im Verlauf dieser Geschichte entwickelte sich aus der inklusiven jüdischen Jesusbewegung eine christliche Kirche, deren Selbstverständnis wesentlich vom Anspruch auf eigene Exklusivität bestimmt war. Die erste und folgenreichste Exklusion betraf die jüdischen Gemeindeglieder. Im entstehenden Christentum setzten sich diejenigen durch, die dem Judentum seine Legitimität absprachen. Christliche Gemeinden definierten sich fortan als nichtjüdisch, ersetzten die jüdischen gezielt durch dazu gegensätzliche christliche Frömmigkeitsformen, diffamierten jüdische Gemeindeglieder und drängten sie aus ihren Reihen hinaus. Begleitet wurde diese Entwicklung von Judenverachtung und Judenhass, der sich nach der Konstantinischen Wende immer wieder in mörderischen Gewaltexzessen austobte. Jüd*innen wurden nicht als Bilder Gottes gewürdigt, sondern gedemütigt, ausgegrenzt und vielfach vertrieben, verfolgt und vernichtet. Auch in Phasen »friedlicher« Koexistenz war ihre Situation prekär und sie blieben auf die Barmherzigkeit und das Wohlwollen der jeweils herrschenden Kirchenoberen angewiesen. Auf dem Boden christlicher Judenfeindlichkeit gediehen antijüdische Ressentiments, ohne die rassistischer Antisemitismus und die Schoah nicht möglich geworden wären.

Den Ausgeschlossenen werden elementare Rechte versagt

Christliche Selbstvergewisserung vollzog sich an entscheidenden Punkten der Kirchengeschichte *durch abwertende Grenzziehung gegenüber Anderen*. Die Konstruktion eigener Identität und die Stabilisierung der eigenen Position *zu Lasten Anderer* sind insbesondere charakteristisch für das lehramtliche Selbstverständnis der römischen Kirche. Selbstdefinitionen sind – wie schon der Begriff »Definition« (von lat. *finis* Grenze) nahelegt – *per se* mit mehr oder weniger scharfen Abgrenzungen verbunden, die zum Ausdruck bringen sollen, wer oder was man ist bzw. sein will, und damit zumindest auch implizit wer oder was man *nicht* ist, bzw. *nicht* sein will. Insofern sind Abgrenzungen zur Klärung der eigenen Identität hilfreich und zuweilen notwendig. Die in diesem Kapitel beschriebenen Abgrenzungen gingen aber konsequent mit *Abwertungen* Anderer einher, sie konstruierten ein Machtgefälle und dienten der Benachteiligung und Herabwürdigung der als anders markierten Menschen. Die Grenzziehungen definierten ein Innen und ein Außen, sie begründeten Zugehörigkeit oder Ausschluss und begrenzten bzw. versagten damit den Ausgeschlossenen Rechte, die man für sich selbst in Anspruch nahm. Dazu zählten auch Rechte, die wir heute als universale Menschenrechte begreifen, die unveräußerlich sind und keinem Menschen abgesprochen werden dürfen.

Christliche Exklusion betraf nicht nur Menschen, sondern auch Tiere, wie im ersten Abschnitt dieses Kapitels ausgeführt wurde. Das durch eine tendenziöse Bibelauslegung vermeintlich legitimierte Selbstverständnis des Menschen als »Krone der Schöpfung« sollte seinen Anspruch als »maitre et possesseur de la nature« (René Descartes) sowie die rücksichtslose Ausbeutung der Natur und der nichtmenschlichen Lebewesen rechtfertigen. Christlicher Anthropozentrismus markierte eine scharfe Grenze zwischen Mensch und Tier, die dazu führte, dass Tiere nicht mehr als Mitgeschöpfe betrachtet wurden, denen unabhängig von ihrem möglichen Nutzen für Menschen ein Eigenwert zukommt.

Die Taufe war nicht nur ein Initiationsritus, der die Aufnahme in die christliche Gemeinde dokumentierte, sondern wurde aufgrund des exklusiven Wahrheitsanspruchs der Kirche zugleich als einziger Zugang zu Gott und Heil ausgegeben. Den Nichtdazugehörigen wurde die Verdammung prophezeit. Darüber hinaus verhinderte das konstitutiv asymmetrische Verhältnis von Getauften und Nichtgetauften, von Gläubigen und »Ungläubigen«, Letztere als »Ebenbilder Gottes« wahrzunehmen und ihre Würde zu respektieren.

Grenzziehungen bestimmen auch grundlegend die institutionelle Struktur der römisch-katholischen Kirche mit ihrer Ämterhierarchie, dem Ausschluss der Frauen von Weiheämtern und der strikten Unterscheidung von Klerikern und Laien. Dem Verständnis der Priester als »Hirten« ihrer Gemeinde entsprach ein paternalistisches Machtverständnis, das dem Missbrauch dieser Macht Vorschub leistete und die Missbrauchten zu wehrlosen Opfern machen konnte.

Diese Grenzziehungen und die damit einhergehenden Exklusionen wurden als gottgewollt ausgegeben, genauso wie ein binäres, heteronormatives Menschenbild als in Gottes Schöpfungsordnung vorgegeben behauptet wurde und wird. Theologisch begründete Exklusion dient meiner Kirche bis heute als Instrument zur systematischen Diskriminierung von Frauen, Homosexuellen, Intersexuellen, Transgender und überhaupt allen, die einer angeblich naturrechtlich bestimmbaren Norm nicht entsprechen.

Bei all diesen Exklusionen ist im Einzelnen nicht mehr präzise auszumachen, welchen Beitrag dazu christliche oder anderweitige kulturelle Einstellungen geleistet haben. Anthropozentrismus, Rassismus, Frauenfeindlichkeit und Homophobie sind keine spezifisch christlichen Phänomene. Auch ist nicht detailliert aufschlüsselbar, inwieweit während der Kolonisation die Diskriminierung amerikanischer, asiatischer und afrikanischer Menschen aus einem kulturellen europäischen Überlegenheitsgefühl resultierte und inwieweit aus dem christlichen Bewusstsein im Unterschied zu den »Heiden« der einzig wahren Religion anzugehören. In den vorstehenden Abschnitten konnte allerdings gezeigt werden, dass christliche Überzeugungen kulturell, ökonomisch oder politisch bedingte Vorbehalte und Diskriminierungen verstärken und die daraus sich ergebenden Anmaßungen, Übergriffe und Exzesse legitimieren konnten.

Die Exklusion der jüdischen Gemeindeglieder war fundamental

Die erste Exklusion der christlichen Kirche fällt freilich aus dem Rahmen der eben genannten Exklusionen. Denn der Ausschluss der jüdischen Mitglieder aus den christlichen Gemeinden war fundamental, weil er das christliche Selbstverständnis zum Ausdruck brachte. Christlicher Glaube begründete sich durch die explizite Enteignung und Übernahme dessen, was das jüdische Selbstverständnis ausmachte: »Volk Gottes« und mit Gott »im Bund« zu sein. Die christliche Kirche sprach dem jüdischen Volk sein Gottesverhältnis ab, usurpierte es für sich selbst und disqualifizierte als verblendet und von Gott verworfen, wer Jesus von Nazaret nicht als Messias anerkannte und sich nicht taufen ließ. Exklusion des Judentums und damit einhergehende Judenfeindlichkeit kennzeichnen, wie im ersten Kapitel ausgeführt, den Beginn des Christentums. Diese Judenfeindlichkeit war nun nicht einfach der christliche Beitrag zu einer etwa ohnehin schon in der damaligen Zeit weit verbreiteten antijüdischen Einstellung. Im Gegenteil: Die christlichen Kirchen waren für die tiefen antijüdischen Ressentiments der folgenden Jahrhunderte die treibende Kraft. Christlicher Judenhass wirkte als Brandbeschleuniger judenfeindlicher Exzesse und Pogrome und schuf erst den Boden für rassistischen Antisemitismus. Darum kommt den christlichen Kirchen eine ganz besondere Verantwortung zu, Antisemitismus nicht nur zu verurteilen, sondern alles, was in ihrem Selbstverständnis Judenfeindlichkeit auch nur begünstigen könnte, restlos zu tilgen.

Konsequenzen für Theologie und Kirchen sind unvermeidlich

Für manches, dessen sich die christlichen Kirchen in der Vergangenheit schuldig gemacht haben, lassen sich mildernde Umstände vorbringen. Was uns daran heute unverständlich und nicht mehr nachvollziehbar ist, mag damals aufgrund der gegebenen Verhältnisse als selbstverständlich, ja gottgegeben erschienen sein. Mildernde Umstände sind insbesondere für diejenigen geltend zu machen, die selbst marginalisiert und von Bildungsmöglichkeiten ausgeschlossen waren, die verführt oder gar gezwungen wurden mitzutun. Viel weniger gilt diese Nachsicht für diejenigen, die Verantwortung trugen und auch schon zu ihrer Zeit hätten wissen können, dass Unrecht ist, was sie taten und wozu sie anstifteten.

Für uns aber gelten keine mildernden Umstände mehr. Wir können und müssen wissen, dass unermessliches Unrecht war, was geschah und auch noch geschieht. Wir wissen um das vernichtende Potential von Feindbildern. Wir können und müssen nachvollziehen und bleibend erinnern, welche Konsequenzen christliche Judenfeindlichkeit zeitigte: Wir sind zur »Memoria passionis«, zum Eingedenken der Opfer verpflichtet, christliche Kirchen ganz besonders zum Eingedenken der Opfer, für die das Christentum Verantwortung trägt. Heutige wissenschaftliche Erkenntnisse haben jeder Form des Rassismus den Boden entzogen und Rassismus als Ideologie entlarvt. Wir wissen, dass Frauen keine defekten Männer sind, Homosexualität keine Krankheit ist und binäre Geschlechtermodelle viel zu kurz greifen. Uns haben die hermeneutischen Wissenschaften gelehrt, dass auch als heilig geltende Texte unvermeidlich zeitbedingt sind und in ihrem geschichtlichen Kontext verstanden werden müssen. Im Rückblick auf die Geschichte der Kirchen wissen wir um die verhängnisvollen Auswirkungen christlicher Exklusivitätsansprüche und der mit ihnen einhergehenden Diskriminierungen.

Weil wir wissen, müssen wir entsprechende Konsequenzen ziehen. Von diesen Konsequenzen hängt ab, ob und wie angesichts der Schuldgeschichte christlicher Theologie und Kirchen christlicher Glaube noch verantwortungsvoll gelebt werden kann. Sollte »Danach«, das heißt angesichts der Schoah christlicher Glaube nicht endgültig seine Existenzberechtigung verloren haben, muss er sein Selbstverständnis von Grund auf neu bestimmen.

Die folgenden Ausführungen wollen zunächst die grundsätzlichen Rahmenbedingungen für eine christliche Theologie, die diese Konsequenzen zieht, klären (6. Kapitel) und dann eine mögliche Konkretisierung dieser Theologie entwerfen (7. Kapitel). Es handelt sich dabei um Vorüberlegungen, erste Skizzen und Fragmente einer revidierten christlichen Theologie, nicht schon um deren fertige Ausarbeitung.

6. Kapitel:
Prinzipien christlicher Neubestimmung

Eine in Verantwortung vor ihrer Geschichte revidierte christliche Theologie muss drei Prinzipien genügen: dem Verzicht auf Exklusivität, der Verpflichtung auf Humanität und der Depotenzierung ihrer Dogmatik.

6.1 Erstes Prinzip: Exklusivitätsverzicht

Als Erstes ist es notwendig, dass der antijüdische Affront, der schon den Beginn des Christentums markiert, und der christliche Anspruch, exklusiv über den Zugang zu Wahrheit und Heil zu verfügen, zurückgenommen werden. Insbesondere die römisch-katholische Kirche muss ihren implizit antijüdischen Heilsexklusivismus, wonach es nur ihre Wahrheit geben kann, aufgeben. Damit stehen wir vor einer Aufgabe, die bereits die evangelische Theologin Dorothee Sölle umrissen hat, als sie der Frage nachging, welche Konsequenzen die christliche Theologie aus der Schoah ziehen müsse:

> »Ist es möglich, sich auf den armen Mann aus Nazareth, der in und mit seinen NachfolgerInnen der Christus ist, zu berufen, ohne in die Falle der falschen Absolutheit, des skepsisfreien Imperialismus und seiner Intoleranz zu fallen? Oder müssen wir jeden Wahrheitsanspruch des christlichen Glaubens aufgeben, weil er ja an Auschwitz beteiligt war? Das Grundproblem scheint mir zu sein, wie wir Verbindlichkeit ohne Exklusivität, Glauben ohne Herrschaftsanspruch, Hoffnung ohne autoritären Zwang zu artikulieren vermögen.«[447]

Verbindlichkeit, Glaube und Hoffnung werden für christliche Theologie und Existenz nach der Schoah prägend bleiben. Exklusivitäts- und Herrschaftsansprüche sowie autoritärer Zwang können und müssen dagegen aufgegeben werden.

Ebendieses Anliegen drückt Klaus Wengst aus, wenn er fragt, ob es angesichts des Geburtsfehlers des Christentums, sich antijüdisch begriffen zu haben, heute eine christliche Identität ohne Polemik geben könne. Als These dazu formuliert er:

> »Christinnen und Christen dürfen keinen absoluten und exklusiven Wahrheitsanspruch erheben – schon gar nicht gegenüber dem Judentum.«[448]

Auch der jüdische Theologe und Rabbiner Walter Homolka betrachtet es als unumgänglich, dass das Christentum seinen Absolutheitsanspruch relativiert, wenn es zu einem echten jüdisch-christlichen oder christlich-muslimischen Dialog kommen soll.[449] Ich verstehe dies als erste und *notwendige* Bedingung einer christlichen Theologie in Verantwortung vor ihrer Geschichte.
Die Jesusbewegung war umfassend inklusiv. Jesus wandte sich gerade auch denjenigen Menschen zu, die von vielen gemieden wurden, die ausgegrenzt, verachtet und benachteiligt wurden. Als einzigen Hindernisgrund, um Jesus nachzufolgen, nennt die Bibel Reichtum. Die Kehrseite des Reichtums ist Armut. Wer reich ist und sich auf Almosen beschränkt, gibt damit zu

erkennen, dass er die Armut anderer zum eigenen Vorteil in Kauf nimmt. Das Markusevangelium überliefert als Worte Jesu zu seinen Jüngern:

> »Meine Kinder, wie schwer ist es, in das Reich Gottes zu kommen! Leichter geht ein Kamel durch ein Nadelöhr, als dass ein Reicher in das Reich Gottes gelangt« (Mk 10,24f, par. Mt 19,24; Lk 18,25).

Mit Reichtum ist unvermeidlich die Spaltung der Gesellschaft in Reiche und Arme verbunden. Reichtum ist Ausdruck von Exklusion. Wer seinen Reichtum bedroht sieht, errichtet Zäune und baut Mauern: um sein Haus, sein Land, um Deutschland, um Europa. Nach dem Zeugnis der Evangelien war Reichtum der einzige Exklusionsgrund für die Nachfolge Jesu. Für die christlichen Großkirchen dagegen war Reichtum, wie rücksichtslos er auch immer erworben worden war, noch nie ein Grund zum Ausschluss.
Spätere Gemeinden, die beanspruchten Jesus nachzufolgen, verstanden sich in *anderer* Weise als exklusiv. Nur wer Jesus als Messias anerkenne, finde zu Gott und komme zum Heil. Alternative Wege zum Heil wurden damit strikt ausgeschlossen. Was als einladendes Angebot gedacht war, wurde damit zum Ausschlusskriterium.
Doch Jesus und die Menschen, die ihm zuerst folgten, wären schon im zweiten Jahrhundert in den meisten christlichen Gemeinden nicht mehr erwünscht gewesen. Sie wären genötigt worden, ihre jüdische Lebensweise aufzugeben. Wie im letzten Kapitel ausgeführt, dienten Exklusionen der Kirche ihre gesamte Geschichte hindurch der eigenen Selbstvergewisserung und Selbsterhaltung. Exklusionen sind insbesondere für die römisch-katholische Kirche bis in die Gegenwart bestimmend geblieben.

Mit der Diskriminierung von Frauen und LGBTQ*-Menschen verkehrt meine Kirche ein zentrales Anliegen Jesu in sein Gegenteil.
Ein besonders trauriges Beispiel exklusiver Anmaßung ist die katholische Eucharistiefeier, die fast völlig in Vergessenheit geraten lässt, dass diese in der Tradition von Jesu offenen Mahlgemeinschaften zu stehen beansprucht. Meine Kirche nimmt sich das Recht heraus, Menschen, deren Ehen zerbrochen sind und die wieder heiraten, vom christlichen Mahl auszuschließen. Das Nämliche gilt für die Partner*innen einer religionsverschiedenen Ehe und auch für Christ*innen evangelischer Konfession, obwohl die römisch-katholische Kirche deren christliche Taufe anerkennt.
Die fortgesetzten Exklusionen der katholischen Kirche werden damit gerechtfertigt, allein im Besitz der Wahrheit zu sein. Die Kirche triumphiert, die Synagoge ist blind: So begann es, so sieht man es noch heute, wenn wir etwa in Straßburg, Speyer oder Worms durch die Portale gotischer Kirchen treten. Angehörige anderer Religionen wurden als Ungläubige abqualifiziert. Wer zwar getauft war, aber nicht zur katholischen Kirche zählte, wurde als irrgläubig diffamiert. Die Kirche weiß, was gottgewollt ist, sie kennt die Wahrheit über das Wesen des Menschen.
Dieses exklusive kirchliche Selbstverständnis konnte sich behaupten, solange die gesellschaftlichen und geistesgeschichtlichen Verhältnisse diese Ansprüche zu bestätigen schienen. Andersgläubige waren in der Minderheit und meist weit weg. Die dominierenden Philosophien lieferten vermeintlich »allein aus der Vernunft« und ohne Rückgriff auf Offenbarung Gründe, um den Wahrheitsanspruch der Kirche zu untermauern. Jahrhundertelang lieferte die Philosophie die unterschiedlichsten Gottesbeweise. Anselm von Canterbury (1033–1109) meinte, nicht nur die Existenz Gottes, sondern auch die Menschwerdung Jesu und die göttliche Trinität als denknotwendig nachweisen zu können.[450] Noch im Jahr 1910 verpflichtete Papst Pius X. alle Priesteramtskandidaten und alle in Seelsorge und Unterricht tätigen Geistlichen, den »Antimodernisteneid« abzulegen. An erster Stelle wurde darin das Bekenntnis gefordert, »daß *Gott*, der Ursprung und das Ziel aller Dinge, mit dem natürlichen Licht der Vernunft ›durch das, was gemacht ist‹ (Röm 1,20), das heißt, durch die sichtbaren Werke der Schöpfung als Ursache vermittels der Wirkungen *sicher erkannt* und sogar auch bewiesen werden kann«[451]. Erst im Jahr 1967 wurde diese Eidesverpflichtung suspendiert.

Die gesellschaftliche und philosophische Absicherung ihres exklusiven Wahrheitsanspruchs kam der Kirche seit der Aufklärung sukzessive abhanden. Die Philosophie erkannte unüberwindliche Grenzen unserer Vernunft. Die traditionellen Gottesbeweise wurden widerlegt und neue entsprechende Versuche aufgegeben. Die Begegnung mit anderen Kulturen und Religionen verdeutlichte, dass der christliche Glaube nur einer unter vielen ist. Immer mehr setzte sich die Überzeugung durch, dass uns absolute Wahrheit bezüglich der Fragen nach Sinn und Bestimmung unserer Welt nicht zugänglich und verfügbar ist. Welche Religion die »wahre« ist, ob auch nur *eine* Religion diesen Anspruch zu Recht erhebt, lässt sich für uns nicht klären. Über die in Lessings Ringparabel wunder-

bar erzählte Einsicht kommen wir nicht hinaus: »Der rechte Ring war nicht erweislich.«[452]

Je mehr dem exklusiven Wahrheitsanspruch der katholischen Kirche der Boden entzogen wurde, desto autoritärer und fundamentalistischer wurde sie. Dafür steht im 19. und 20. Jahrhundert die pianische Epoche, in der das päpstliche Unfehlbarkeitsdogma durchgesetzt und an der Irrtumslosigkeit und der historischen Zuverlässigkeit biblischer Texte unbeirrt festgehalten wurde.

Doch heute führt kein Weg an der Einsicht vorbei, dass die Rechtfertigungsgründe für den christlichen Exklusivitätsanspruch unwiederbringlich dahin sind. Der erste Teil dieser Studie zeigte, wie in der Konsequenz christlichen Exklusivitätsbewusstseins Verbrechen gegen die Menschlichkeit möglich wurden. Das traditionelle Christentum, das auf diesem Exklusivitätsanspruch bestand, ist damit an sein Ende gekommen. Dieser Anspruch muss ein und für allemal aufgegeben werden.

Es ist stattdessen anzuerkennen: Christlicher Glaube steht in einer Reihe mit anderen Überzeugungen und Weltanschauungen. Die Bibel steht als »Heilige Schrift« neben anderen »Heiligen Schriften«. Jesus von Nazaret ist eine herausragende religiöse Persönlichkeit neben anderen herausragenden religiösen Persönlichkeiten. In der Innenperspektive christlichen Glaubens sind die Gründe, die diese Relativierung in der Außenperspektive fordern, nicht weniger gültig.

Ist also alles in Glaubensfragen »gleich-gültig«? Dürfen – zum Beispiel – »Gotteskrieger« und gewaltbereite religiöse Fundamentalisten das gleiche Recht für sich beanspruchen wie Menschen, die für Frieden, Gerechtigkeit und die Bewahrung der Schöpfung eintreten? Nein, selbstverständlich ist nicht alles gleich gültig. Es gibt ein Kriterium, an dem das, was die Religionen vertreten und verkünden, zu messen ist – davon wird gleich zu reden sein.

Für die geschehenen Untaten anderer Religionen und Weltanschauungen übernehme ich keine Verantwortung. Aber ich übernehme Verantwortung für die christliche Tradition, in der ich von klein auf stehe. Als katholischer Theologe muss ich verantworten, was ich lehre und weitergebe. Ich kann jedenfalls nicht verantworten, dass die exklusive christliche Theologie, die Antisemitismus ermöglichte und der Schoah den Boden bereitete, im Wesentlichen weiterhin tradiert wird, als habe es die Schoah nie gegeben.

Das erste Prinzip begründet sich aus den Folgen christlichen Exklusivitätsanspruchs und fordert den Verzicht auf jede Form derart diskriminierenden Anspruchs. Gesucht ist eine Form christlicher Identität, die sich zwar im *Unterschied*, jedoch nicht im *exklusiven Gegensatz* zu jüdischen, aber auch nicht zu muslimischen und zu anderen religiösen oder religionsfreien Identitäten versteht. Vorauszusetzende und konsequent zu überprüfende Bedingung ist, dass alle mit diesen Identitäten verbundenen Existenzweisen lebensdienlich und human ausgerichtet sind, weil nur so ein gedeihliches Miteinander unterschiedlicher Religionen und Weltanschauungen heute und künftig möglich ist. Der Verzicht auf Exklusivität bedeutet damit keinesfalls Beliebigkeit und Unverbindlichkeit. Dass sich die grundsätzliche Verpflichtung auf Humanität und das Eintreten für die Menschenrechte für die christliche Theologie leider nicht von selbst verstehen, sondern hier eigens aufgeführt werden müssen, bedarf der Erläuterung.

6.2 Zweites Prinzip: Humanisierung

In dem Jahrhundert, das der »Erklärung der Menschen- und Bürgerrechte« durch die französische Nationalversammlung im Jahr 1789 folgte, polemisierten die römischen Päpste nicht nur scharf gegen die Grundidee von Menschenrechten, sondern sie verwarfen ausdrücklich auch einige dieser Rechte. So schrieb Papst Leo XIII. im Jahr 1888 in der Enzyklika *Libertas praestantissium*, »dass es keineswegs erlaubt ist, Gedanken-, Rede-, Lehr- und unterschiedslose Religionsfreiheit zu fordern, zu verteidigen und zu gewähren, als wären alle diese Freiheiten von Natur gegebene Rechte«[453]. Vorbehalte gegen Menschenrechte bestanden auch in der evangelischen Kirche bis weit ins 20. Jahrhundert hinein.[454] Religionsfreiheit wurde von der römisch-katholischen Kirche erst mit dem Zweiten Vatikanischen Konzil offiziell akzeptiert, wichtige Menschenrechte sind *innerhalb* der katholischen Kirche bis heute nicht realisiert. Zu immer nachdrücklicheren Fürsprecherinnen der Menschenrechte im außerkirchlichen Bereich entwickelten sich die Kirchen erst in den letzten Jahrzehnten des 20. Jahrhunderts. Auch bezüglich der Menschenrechtsbewegung sind die christlichen Kirchen somit leider nur sehr spät »Hinzugekommene«. Sie sollten sich heute in diese Bewegung konstruktiv einbringen, aber angesichts dieser Vorgeschichte keineswegs den Anspruch auf eine Sonder- oder gar Führungsrolle erheben.

Die lange gehegten kirchlichen Vorbehalte gegen die Menschenrechte sind umso bitterer und unverständlicher, als es inhaltliche Entsprechungen zwischen biblischem Ethos und Grundintentionen der Menschenrechte gibt. Denn in der Vielstimmigkeit biblischer Texte und in der Fülle ihrer unterschiedlichen Gottesbilder behauptet sich doch *eine* Überzeugung als Grundtenor: Die Gottheit, die die Bibel bezeugt, ist lebens- und menschenfreundlich. Sie will Gerechtigkeit auf Erden und das umfassende Glück der Menschen – ganz besonders derjenigen, denen Gerechtigkeit und Glück noch verwehrt werden. Nach biblischer Vorstellung ist die Erde als gemeinsamer Wohnort für die Menschen und alles Leben bestimmt. Die Menschen sind als Repräsentant*innen Gottes verantwortlich für die umfassend lebensfreundliche Gestaltung dieses Wohnorts. Dies ist Intention der biblischen Gebote und dies ist eine Sinnspitze der Schöpfungstexte. Darauf zielt nicht nur die Botschaft der alttestamentlichen Prophetie, sondern auch Jesu Verkündigung.[455]

Darüber hinaus zählt zu den Wurzeln der Menschenrechte auch der von der Reformation angestoßene Kampf um Gewissensfreiheit. Es geriet überdies in Vergessenheit, dass die Schule von Salamanca im 16. Jahrhundert und der Dominikaner Bartolomé de Las Casas mit seiner Kritik an der Conquista sowie seinem Eintreten für die Rechte der indigenen Völker wichtige Beiträge zur modernen Menschenrechtsidee lieferten. Es ist darum höchst bedauerlich, dass die Kirchen bei der Durchsetzung der Idee der Menschenrechte lange Zeit nicht zu den treibenden Kräften zählten, sondern im Gegenteil diese Entwicklung zu blockieren versuchten.

Es ist freilich nicht zu leugnen: Was wahre Menschlichkeit ausmacht und welche Rechte universale Geltung beanspruchen müssen, ist umstritten. Im Namen angeblicher Humanität wurden Verbrechen wider die Menschlichkeit begangen. Auch unterscheiden sich die seit der Aufklärung vorgelegten Menschenrechtskataloge. Sie alle sind geschichtlich bedingt und von ihrer jeweiligen kulturellen Perspektive geprägt. Umso wertvoller und schützenswerter sind die Konventionen, auf die sich die Völker bereits verständigen konnten. Dazu zählt die im Jahr 1948 von der Generalversammlung der Vereinten Nationen ohne Gegenstimme verabschiedete »Allgemeine Erklärung der Menschenrechte«. Es muss aber auch weiterhin immer wieder neu um angemessene Formulierungen gerungen werden, die zum Ausdruck bringen, was der Menschlichkeit dient und was Rechte sind, die ausnahmslos jedem Menschen zukommen. Der Umstand, dass diese Aufgabe nie abgeschlossen sein wird, entbindet nicht von der grundsätzlichen Verpflichtung, die jeweils kodifizierten Menschenrechte als verbindlich anzuerkennen und für ihre umfassende Achtung auch im Hinblick auf kommende Generationen einzutreten. Bei allem Streit um Menschenrechte gilt es auch zu bedenken: Problematisch ist weitaus weniger, dass wir nicht wüssten, was uns Menschlichkeit abverlangt, als vielmehr, dass wir auch das nicht tun, was unabweisbar von uns getan werden müsste, um den Menschenrechten Geltung zu verschaffen.

Es muss für uns jedenfalls unumstößlich gelten: Was nicht menschlich ist, was nicht human ist, ist auch nicht christlich – selbst wenn es in der Bibel steht. Humanität ist das Maß aller Weltanschauungen und Religionen. Christlicher Glaube ist damit unbedingt der Humanität, der Lebens- und Menschenfreundlichkeit verpflichtet. Menschlichkeit ist seine einzige im strengen Sinn kategorische, das heißt *bedingungslose* Voraussetzung. Alle möglichen anderen Ansprüche werden dadurch begrenzt: Was Menschlichkeit schmälert, ist mit christlicher Überzeugung unvereinbar. Kein Bibelwort, keine Lehre der Kirchen, keine theologische Position, keine pädagogische Konzeption, keine weltanschauliche Überzeugung, keine Verordnung eines Staates, keine kommunale Regelung und keine Schulordnung haben bedingungslose Gültigkeit. Sie alle sind daran zu messen, ob sie der Menschlichkeit dienen. Tun sie es, dann sind sie für gläubige Menschen gottgewollt.

Erschüttert über religiös motivierte Gewalt und in Anbetracht des Gewaltpotentials, das alle Religionen in sich bergen, bemerkte der Dalai

Lama vor einigen Jahren, er »denke an manchen Tagen, dass es besser wäre, wenn wir gar keine Religionen mehr hätten«[456]. Die vergangenen Jahrzehnte haben allerdings gezeigt und wir erleben es jeden Tag, dass Religionen unsere Lebenswirklichkeit weiterhin prägen. Darum ergibt sich als vordringliche Aufgabe die konsequente Humanisierung der Religionen. Da ist noch viel zu tun, auch im Christentum und ganz besonders in meiner eigenen Kirche. Die unbedingte Achtung der Menschenrechte, das heißt die kategorische Verpflichtung auf eine lebensfreundliche Humanität muss darum bei der Revision christlicher Theologie ausdrücklich als unverzichtbarer Grundsatz Berücksichtigung finden.

6.3 Drittes Prinzip: Entdogmatisierung

Das *dritte* Prinzip für eine Revision christlicher Theologie bricht mit der Vorstellung, das Christentum sei eine dogmatische Religion. Vor einigen Jahren noch schrieb der katholische Religionsphilosoph Jörg Splett, dass »nicht Güte und Anständigkeit [...] den Christen [machen], sondern das Glaubensbekenntnis«. Das Christentum, so Splett weiter, sei »so unbestreitbar wie unzeitgemäß [...] eine dogmatische Religion«[457]. So sieht es bis heute die römisch-katholische Kirche, so sahen es im Jahr 1934 auch die deutschen katholischen Bischöfe, als von ihnen Güte und Anständigkeit gefordert war, ihnen aber vor allem daran lag, die Gläubigen auf die tradierten Dogmen einzuschwören. In einem gemeinsamen Hirtenbrief schärften sie ein:

> »Ihr habt gehört und gelesen: *Dogmen seien Menschenwerk*. Wir aber, eure Bischöfe, sagen euch: Dogmen, Glaubenssätze, sind Gottesgedanken, Gottesgesetze, den Offenbarungen Gottes vom kirchlichen Lehramt unter der Leitung des Heiligen Geistes entnommen und uns zum Glauben vorgestellt. Dogmen sind also kein Menschenwerk.«[458]

Kaum einer der katholischen Bischöfe und kein Papst würde es heute noch wagen, sich so anmaßend zu äußern; doch nicht wenige dürften noch immer so denken. Denn solches Dogmenverständnis war in der römisch-katholischen Kirche noch vor wenigen Jahrzehnten vorherrschend und manche Amtsträger vertreten ihre theologischen Positionen noch immer aus diesem Verständnis heraus.

Auch wer heute Theologie lehrt, hat eine wirkmächtige dogmenfixierte Theologiegeschichte im Rücken. Die Kirchen erwarten noch immer, dass in der theologischen Lehre die tradierten dogmatischen Formeln begründet, vertreten und als verbindliche Zusammenfassung christlichen Glaubens heutigen Menschen zugänglich gemacht werden. Systematische Theologie, insbesondere Dogmatik, kann sich bis heute in den theologischen Fakultäten als Leitdisziplin der christlichen Theologie behaupten, evangelisch wie katholisch. Die praktischen theologischen Disziplinen spielen daneben eine untergeordnete Rolle. Weithin herrscht noch die Vorstellung vor, die Dogmatik gebe vor, was die praktische Theologie zu vertreten, zu verbreiten und zu vermitteln habe. Obwohl der katholische Religionspädagoge und ausgewiesene systematische Theologe Bernhard Grümme in aller Deutlichkeit betont, Religionspädagogik stehe im Dienst der Subjektwerdung der Menschen, sei nicht »Anwendungswissenschaft der Theologie« und auch nicht »Vehikel zur Realitätsgewinnung einer systemisch in sich verschlossenen, lebensweltlich wie geschichtlich entfremdeten Theologie«[459], hängt die traditionelle Dogmatik nicht nur der Religionspädagogik noch immer wie ein Klotz am Bein, sondern sie steht auch einer fundamentalen Revision christlicher Theologie im Wege.

Doch die revidierte Theologie, die hier gefordert wird, verabschiedet das Verständnis des Christentums als einer dogmatischen Religion. Christlicher Glaube ist keine Religion, deren Wesen sich in dogmatischen Sätzen formulieren ließe, die für wahr halten muss, wer Christ*in sein will. Die Vorstellung, man könne christlichen Glauben in ein verbindliches geschlossenes System zwängen, ist obsolet und verstellt den Blick darauf, was letztverbindlicher Grund christlichen Glaubens und christlicher Hoffnung ist. Die an den Universitäten gelehrte Dogmatik sollte sich darum endlich als rein historische und nicht länger als normative Disziplin verstehen.

Zugehörigkeit zur christlichen Gemeinde erweist sich nicht darin, dass bestimmte Sätze nachgesprochen und in einem vorgegebenen Sinn für wahr gehalten werden, sondern diese Zugehörigkeit erweist sich im gemeinsamen Versuch, Nachfolge Jesu unter den Bedingungen der Gegenwart zu realisieren. Wo dies geschieht, kann die eingangs zitierte Frage

Elie Wiesels, ob unser Christentum noch die Botschaft Jesu sei, in aller Vorsicht neu beantwortet werden: Das Christentum hat sich in der tradierten institutionalisierten Form der Großkirchen von der Botschaft Jesu entfernt und diese in ihrer Geschichte vielfach verraten. Aber als christliche Gemeinden versuchen wir uns heute in Verantwortung vor der Unheilsgeschichte christlichen Glaubens neu an der Botschaft und dem Wirken Jesu zu orientieren.

Die folgenden Überlegungen belegen, dass die Verpflichtung auf die genannten drei Prinzipien nicht die Selbstaufgabe christlichen Glaubens bedeutet. Christliche Theologie kann einen undogmatischen, spezifisch christlichen Glauben begründen, der auf Exklusivitätsansprüche verzichtet und lebensfreundliche Humanität fördert. Dabei formulieren die folgenden Thesen kein neues theologisches System. Sie sind nicht auf Vollständigkeit bedacht, aber pointiert antidogmatisch. Sie bilden ein provisorisches Konstrukt, ständig im Auf- und Umbau begriffen, unfertig, auf Dialog und gegenseitigen Austausch angelegt, offen für neue Entwicklungen. Überzeugen wollen sie nicht durch gedankliche Geschlossenheit, unangreifbare Widerspruchslosigkeit oder Konformität mit den Lehrsätzen klassischer Theologie, sondern durch die Bewährung in Existenzformen und Lebensstilen, die »Nachfolge Jesu« unter den Bedingungen der Gegenwart zu realisieren versuchen. Inspirierende Impulse erhoffen sich diese Thesen von der Kooperation mit Menschen, die sich für eine umfassend lebensfreundliche Welt engagieren und dabei von ganz unterschiedlichen Motiven bewegt und geleitet werden.

7. Kapitel:
Thesen zur Revision christlicher Theologie

Wie lassen sich die genannten Prinzipien konkretisieren? Die im Folgenden formulierten Überlegungen halten an der Möglichkeit christlichen Glaubens und christlicher Theologie fest, benennen dabei aber zugleich klare Alternativen zum Mainstream der traditionellen christlichen Theologie. Diese Thesen sind nicht das Produkt weltabgewandten Nachdenkens oder gar Spekulierens, sondern sie reflektieren Formen christlicher Existenz und christlicher Theologie, die in Theorie und Praxis bereits realisiert und erprobt sind, greifen diese auf und spitzen ihren theologischen Gehalt zu, um die damit vollzogene Abkehr von der traditionellen christlichen Theologie unmissverständlich deutlich zu machen. Solche alternativen Formen liegen insbesondere in den lateinamerikanischen, feministischen, schwarzen und queeren Befreiungstheologien vor, aber auch in vielen basisgemeindlichen und ökumenischen Bewegungen, wie sie zum Beispiel bei evangelischen Kirchentagen, Katholikentagen oder der Communauté von Taizé anzutreffen sind.

Die Thesen formulieren und reflektieren unvermeidlich und gewollt zugleich mein *persönliches* Verständnis christlichen Glaubens. Sie sind damit auch Bekenntnis. Sie bringen zum Ausdruck, wie ich mich selbst »Danach« und unter den sozialen, ökonomischen und ökologischen Bedingungen unserer Zeit noch als Christ verstehen kann.

7.1 Leitendes Kriterium: Botschaft und Wirken Jesu

Damit komme ich zurück auf die im Eingangskapitel zitierte Frage, die Elie Wiesel an uns Christ*innen richtete: Ist das, was wir Christentum nennen, noch die Botschaft Jesu? Die Frage Wiesels setzt voraus, dass christlicher Glaube seines Erachtens zumindest *beanspruchen* sollte, an der Botschaft Jesu gemessen zu werden. Aber akzeptiert christlicher Glaube diesen Maßstab? Ist das Christentum nicht vielmehr dadurch bestimmt, dass wir *an* Jesus als göttlichen Retter und Erlöser glauben, als dadurch, worum es Jesus selbst in seiner Verkündigung ging? Die von Jesus verkündete Botschaft und der christliche Glaube an Jesus sind jedenfalls nicht identisch, sie scheinen zumindest zunächst sogar in sehr unterschiedliche Richtungen zu führen.

Der jüdische Religionswissenschaftler Schalom Ben-Chorin meinte einmal, der Glaube *von* Jesus sei Judentum und Christentum gemeinsam, aber der Glaube *an* Jesus trenne das Christentum vom Judentum. Muss der Glaube *an* Jesus aber tatsächlich unvermeidlich anderes oder gar *mehr* besagen, als dem Glauben Jesu und seiner Botschaft zu vertrauen und zu versuchen, ihm darin nachzufolgen? Könnte christlicher Glaube *an* Jesus nicht schon in so verstandener Nachfolge *vollkommen* gefordert sein und sich erfüllen können? Dann enthielte der christliche Glaube *an* Jesus inhaltlich nichts über den Glauben *von* Jesus hinaus, sondern bezeichnete schlicht den besonderen Weg, wie nichtjüdische Nachfolgegemeinden zur Botschaft Jesu, das heißt zum Glauben *von* Jesus gefunden haben und noch immer finden. Dies wäre keine Rückkehr des Christentums zum Judentum oder eine »Reintegration des Christentums in das Judentum«[460]. Dieser Rückweg ist dem Christentum durch eigenes Verschulden abgeschnitten. Die Wege beider Religionen haben sich unwiderruflich getrennt. Aber es wäre die Korrektur einer Fehlentwicklung, die abgründige Folgen nach sich zog. Darum ist diese Korrektur nicht in das Belieben christlicher Theologie gestellt, sondern in der einen oder anderen Form *notwendig*.

Wenn wir Jesu Botschaft und sein Wirken als verbindlich für christlichen Glauben anerkennen, kann uns Elie Wiesels Frage als leitendes Kriterium bei der notwendigen Revision christlicher Theologie dienen. Dann muss sich das Christentum an der Botschaft des Juden Jesu messen lassen. Ob Jesus diese Botschaft als einfacher jüdischer Wanderprediger, als pharisäisch geprägter Rabbi, als Messias/Christus oder gar als eine von drei göttlichen Personen verkündet hat, rückt damit in den Hintergrund. Entscheidend bleibt dann, *was* Jesus geglaubt, gesagt, getan und gefordert hat. Den so genannten »Hoheitstiteln« (Messias/Christus, Sohn Gottes, Kyrios/Herr, Sohn Davids, Menschensohn), die Jesus beigelegt wurden, und den späteren christologischen Dogmen (der Sohn ist wesenseins mit dem Vater, Jesus ist wahrer Mensch und wahrer Gott) käme damit die Funktion zu, der Botschaft Jesu größeren Nachdruck zu verleihen, sie würden aber nicht (mehr) dazu führen, dass sich der christliche Glaube weniger auf die Botschaft Jesu als vielmehr auf seine Person beziehen würde. Anders ausgedrückt: Heutige Mitglieder der Jesusnachfolgegemeinden können sehr unterschiedlich darüber denken, mit welchem Titel Jesus von Nazaret angemessen gewürdigt wird, aber dies gefährdet nicht das, was diese Menschen verbindet. Denn sie orientieren sich nicht an Jesus, weil er für sie eine absolute, nicht hinterfragbare Autorität darstellt, sondern weil sie seinen Glauben und seine Hoffnung teilen. Das eint diese Gemeinden. Seine Autorität, die die christologischen Formeln zum Ausdruck bringen wollen, gewinnt Jesus für sie durch die Botschaft, für die er steht, nicht umgekehrt.

7.2 Erste These: Depotenzierung der Dogmatik statt »impliziter Christologie«

Die Revision christlicher Theologie geschieht in Verantwortung vor der Unheilsgeschichte des Christentums. Dieses Anliegen bleibt bei allem, was hier ausgeführt wird, präsent. Ehe nunmehr die zentrale These formuliert wird, sind noch einmal signifikante Etappen dieser Geschichte zu rekapitulieren.

Das, was wir heute als Christentum und christlichen Glauben bezeichnen, hat eine Geschichte und eine Vorgeschichte. Zur Vorgeschichte zählt das Judentum in seinen vielfältigen Ausprägungen, mit Messiaserwartungen und Visionen von einer Umgestaltung ungerechter weltlicher Verhältnisse durch das machtvolle Eingreifen Gottes. Zur Vorgeschichte zählen auch Jesus und seine Reich-Gottes-Verkündigung, die sich vollkommen in den jüdischen Kontext einfügen lässt und nur aus diesem heraus angemessen verstanden werden kann. Zu dieser Vorgeschichte zählen weiterhin die jüdischen Jesusnachfolgegemeinden, die freilich in Konflikt zu anderen jüdischen Gruppierungen gerieten, als sie den Gekreuzigten als Messias und den von Gott Auferweckten verkündeten. Damit begann eine Entwicklung, die die ursprüngliche *Botschaft* Jesu in den Hintergrund und die *Person* Jesu zunehmend in den Vordergrund rückte. Der Glaube, dass der Weg zum Gott Israels notwendig über Jesus führen müsse, weil dieser durch seinen Tod die Menschheit wieder mit Gott versöhnt habe, mündete schließlich in eine nun dezidiert *christliche* Exklusivität. Christliche Theologie fokussierte sich fortan auf christologische Formeln, die diesen exklusiven Anspruch zunehmend kompromissloser zur Geltung brachten und die Distanz zum Judentum vergrößerten. Die unnachgiebige Durchsetzung der christologischen Entscheidungen des Konzils von Nicäa besiegelte schließlich den endgültigen Bruch mit dem Judentum.

Die Christologie der vier Konzilien von Nicäa (325), Konstantinopel (381), Ephesus (433) und Chalcedon (451) bildete von nun ab die Basis christlicher Theologie. Damit setzte ein Vorgang ein, der gegenläufig zur eben skizzierten geschichtlichen Entwicklung verlief: Nicht nur das Alte Testament, sondern auch Jesus von Nazaret, die Nachfolgegemeinden und die neutestamentlichen Schriften wurden nun im Lichte der Jahrzehnte und Jahrhunderte später formulierten Christologie gelesen und gedeutet. Wie selbstverständlich erschien es in dieser Perspektive, dass die christologischen Bekenntnisformeln wenn nicht ausdrücklich, so doch wenigstens sinngemäß schon im Neuen Testament enthalten sein müssten. Wo dies augenscheinlich nicht der Fall war, wurden zumindest entsprechende Andeutungen gesucht und »entdeckt«. Die christliche Dogmatik war in ihrer Wirkung nunmehr so bestimmend geworden, dass sie bei vielen neutestamentlichen Texten *mitgedacht* wurde und deren Auslegung entgegen ihrem ursprünglichen Sinn und Kontext dominierte.

Solches Hineinlesen dogmatischer Inhalte in das Neue Testament lenkt bis heute unser Verständnis der biblischen Texte. Ein Beispiel: Wenn ich Theologiestudierende frage, ob sie trinitarische Formulierungen aus den Evangelien nennen können, verweisen sie unweigerlich auf die Taufformel im Matthäusevangelium:

> »Darum geht und macht alle Völker zu meinen Jüngern; tauft sie auf den Namen des Vaters und des Sohnes und des Heiligen Geistes [...]« (Mt 28,19).

Aus Perspektive traditioneller Dogmatik ist hier ganz selbstverständlich von den drei trinitarischen Personen Vater, Sohn und Geist die Rede, die eines Wesens sind. Die Trinitätstheologie ist so fest im christlichen Selbstverständnis verankert, dass nicht nur neutestamentliche, sondern oft auch alttestamentliche Texte unter trinitarischem Vorzeichen gelesen und verstanden werden.

Nun ist zunächst festzustellen, dass in der Exegese breiter Konsens besteht, dass es sich bei dem hier zitierten Beispiel nicht um ein authentisches Jesuswort, sondern um eine Gemeindebildung handelt. Aber viel entscheidender: Die genannten trinitarischen bzw. christologischen Aussagen sind in dieser Taufformel gar nicht enthalten. Es ist weder ausgedrückt, dass alle drei Genannten göttlich oder gar »Gott« seien, noch dass sie »eines Wesens« wären. Über die Relation und das Wesen oder die Natur von Vater, Sohn und Geist wird in diesem Bibelvers überhaupt nichts ausgesagt. Es handelt sich hier um eine einfache additive *triadische* (dreigliedrige) Formel, aber eben nicht um ein *trinitarisches* Bekenntnis im Sinne der späteren Konzilien. Es muss ganz deutlich festgehalten werden: Die trinitarische Vorstellung vom drei-einigen Gott ist nicht biblisch, sondern hat sich erst in einem höchst komplexen und langwierigen Prozess gegen massive theologische Widerstände bis zum fünften Jahrhundert durchgesetzt und blieb in der Folge Gegenstand von immer neuen intellektuell höchst anspruchsvollen, kontrovers diskutierten Trinitätsspekulationen.[461] Auch der Dogmatik blieb allerdings nicht verborgen, dass sowohl für eine »hohe« Christologie als auch für die Trinitätslehre ausreichend biblische Belege fehlen. Durch die Einsichten der historischen Jesusforschung geriet die Dogmatik im vergangenen Jahrhundert unter zusätzlichen Begründungs- und Rechtfertigungsdruck. Je stärker sich die Einsicht durchsetzte, dass sich »[Jesu] Lehre [...] durch das biblische und pharisäische Judentum seiner Zeit vollkommen und ausnahmslos erklären [lässt]« und »Jesus nie daran dachte Prophet oder Messias der Nichtjuden zu sein«[462], desto mehr kam christliche Dogmatik in Erklärungsnöte. Eine Lösung für dieses Problem wurde und wird bis heute in der Konstruktion einer »impliziten Christologie« gesehen.[463] Demnach habe Jesus zwar nicht *explizit* von sich als Messias oder als Gott gesprochen, aber sein Auftreten und seine Verkündigung hätten dies *impliziert*.

»Implizite Christologie« impliziert antijüdische Aneignung Jesu

»Implizite Christologie« dient damit der Begründung der viel später formulierten hohen Christologie. Das Konzept impliziter Christologie ist allerdings vor allem das Eingeständnis, dass in den Evangelien explizit nicht geschrieben steht, was die spätere hohe Christologie behauptet. Darüber hinaus ist es der raffinierte Versuch nachzuweisen, dass die spätere Dogmatik eigentlich nichts Neues beinhalte, sondern nur explizit entfalte, was implizit schon in Verkündigung und Auftreten Jesu enthalten gewesen sei. Die katholische Theologin und Religionspädagogin Sabine Pemsel-Maier bringt die Argumentation auf den Punkt:

> »Die implizite Christologie wird zum Ausgangspunkt für die entfaltete nachösterliche explizite Christologie und damit für all jene christologischen Deutungen, die nach der Erfahrung der Auferweckung das Bekenntnis zu Jesus als dem Christus auf unterschiedliche Art und Weise auf den Begriff bringen.«[464]

Dieses Verfahren lässt sich an Joseph Ratzingers Sicht auf Jesus illustrieren, die er in seiner Jesus-Trilogie (2007–2012) präsentierte. Im ersten Schritt begreift er »den Jesus der Evangelien als den wirklichen Jesus, als den ›historischen Jesus‹ im eigentlichen Sinn«[465]. Damit ignoriert Ratzinger die Erkenntnisse historisch-kritischer Forschung der letzten Jahrzehnte und projiziert die Jesusbilder der Evangelisten zurück auf den historischen Jesus. Im nächsten Schritt versucht er nachzuweisen, dass die spätere Christologie bereits *implizit* in den Evangelien enthalten sei. Da diese Christologie aber definitiv unvereinbar ist mit jüdischen Vorstellungen, gelingt dies Ratzinger nur, indem er Jesu Botschaft aus ihrem jüdischen Kontext herauslöst und diese als »radikal anders« qualifiziert:

> »Die Reaktion seiner Hörer war klar: Diese Lehre stammt aus keiner Schule. Sie ist radikal anders als das, was man in Schulen lernen kann. Sie ist nicht Auslegung nach der Weise der Interpretation, wie sie in Schulen vermittelt wird. Sie ist anders; sie ist Auslegung ›in Vollmacht‹ […] Die Lehre Jesu kommt nicht aus menschlichem Lernen, welcher Art auch immer. Sie kommt aus der unmittelbaren Berührung mit dem Vater, aus dem Dialog von ›Gesicht zu Gesicht‹ – aus dem Sehen dessen heraus, der an der Brust des Vaters ruhte.«[466]

Ausdrücklich weist Ratzinger »Deutungen, die sich vom Kontext der Zeit her nahe legen«[467], zurück und formt stattdessen einen »historischen Jesus« im Ausgang und unter Voraussetzung christlicher Dogmatik. Das ganze Konstruktionsprinzip »impliziter Christologie« beruht darauf, Besonderheiten und Unterschiede bei Jesus im Vergleich zu seinem jüdischen Umfeld auszumachen. Damit ist implizite Christologie *per se* antijüdisch. Erst in seiner dogmatischen Perspektive kann Ratzinger »das unvergleichlich Neue und Andere […], das in Jesu Reden mit dem Vater erschienen war«[468], schon in der Bibel »entdecken«. Seit aber die historische Jesusforschung ergeben hat, dass Jesus und seine Botschaft völlig bruchlos im jüdischen Kontext verstanden werden können, ist diesem Konstruktionsprinzip der Boden entzogen. Jesus habe er zwar von Jugend auf als großen Bruder empfunden, schrieb der jüdische Philosoph und Theologe Martin Buber, aber der »Christus der Kirche [sei] ein Koloß auf tönernen Füßen«[469]. Wer heute noch diesen Koloss mit »implizi-

ter Christologie« stabilisieren will, muss wie Ratzinger konsequent die Einsichten jahrzehntelanger wissenschaftlicher Forschung ignorieren.
Implizite Christologie und auch Versuche einer impliziten Trinitätslehre sind eine aus der Not geborene Methode, um die offensichtliche Kluft zwischen biblischem Jesus, frühen Jesusnachfolgegemeinden und späterer christlicher Dogmatik zu überbrücken. Dieses Bestreben ist auch noch bei dem evangelischen Theologen Christoph Schwöbel erkennbar, der zwar »natürlich nicht behauptet, dass wir einen Schriftbeweis für eine entfaltete Trinitätslehre im Neuen Testament anbieten können«, was so wohl auch noch niemand je behauptet haben dürfte, der aber zugleich meint, »dass wir in den Ausdrucksformen christlicher Praxis in Verehrung, Anrufung, Reflexion und Handlung eine zugrundeliegende *proto-trinitarische Tiefenstruktur* entdecken können, die [...] den Rahmen für die Vielfalt und Reichhaltigkeit der Ausdrucksformen des christlichen Glaubens bestimmt.[470] Das Schema von impliziter und expliziter Christologie ist, gewollt oder nicht, ein Instrument, um Jesus von Nazaret und seine Botschaft aus dem Judentum herauszulösen, diesem als der »radikal Andere« entgegenzusetzen und Jesus exklusiv für den christlichen Glauben in Anspruch zu nehmen. Noch einmal muss betont werden: »Implizite Christologie« ist damit eine Facette der systematischen christlichen Enteignungsstrategie gegenüber dem Judentum und implizit antijüdisch.
Wie selbstverständlich diese implizite Christologie bis heute in der christlichen Theologie Verwendung findet und auch noch die theologische Hochschullehre prägt, zeigen die entsprechenden Ausführungen unter dem Stichwort »Christus/Christologie« im seriösen ökumenischen »Wissenschaftlich-Religionspädagogischen Lexikon im Internet«, die darum hier etwas ausführlicher zitiert werden sollen:

> »[B]ereits im Leben und Wirken des Jesu von Nazareth, in seiner Zuwendung zu anderen Menschen, besonders zu den Marginalisierten und Sündern, in seiner Botschaft vom Anbruch des Reiches Gottes, in seiner Auslegung der Thora, in seiner intensiven Gottesbeziehung und nicht zuletzt in seinem Umgang mit dem ihm bevorstehenden Todesschicksal und in seinem Sterben scheint etwas auf, das besonders, ungewöhnlich, anders ist als bei anderen Menschen [...].

> Diese implizite Christologie entdeckt in seiner Botschaft und seinem Wirken Spuren, die darauf schließen lassen, dass er die bekannten theologischen oder politischen Kategorien sprengt. Im Unterschied zur expliziten Christologie, die nach adäquaten Formulierungen sucht, um seine universale und heilsgeschichtliche Bedeutung auszusagen und eine Reihe von christologischen Titeln geprägt hat, ist die vorösterliche implizite Christologie noch nicht in der Lage, theologisch zu bestimmen, mit wem sie es mit der Person Jesus von Nazareth zu tun hat. Sie verfügt noch nicht über hinreichende Sprachformen, verzichtet daher auf Affirmationen und greift stattdessen zum Komparativ. Denn Jesus sprengt die aus dem Alten Testament bekannten Kategorien und erscheint als *mehr* und *größer*: mehr als ein Gesetzeslehrer, weil er die strenge Auslegung des Sabbatgebotes entschärft, innere Reinheit höher bewertet als veräußerlichte Reinigungsvorschriften und sich Sündern zuwendet; mehr als ein Rabbi, weil er sich in seiner Auslegung des Gesetzes nicht auf die Autorität der Väter beruft, sondern dem ›was zu den Alten gesagt ist‹, sein ›ich aber sage euch‹ (Mt 5,17–48 und öfter) entgegenstellt; ›mehr als ein Prophet‹ (Lk 7,26; Lk 11,32; Mt 5,17; Mt 12,41), weil er sich nicht durch die Botenformel ›Spruch des Herrn‹ ausweist, sondern seine Rede einleitet mit ›Amen, ich sage euch‹; ›mehr als Salomo‹ (Lk 11,31), weil er im Namen Gottes Sünden vergibt. Aus all dem spricht eine besondere Vollmacht (Lk 4,32), die nicht Ausdruck von Selbstherrlichkeit ist, sondern in der engen und intensiven Beziehung zu seinem Vater gründet. Ihn nannte er zärtlich-liebevoll *abba*; mit ihm wusste er sich aufs Engste verbunden; aus der Unmittelbarkeit dieser Beziehung lebte und handelte er; an ihn wandte er sich immer wieder im Gebet; für seinen Willen suchte er sich immer neu zu öffnen; bei ihm suchte er Zuflucht in der Stunde der Verfolgung; ihm vertraute er sich im Sterben an.«[471]

Alles, was hier als »besonders, ungewöhnlich, anders […] als bei anderen Menschen« aufgezählt wird, alle hier genannten »Spuren, die darauf schließen lassen, dass er die bekannten theologischen oder politischen Kategorien« und die »aus dem Alten Testament bekannten Kategorien [sprenge]«, weil er sich in seiner Auslegung des Gesetzes nicht auf die

Autorität der Väter berufe, sondern dem, ›was zu den Alten gesagt ist, angeblich sein ›ich aber sage euch‹ entgegenstelle – das alles hat die christliche und jüdische Jesusforschung der vergangenen Jahrzehnte als keineswegs außerordentlich im Judentum zur Zeit Jesu oder gar als Entgegenstellung zum Judentum erwiesen. Jesus sprengt eben nicht die aus dem Alten Testament bekannten theologischen Kategorien, und weil die matthäische Bergpredigt hier (und immer wieder) strapaziert wird, um Jesu angeblich »besondere Vollmacht« zu belegen, sei daran erinnert, dass »in der Forschung eindringlich und unwiderleglich gezeigt worden [ist]«, wie der Alttestamentler Frank Crüsemann feststellt, »[d]ass die Bergpredigt durchgängig im Rahmen des Judentums bleibt.«[472]

Notwendiger Perspektivwechsel

Völlig zu Recht stellt Christian Danz fest, dass eine »implizite Christologie im Wirken des Nazareners [...] nur aus der Perspektive der expliziten Christologie der Gemeinde behauptet werden [kann]«[473]. Wer dies vermeiden will, muss die Perspektive wechseln. Dann sind Jesu Botschaft und Praxis nicht mehr im Licht späterer dogmatischer Entfaltungen des Jesusglaubens zu deuten und spekulativ zu überhöhen, sondern umgekehrt: Die christologischen und trinitarischen Formulierungen der Konzilien des vierten und fünften Jahrhunderts (»Vater« und »Sohn« seien »wesensgleich«, der »Sohn« sei »wahrer Mensch und wahrer Gott« etc.) sind im Lichte der Verkündigung und des Wirkens Jesu zu verstehen und erhalten nur von daher ihre Verbindlichkeit. So kann gewährleistet werden, dass christliche Dogmatik nicht *systematisch* auf eine antijüdische Spur gerät.

Die hohe Christologie wird damit nicht einfach ad acta gelegt. Sie ist zunächst einmal zu würdigen als die beeindruckende inkulturative Aneignung und Transformation des Glaubens der Jesusnachfolgegemeinden in einem veränderten geistesgeschichtlichen Horizont. Diese Aufgabe der Aneignung und einer damit einhergehenden unvermeidlichen Transformation ist mit dem Konzil von Chalcedon nicht ein für alle Mal erledigt, sondern jeder Epoche neu gestellt. Dies gilt selbstverständlich auch für heute, ja für unsere Zeit in ganz besonderem Maß.

Denn die klassischen dogmatischen Formeln sind nicht nur antijüdisch, sondern für viele Christ*innen schlicht unverständlich geworden. Dies können diejenigen erleben, die zum Beispiel im Erstkommunions- oder

Konfirmationsunterricht mit Kindern und Jugendlichen, aber auch mit deren Eltern darüber ins Gespräch kommen, was christlichen Glauben im Kern ausmacht. Entscheidend für das eigene Glaubensverständnis ist für viele – mir scheint sogar für die meisten – nicht mehr die traditionelle Dogmatik, sondern Botschaft und Wirken Jesu von Nazareth. Die »Relativierung dogmatischer Christologie« und die »Depotenzierung der Christologie«, die der katholische Dogmatiker Jan-Heiner Tück befürchtet, ist im Glaubensverständnis vieler Christ*innen längst vollzogene Realität, und geht eben nicht – wie Tück wähnt – »am Selbstverständnis gläubiger Christinnen und Christen vorbei«. Dass für diese das »Dogma der Kirche [...] eine Orientierungsmarke bleibt«[474], wie Tück weiter schreibt, ist der

Wunsch eines katholischen Dogmatikers. Die tatsächlichen Verhältnisse bringt dagegen Norbert Reck, Mitglied im Gesprächskreis Juden und Christen beim »Zentralkomitee der deutschen Katholiken« viel eher auf den Punkt. Reck konstatiert, dass die christlichen Erzählungen

> »[...] im traditionell-dogmatischen Verständnis nicht von sich aus überzeugen können. Die ihrer historischen Hintergründe und der Verortung in der jüdischen Freiheitsgeschichte beraubten Erzählungen klingen für immer mehr Menschen einfach abwegig.«[475]

Werden biblische Texte stattdessen wieder unter Berücksichtigung ihrer ursprünglichen jüdischen Kontexte und nicht schon mit christlich dogmatischer Brille gelesen, können sie für uns wieder leichter zugänglich werden. Es ist dann auch nicht zwingend notwendig, die tradierten christlichen Dogmen und Bekenntnisformeln ganz zu verabschieden. Aber sie können aus der veränderten Perspektive neu gedeutet werden: »von vorne«, das heißt aus der (natürlich konstruierten!) Perspektive der in ihrem jüdischen Kontext verstandenen Jesusbewegung.

Wie können wir in dieser Perspektive von Gott, von Gottes Geist und von Jesus sprechen? Im Horizont hellenistischer Philosophie war es im vierten Jahrhundert eine Verständnishilfe, von der »Wesensgleichheit« von Gott und Jesus, von »Vater« und »Sohn« zu sprechen. Wir können in unserer Zeit weniger philosophisch, weniger metaphysisch und bescheidener formulieren. Statt auf der »Wesensgleichheit« von Gott und Jesus zu insistieren, können wir von der Hoffnung sprechen, die wir mit Jesus verbinden: Die Hoffnung, dass sich in seiner Person und seinem Wirken spiegelt, was unsere Welt mit Sinn erfüllt; die Hoffnung, dass Jesus in besonderer Weise »Bild Gottes« (Gen 1,27) ist und als dieses Bild das »Wesen Gottes« repräsentiert: Gottes Lebensfreundlichkeit, Menschenliebe, Gerechtigkeitsempfinden, Güte und Barmherzigkeit. So verstandener christlicher Glaube bezeugt die Hoffnung, dass nicht Hass, Vernichtung und die rücksichtslose Gewalt der Mächtigen die letzte Bestimmung unserer Welt zum Ausdruck bringen, sondern die in Jesu Wirken erfahrbare Wirklichkeit. Christlicher Glaube teilt die Hoffnung Jesu, dass Gottes Geist tatsächlich wirkmächtig ist und eine bessere, lebensdienliche, menschenfreundliche und gerechte Welt möglich ist und wirklich wird.[476]

7.3 *Zweite These: Reich-Gottes-Vision statt Sühnopfertheologie*

Jesusrekonstruktionen unter Projektionsverdacht

Wenn Jesu Botschaft und Wirken den Ausgangspunkt für die Revision christlicher Theologie darstellen soll, ist zu klären, worin die Botschaft Jesu besteht. An dieser Frage hat sich die historische Jesusforschung seit der Aufklärung abgearbeitet. Die Schwierigkeit besteht darin, dass wir über keine Primärquellen von Jesus verfügen. Er hat nicht notiert oder wenigstens diktiert, was ihn bewegte und was ihm wichtig war. Seine Botschaft und sein Wirken sind uns noch nicht einmal von Menschen überliefert, die ihn auf seinem Lebensweg begleitet und unmittelbar erlebt haben. Es ist fast einhelliger Konsens bibelwissenschaftlicher Forschung, dass wir über Jesus nur Zeugnisse von Menschen haben, denen selbst von anderen von Jesus erzählt wurde. Das ist auch dem Beginn des Lukasevangeliums zu entnehmen, das wohl ungefähr sechs Jahrzehnte nach Jesu Tod verfasst wurde:

> »Schon viele haben es unternommen, eine Erzählung über die Ereignisse abzufassen, die sich unter uns erfüllt haben. Dabei hielten sie sich an die Überlieferung derer, die von Anfang an Augenzeugen und Diener des Wortes waren. Nun habe auch ich mich entschlossen, nachdem ich allem von Beginn an sorgfältig nachgegangen bin, es für dich, hochverehrter Theophilus, der Reihe nach aufzuschreiben. So kannst du dich von der Zuverlässigkeit der Lehre überzeugen, in der du unterwiesen wurdest« (Lk 1,1–4).

Die uns greifbare Jesustradition ist nur das »Endprodukt unzähliger Akte des Erinnerns«. Es handelt sich dabei »gerade nicht um die *gehörten* Worte Jesu und die *bezeugten* Taten Jesu, nicht mal um das *Sich-erinnern-an* Jesu Worte/Taten, sondern nur um das, wovon während des Prozesses des Überlieferns *gedacht, geglaubt, gesagt* oder *behauptet* wurde, dass Jesus es gesagt bzw. getan habe«[477].

Damit bleibt unser Bild vom historischen Jesus immer gebrochen durch die Vorstellungen derer, die weitergaben, was ihnen selbst überliefert worden war. Neben den Evangelien und der neutestamentlichen Briefliteratur finden sich Hinweise auf Jesus auch in nicht kanonischen christlichen, in jüdischen und römischen Quellen. Diese außerbiblischen

Quellen sind allerdings von wenigen Ausnahmen abgesehen nicht sehr ergiebig. Wichtigste Grundlage für die Rückfrage nach dem historischen Jesus bleiben somit die Evangelien. Doch diese sind eben keine um Objektivität bemühten Berichte, sondern Zeugnisse, die bekunden, was ihnen Jesus und seine Botschaft bedeuten – und dabei setzten die vier Evangelisten zum Teil deutlich unterschiedliche Akzente.

Aus diesen Gründen bleibt das, was wir heute als zentrale Botschaft Jesu bestimmen, unvermeidlich hypothetische Konstruktion. Stets muss damit gerechnet werden, dass das Jesusbild, das den unterschiedlichen Quellen entnommen wird, auch widerspiegelt, was wir uns wünschen und was zu unseren anderweitigen Interessen passt. Jedes Jesusbild ist immer schon deutend und steht unter Projektionsverdacht. Diesen berechtigten Verdacht können wir nicht ausräumen, aber wir können ihm dadurch begegnen, dass wir bereit bleiben, unsere Jesuskonstruktion immer wieder neu zu hinterfragen, auf den Prüfstand und zur wissenschaftlichen Diskussion zu stellen.

Das ist zweifellos mühsam und bedeutet eine nie ans Ende kommende Arbeit. Doch was wären Alternativen? Unbeirrt am dogmatisch konstruierten Jesusbild festzuhalten? Fundamentalistisch die (unterschiedlichen!) neutestamentlichen Jesuszeugnisse als gottgegebene und allein verbindliche, vermeintlich irrtumsfreie Quelle zu akzeptieren? Einem vernünftig verantwortbaren Glauben sind diese Wege abgeschnitten. Wer sich heute überhaupt noch begründet auf den historischen Jesus von Nazaret und seine Botschaft beziehen will, dem bleibt nur der aufwendige Weg der unvermeidlich fragwürdig bleibenden Rekonstruktion.

Jesu Thema: Gott wird Gerechtigkeit schaffen!

Bezüglich dieser Rekonstruktion ergab sich freilich in der exegetischen Forschung des vergangenen Jahrhunderts in einem wesentlichen Punkt ein kaum bestrittener Konsens. Demnach stand im Zentrum der Verkündigung Jesu die »basileia tou theou«, wörtlich übersetzt die »Königsherrschaft Gottes« oder das »Königreich Gottes«. Mit der Rede von einer gütigen, gerechten und gnädigen königlichen Herrschaft JHWHs, des Gottes Israels, griff Jesus eine Vorstellung auf, die tief in der jüdischen Tradition verwurzelt ist und die im nachexilischen Judentum zunehmend an Bedeutung gewonnen hatte. Als Kontrast zu den enttäuschenden irdischen Herrschaften wurde die Hoffnung nun auf die Königsherrschaft Gottes gesetzt. Wie man sich die ersehnte Gottesherrschaft vorstellte und welche ganz konkreten sozialpolitischen Erwartungen damit verbunden waren, malt Psalm 146 aus:

»Halleluja!
Lobe JHWH, meine Seele!
Ich will JHWH loben in meinem Leben,
  meinem Gott singen und spielen, solange ich da bin.
Vertraut nicht auf Fürsten,
  nicht auf den Menschen, durch den es keine Rettung gibt!
Schwindet sein Lebensgeist, kehrt er zurück zur Erde,
  an jenem Tag sind seine Pläne zunichte.
Selig, wer den Gott Jakobs als Hilfe hat,
  wer seine Hoffnung auf JHWH, seinen Gott, setzt.
Er ist es, der Himmel und Erde erschafft,
  das Meer und alles, was in ihm ist.
    Er hält die Treue auf ewig.
Recht schafft er den Unterdrückten,
  Brot gibt er den Hungernden,
    JHWH befreit die Gefangenen.
JHWH öffnet die Augen der Blinden,
  JHWH richtet auf die Gebeugten,
    JHWH liebt die Gerechten.
JHWH beschützt die Fremden,
  er hilft auf den Waisen und Witwen,
    doch den Weg der Frevler krümmt er.
JHWH ist König auf ewig,
  dein Gott, Zion, durch alle Geschlechter. Halleluja!«

Wo Gott die Königsherrschaft übernimmt, würde Gerechtigkeit walten, insbesondere würden alle ins Recht gesetzt, die bis dahin benachteiligt, ausgegrenzt und ausgebeutet wurden: die Unterdrückten, Hungernden und Gefangenen, die Blinden und Gebeugten, die Fremden, Witwen und Waisen. Durch den Hinweis auf Gottes universale Schöpfungsmacht – »er ist es, der Himmel und Erde erschafft« – erscheint in diesem Psalm Gott nicht nur als befreiender König für Israel, sondern für die ganze Welt. Ab dem dritten Jahrhundert v. d. Z. verbindet sich die Hoffnung auf JHWHs Königsherrschaft mit der immer drängenderen Erwartung, dass die entscheidende Wende in Kürze eintreten werde. Entsprechende apokalyptische Texte, die ausmalten, »was am Ende der Tage geschehen wird« (Dan 2,28), sind vor allem in außerbiblischen jüdischen Texten dieser Zeit gut belegt; in die Bibel selbst haben Apokalypsen nur am Rande Eingang gefunden (vgl. z. B. Dan 2,24–49 und Offb).

Vor diesem Hintergrund verkündet nun Jesus als »Prophet des kommenden Gottesreiches«[478] (Günther Bornkamm) das Evangelium, das heißt die gute Nachricht, dass die Königsherrschaft Gottes unmittelbar bevorstehe, ja, dass diese bereits gegenwärtig wirksam sei.[479] Die Herrschaft von Menschen über Menschen gehe damit zu Ende, es beginne »eine Herrschaft des Dienens (vgl. Mt 20,25ff. par.; 23,11; auch 23,8), die nun wirklich strikt nur Gott als Herrn und König gelten lässt«[480] (Marie-Theres Wacker). Damit werde endlich »die gerechte Welt Gottes«[481] (Luise Schottroff) Wirklichkeit. Dass Gott das Heil der Menschen durchsetze, sei gerade für all diejenigen, denen ihr Leben zur Qual geworden ist, eine frohe Botschaft. Im Lukasevangelium sagt Jesus ihnen dieses Heil unmittelbar zu:

> »Selig, ihr Armen, denn euch gehört das Reich Gottes. Selig, die ihr jetzt hungert, denn ihr werdet satt werden. Selig, die ihr jetzt weint, denn ihr werdet lachen« (Lk 6,20f).

Das war nicht als Vertröstung auf eine jenseitige Welt in fernen Zeiten gemeint. Aus Jesu Zusage spricht die Hoffnung, dass sich die irdischen Verhältnisse zum Guten wenden werden. In aller Kürze werde sich »die Erneuerung der Welt vollziehen und die Königsherrschaft Jahwes auf der Erde […] manifestieren«[482]. Alle Menschen würden Gottes Eingreifen erfahren, zum Heil aber vor allem derjenigen, die hungerten und klagten, die am Ende waren.

Das nahe Gottesreich war nicht nur zentrales Thema von Jesu Wortverkündigung. Die Botschaft von Gottes kommender Herrschaft bestimmte auch sein sonstiges Handeln. Die Art und Weise, wie Jesus Menschen begegnete, wie er auf sie zuging und in seine Gemeinschaft einbezog, sollte bereits eine Ahnung davon vermitteln, wie es in der gerechten Welt Gottes zugehe. Die Heilungen, die Jesus auf Gottes Wirken zurückführte (vgl. Lk 11,20), und die inklusiven Mahlgemeinschaften, zu denen er einlud, waren in diesem Sinn symbolisch aufgeladen und sollten für einen Augenblick die von ihm angesagte neue Wirklichkeit bereits aufscheinen und fragmentarisch erfahrbar werden lassen.

Jesu Botschaft vom bereits wirksamen Gottesreich trat unter den Christusgläubigen allerdings mehr und mehr in den Hintergrund. Schon bei Paulus stand die Errettung der Menschen aus ihrer Sündenverfallenheit durch Jesu stellvertretenden Sühnetod im Zentrum. In den christlichen Glaubensbekenntnissen ist von Jesu Botschaft und Wirken überhaupt nicht mehr die Rede. Empfangen, geboren, gelitten, gekreuzigt, gestorben und begraben – das sind die Verben, mit denen das Apostolische Glaubensbekenntnis das Leben Jesu zusammenfasst. Wie Jesus zwischen Geburt und seiner Passion gewirkt und was er verkündet hat, bleibt ausgeklammert. Stattdessen rückt die Vorstellung in den Vordergrund, Jesus sei zur Sühne für unsere Sünden gestorben, um damit Gottes Willen zu erfüllen. Die jüdischen »Jesusnachfolgegemeinden« entwickelten sich so mehr und mehr zur christlichen »Jesusanbetungskirche«.

Die Alternative, ob im Zentrum christlichen Glaubens Jesu eigene Verkündigung vom Reich Gottes steht oder die Lehre vom Sühnopfer Jesu, ist von grundlegender *theologischer* Bedeutung. Zugespitzt formuliert besteht die Alternative darin, ob Gott als eine Macht vorgestellt wird, die Gerechtigkeit schafft und befreit – oder als ein Gott, der ein Menschenopfer benötigt oder auch nur zulässt, damit sich die Menschheit wieder mit ihm »versöhnen« kann. Es geht dabei auch darum, wie und in welchen Zusammenhängen christlicher Glaube von Gott spricht: Dann, wenn beabsichtigt ist, Herrschaft zu legitimieren, zu stabilisieren und von aufkommenden Schuldgefühlen zu entlasten, oder dann, wenn es darum geht, gerechte und lebensfreundliche Verhältnisse einzufordern.

Verstehen wir Gott als Weltenherrscher, auf dessen gnädiges Wohlwollen wir angewiesen bleiben, oder als befreiende Macht, auf die Menschen ihre letzte Hoffnung setzen, wenn sie die herrschenden Verhältnisse nicht mehr ertragen können und sie die eigene Machtlosigkeit erfahren? Eine solche Macht ist in der Bibel der Gott Abrahams, Isaaks, Jakobs und Jesu. Es ist unfassbar zynisch, dass dieser Gott in Anspruch genommen wurde, um unterdrückende Unrechtssysteme zu legitimieren, Jüd*innen zu vertreiben, zu verfolgen und zu ermorden bzw. im Namen dieses Gottes zwangszutaufen.

Jesus hat bis zuletzt auf die befreiende Macht Gottes gehofft und an der Vision einer gottgewollten, gerecht eingerichteten Welt festgehalten. Er hat seinen Foltertod nicht gewollt oder gar gesucht, um als Sühnopfer für unsere Sünden zu sterben. Jesu Hinrichtung durch die römischen Gewaltherrscher als vermeintlich politischer Aufrührer war die Konsequenz seines Lebens, für das die Tora, das heißt die Weisungen des lebens- und menschenfreundlichen Gottes Israels, bestimmend war und bis zu seinem Tod geblieben ist.

7.4 Dritte These: Diesseitsorientierung statt Jenseitsvertröstung

Nach Meinung des britischen Philosophen Alain de Botton besitzt das Christentum »die praktische Vernunft, alle Erwartungen und Hoffnungen auf das nächste Leben zu richten«[483]. Ganz entsprechend halten es viele Menschen für die zentrale christliche Glaubensaussage, dass »mit dem Tod nicht alles aus« sei, sondern Hoffnung auf ein Weiterleben in einem Jenseits bestehe. Das Jenseits wird dabei als etwas verstanden, was zeitlich und räumlich abgetrennt ist von dem, was wir hier auf Erden erleben. Der Tod erscheint damit als Schwelle zum Durchgang in diese andere Welt. Weil christlicher Glaube so verstanden wird, ist christliche Seelsorge in unserer Gesellschaft am ehesten noch bei individuellen und kollektiven Grenzerfahrungen gefragt.

Keine Ausflucht ins Ewige

Wer so denkt, muss sich wundern, wenn der katholische Theologe Gotthold Hasenhüttl rundheraus feststellt, dass Jenseitshoffnung zutiefst verderblich für Mensch und Gesellschaft wirke.[484] Der protestantische Pfarrer Klaas Hendrikse erklärt sogar unumwunden, man könne »durchaus den Tod als definitive Grenze des Lebens akzeptieren und zugleich an Gott glauben«[485]. Aus biblischer Sicht müsse das Leben nicht sinnlos sein, wenn – oder weil – es mit dem Tod endgültig ende.[486]

Das scheint herkömmlichen christlichen Vorstellungen völlig zuwiderzulaufen. Aber schon Dietrich Bonhoeffer wandte sich in seinen Briefen aus dem Gefängnis vehement gegen die Deutung des christlichen Glaubens als Jenseits- oder Erlösungsreligion. Dabei konstatierte auch Bonhoeffer zunächst die gängige Überzeugung, dass im Christentum die Auferstehungshoffnung verkündet werde und damit eine echte Erlösungsreligion entstanden sei. Das Schwergewicht, so Bonhoeffer weiter, falle damit auf das *Jenseits* der Todesgrenze: »Und eben hierin sehe ich den Fehler und die Gefahr. Erlösung heißt nun Erlösung aus Sorgen, Nöten, Ängsten und Sehnsüchten, aus Sünde und Tod in einem besseren Jenseits.«[487]

Bonhoeffer dagegen bestreitet, dass darin das Wesentliche der Christusverkündigung der Evangelien und des Paulus zu sehen sei. Schon im Alten Testament sei es um *geschichtliche* Erlösungen gegangen, diesseits der Todesgrenze, das heißt um tatsächliche Befreiung zum Beispiel aus der Knechtschaft in Ägypten oder aus dem babylonischen Exil. Christliche Auferstehungshoffnung verweist nach Bonhoeffer gegenüber dem Alten Testament den Menschen sogar in noch verschärfter Weise an sein Leben auf der Erde, denn der »Christ hat nicht wie die Gläubigen der Erlösungsmythen aus den irdischen Aufgaben und Schwierigkeiten immer noch eine letzte Ausflucht ins Ewige«[488].

An den Grenzen menschlichen Lebens ist es für Bonhoeffer angemessener zu schweigen und das Unlösbare ungelöst zu lassen.[489] Er lehnt es ab, »ein paar Unglückliche in ihrer schwachen Stunde [zu] überfallen und sie sozusagen religiös [zu] vergewaltigen«[490]. Bonhoeffer will von Gott nicht an den Grenzen sprechen, sondern mitten im Leben.[491] Was aber im Leben gibt Anlass, Gott ins Spiel zu bringen?

Wider den Skandal der Ungerechtigkeit

Eine eindeutige Antwort darauf geben wiederum die biblischen Texte. Es sei erstaunlich, stellt die Exegetin Bettine Eltrop fest, wie wenig sich die Bibel mit dem Problem des Todes und allem, was danach kommt, auseinandersetze. »Aber gewaltigen Raum«, so Eltrop weiter, »nehmen die Texte ein, in denen über den Skandal der Ungerechtigkeit diskutiert wird – im Alten wie im Neuen Testament.«[492] Nicht Tod und Jenseitsspekulationen geben Anlass, von Gott zu sprechen, sondern die herrschenden Verhältnisse. Insbesondere die biblische Prophetie entzündet sich an den Missständen auf Erden. Ihr geht es nicht um Notfallseelsorge oder um psychologische Hilfe angesichts individueller Krisen. Ihr Anliegen ist die Anprangerung gesellschaftlicher Notstände und die Notwendigkeit solidarischen Handelns. Prophetische Visionen zum Beispiel im Jesajabuch beziehen sich nicht auf ein »Jenseits« oder auf eine andere Welt, in die wir etwa nach unserem Tod eintreten. Diese Visionen wollen nicht vertrösten, sondern aufrütteln und dazu ermutigen, sich an dem gottgewollten Projekt einer wahrhaft gerechten Gesellschaft zu beteiligen.

Nach Auskunft des Exegeten Bernd Janowski liegt das Besondere der alttestamentlichen Gerechtigkeitsvorstellung darin, dass sie im Unterschied zu altägyptischen Vorstellungen nicht von der Todesschwelle, sondern vom Primat des Lebens her entwickelt wurde.[493] Zudem war Janowski zufolge der biblische Gott auch in religionsgeschichtlicher Perspektive zuerst ein Gott der Lebenden. Erst ab dem babylonischen Exil kam es zu einer vorsichtigen »Kompetenzausweitung« Gottes als ein Gott der Lebenden und der Toten.[494] Anlass, an einigen wenigen Stellen des Alten Testaments den Blick über das Leben hinaus zu richten und an eine Auferweckung der Toten zu denken, gab aber nicht etwa der Hader über die Endlichkeit und Vergänglichkeit irdischen Lebens. Dass der Mensch vergänglich und seine Lebenszeit begrenzt ist, nimmt die Bibel als selbstverständlich hin.

Der diesbezügliche Schriftbefund bleibt freilich vielstimmig, zum Teil auch widersprüchlich. Kohelet beurteilt Unsterblichkeits- und Auferstehungshoffnungen höchst skeptisch: Ein lebender Hund sei besser als ein toter Löwe, lesen wir bei ihm. Die Lebenden würden erkennen, dass sie sterben werden – die Toten dagegen würden überhaupt nichts mehr erkennen, stellt Kohelet nüchtern fest (Koh 9,4f). Bernd Janowski sieht darin keine »resignative oder gar nihilistische ›Flucht ins Diesseits‹, die den Tod nicht ernstnimmt, sondern umgekehrt die Anweisung, die irdische Existenz des Menschen nicht heimlich ins Jenseits zu verlängern und damit die Welt zu entwerten«[495]. Dort aber, wo es in der Bibel zu Auferweckungshoffnungen kommt, ist das verbindende Anliegen, dass Gott die unschuldigen Opfer nicht vergisst, sondern ihnen Gerechtigkeit widerfahren lässt. Im Zentrum steht somit die Hoffnung, dass sich Gottes Gerechtigkeit allem Widerstand zum Trotz durchsetzen wird. Die

Aussicht, nach dem Tod weiterleben zu dürfen (oder zu müssen), spielt keine Rolle.

Genauso ist Jesu Thema nicht Tod und Auferstehung, sondern konkrete menschliche Not und deren Überwindung dank Gottes Eingreifen im Hier und Jetzt. Jesu prophetische Reich-Gottes-Botschaft bezieht sich auf diese, auf unsere Welt: In aller Kürze werde sich eine *Erneuerung* der Welt vollziehen, nicht ihr Untergang. Gottes Herrschaft werde sich *hier auf der Erde* manifestieren, nicht in einem Jenseits. Die für diese Herrschaft »erhoffte Rechts- und Sozialstruktur steht in Widerspruch zu Grundelementen bestehender Herrschaft. Sie delegitimiert die gegenwärtige Verteilung von Macht und Besitz«[496], schreiben Annette Merz und Gerd Theißen im exegetischen Standardwerk »Der historische Jesus«. Jesu Botschaft zielt auf die irdische Verwirklichung der Gerechtigkeit Gottes. Der Exeget Jürgen Ebach verweist darauf, dass die Vaterunser-Bitte »Dein Reich *komme*« laute und nicht »Versetze uns doch bitte in dein Reich!«. Die dadurch gewiesene Richtung sei nicht Weltflucht mit einem »Jenseitsticket«, sondern Ankunft der neuen Welt bei uns.[497]

Jenseitserwartung kommt bei Jesus allenfalls eine sekundäre Bedeutung zu. Christliche Existenz in der Nachfolge Jesu ist auch ohne Jenseitsglaube möglich. Mehr noch: Jenseitsglaube kann den Blick auf das Wesentliche christlicher Botschaft verstellen. Jesu Reich-Gottes-Botschaft geht es um diese Welt. Seine Vision einer gottgewollten Welt wird zur Herausforderung für Lebensstil und Gesellschaftsgestaltung. Damals wie heute ist die Entscheidung möglich, auf Jesu Vision einer lebens- und menschenfreundlichen Welt zu setzen und entsprechend zu agieren. Unter denen, die ihm darin nachzufolgen versuchen, dürfen die Vorstellungen, ob und gegebenenfalls wie es »hinter dem Horizont weitergeht« (Udo Lindenberg), durchaus auseinander gehen. Solche Differenzen sind jedenfalls kein Grund, sich gegenseitig die Christlichkeit abzusprechen.

Hoffnung überschreitet das Menschenmögliche

Im Fokus christlicher Hoffnung steht unsere Welt. Es gibt aber einen gewichtigen Grund, unseren Blick nicht endgültig auf unsere Welt und was uns darin plausibel erscheint einzuengen. Denn Anlass, Auferweckung in späten, nachexilischen Bibeltexten ins Auge zu fassen, war die Erfahrung, dass die Rechnungen der Gerechtigkeit im Diesseits oft nicht aufgehen und darum wenigstens auf eine ausgleichende Gerechtigkeit im Jenseits gehofft wurde.[498] Nach Jürgen Habermas

> »beunruhigt uns die Irreversibilität *vergangenen* Leidens – jenes Unrecht an den unschuldig Misshandelten, Entwürdigten und Ermordeten, das über jedes Maß menschenmöglicher Wiedergutmachung hinausgeht.«[499]

Die verlorene Hoffnung auf Resurrektion, so schreibt Habermas dann weiter, hinterlasse eine spürbare Leere. Was Habermas hier doch recht abgeklärt konstatiert – was ihn nur »beunruhigt«, ist für mich unerträglich – darf nicht das letzte Wort zur Schoah und zu allen Misshandelten, Entwürdigten und Ermordeten sein. Das *Menschen*mögliche muss nicht auch schon die Grenze unserer Hoffnung markieren. Dass den unschuldig Misshandelten, Entwürdigten und Ermordeten dereinst in uns unvorstellbarer Weise Gerechtigkeit widerfahren könnte und dass wir selbst für unser Tun und Unterlassen zur Rechenschaft gezogen werden, kann und soll hier nicht ausgeschlossen werden.

Denn sonst wäre der Triumph der Mörder und Schlächter von gestern und heute besiegelt und es wäre ausgemacht, dass der Schrei der Opfer unerhört bliebe auf ewig. Wie soll ein Mensch, der sich mit dem Menschenmöglichen begnügt, diese Welt noch ertragen können? Was hält ihn noch? Wie soll er es noch verantworten können, dieser Welt seine Kinder anzuvertrauen? Für die Weigerung, sich angesichts unfassbaren Leids mit dem Menschenmöglichen abzufinden, für die Weigerung sich vorzustellen, dass über Opfer und Täter*innen das letzte Wort schon gesprochen sein soll – für diese Weigerung bleibt nur der Blick über diese Welt hinaus und die Hoffnung auf Gott.

Aber ist es nicht aberwitzig, darauf zu hoffen, dass den Gequälten und Gemordeten noch Gerechtigkeit widerfährt? Dass das ihnen geraubte Leben nicht unwiderruflich verloren ist? Ist es nicht eine durchschaubare Illusion, auch nur in Erwägung zu ziehen, dass die Mörder und Schlächter noch zur Rechenschaft gezogen werden könnten? Ja, es ist aberwitzig und grenzt an wahnhafte Selbsttäuschung. Aber wir sollten auch noch den letzten Funken der darin zum Ausdruck kommenden Hoffnung sorgsam hüten und bewahren. Dieser Funke kann zum lodernden Feuer entfacht werden, um zumindest im letzten Winkel des Empfindens der

Gewissenlosen die Angst zu wecken, dass sie vielleicht, vielleicht doch Verantwortung für ihr Tun werden übernehmen müssen und ihnen Gottes Gericht droht. Das ist kein Trost. Das ist nur die letzte und giftigste Waffe der Ohnmächtigen.

Aber noch einmal: Unter denen, die Jesus heute nachzufolgen versuchen, dürfen die Vorstellungen über ein mögliches »Jenseits«, »Auferweckung« und »Gericht« auseinandergehen. Das ist, wie erwähnt, auch in der Bibel der Fall, und kein Mensch weiß darüber Bescheid. Aber eine gemeinsame Überzeugung sollte christliche Gemeinden verbinden: Christliche Hoffnung zielt auf radikale Umkehrung ungerechter Verhältnisse auf Erden und nicht darauf, dass wir uns im Hinblick auf ein tröstliches Jenseits mit dem irdischen Jammertal arrangieren.

7.5 Vierte These: Politisch engagiert statt seelenheilfixiert

Die eben angedeutete Angst vor Höllenstrafen und Gottes Gericht suchte in der Christentumsgeschichte freilich weniger die gewalttätigen Mächtigen als vor allem die ohnehin schon Mühseligen und Beladenen heim. Die Kirche trug ihren Teil dazu bei, diese Angst zu schüren und davon zu profitieren. Davon zeugen die furchteinflößenden Höllendarstellungen an den Portalen gotischer Kirchen und der Ablasshandel, der mit den bekannten Parolen Geld für den Bau des Petersdoms eintrieb: »Wenn das Geld im Kasten klingt, die Seele aus dem Feuer springt«. Dank sei der Reformation, dank sei Luthers Rechtfertigungslehre, die diesen Missbrauch theologisch entlarvte. Aber noch im katholischen Kinderkatechismus meines Vaters sind die Passagen über das »Weltgericht« mit einer grauenvollen Höllendarstellung illustriert und mit der Drohung verbunden: »Sobald das Urteil verkündet ist, wird es vollzogen werden. Die Bösen werden – mit Leib und Seele – in die ewige Pein gehen.«[500] Die Bösen, das führte der Katechismus weiter aus, sind die, die die Zehn Gebote nicht halten. Doch diese Gebote wurden nicht als sozialethische Verpflichtungen für die Gestaltung einer gerechten Gesellschaft verstanden, sondern als einschüchterndes Erziehungsmittel instrumentalisiert. Ein Kind sündigt und verwirkt sein Seelenheil, wenn es ungehorsam, trotzig und grob ist, sich womöglich sogar seiner Eltern schämt, wird da behauptet. »Was hat Gott den bösen Kindern angedroht?« fragt der Katechismus dann und weiß auch die Antwort: »Gott hat den bösen Kindern in diesem Leben seinen Fluch und im anderen Leben die ewige Verdammnis angedroht.«[501] Konsequenter lässt sich christlicher Glaube nicht individualisieren, entpolitisieren und pädagogisch missbrauchen. Im Zentrum biblischer Botschaft stehen aber weder solche Drohungen noch die Aussicht, von individuellen Sünden erlöst zu werden, um dem Höllenfeuer zu entkommen und seine Seele zu retten. Die jüdische Prophetie, in deren Tradition Jesus steht, setzte auf die befreiende Überwindung leidvoller Verhältnisse dank Gottes machtvoller Intervention. »Compassion«, das heißt Mitleidenschaft, und zwischenmenschliche Solidarität kennzeichnen Jesu Wirken, wie der katholische Theologe Johann Baptist Metz betont:

> »Jesu erster Blick galt nicht der Sünde der anderen, sondern dem Leid der anderen. [...] Vom Gott Jesu reden, heißt unbedingt, fremdes Leid zur Sprache bringen und versäumte Verantwortung, verweigerte Solidarität beklagen.«[502]

Fürsorge, Nächstenliebe, Caritas und Diakonie sind darum unverzichtbar für ein lebenswertes Leben. Aber sie genügen nicht. Wer Leid nachhaltig lindern will, muss daran arbeiten, die Verhältnisse zu ändern. Das ist auch ein Kerngedanke der Denkschrift der Evangelischen Kirche in Deutschland zum Sinn von kirchlicher Entwicklungshilfe:

> »Christliche Liebe ist nicht nur dem notleidenden Einzelnen zugewandt. Es genügt auch nicht, Schäden und Mängel, die sich aus ungerechten Verhältnissen ergeben, nachträglich aus Gründen christlicher Barmherzigkeit zu lindern. Vielmehr gehören Barmherzigkeit und Gerechtigkeit, Dienst am Einzelnen und an der Gesellschaft, die Beseitigung der Ursachen sozialer Ungerechtigkeit sowie die Fürsorge für deren Opfer gleichermaßen unter die Botschaft des kommenden Gottesreiches.«[503]

Derartige politische Verantwortung aus dem christlichen Glauben heraus hat in der katholischen Kirche nicht erst Papst Franziskus angemahnt. Schon im vergangenen Jahrhundert hat beispielsweise Kardinal

Josef Frings »vom Evangelium her« diejenigen zur Verantwortung gerufen, die die politischen, wirtschaftlichen und sozialen Verhältnisse bestimmen. Auf der Vollversammlung der deutschen katholischen Bischöfe im Jahr 1958 forderte er:

> »Die Rentenreform 1957 hat mehr Menschen wirtschaftlich geholfen als alle Elisabethen- und Vinzenzvereine zusammengenommen. Die Steuerpolitik Schäffers hat in der Schaffung von sechs Millionen zusätzlicher Arbeitsplätze mehr geleistet, als alle Caritas im Effekt hätte erzielen können. Eine gesunde Wohnungsbaupolitik schafft mehr Wohnungen als aller Appell an die christlichen Gewissen, den einen oder anderen überflüssigen Raum einer Familie zur Verfügung zu stellen. [...] Vom Evangelium her muß darum denen ins Gewissen geredet werden, die die politischen, wirtschaftlichen und sozialen Verhältnisse bestimmen.«[504]

Was Frings hier fordert, gilt nicht nur bezüglich Renten, Arbeitsplätzen und Wohnraum, sondern auch im Hinblick auf die Klimakrise und die Aufnahme von Geflüchteten. Individuelles und zivilgesellschaftliches Engagement laufen letztlich ins Leere, wenn die politisch Verantwortlichen nicht die jeweils notwendigen strukturellen Rahmenbedingungen schaffen.

Trennung von Kirche und Staat

Bevor dieser Gedanke weiter verfolgt wird, ist ein mögliches Missverständnis auszuräumen. Es geht hier nicht darum, den Kirchen mehr Rechte und mehr direkte politische Einflussmöglichkeiten in unserer Gesellschaft zu gewähren. Gefordert ist keineswegs ein (noch) engeres Verhältnis von Kirchen und Staat. Im Gegenteil, Staat und religiöse Gemeinschaften sollten institutionell grundsätzlich auf Distanz gehalten werden. Staaten, in denen religiöse Machthaber das Sagen haben, lehren uns das Fürchten. Unser Grundgesetz hingegen bestimmt, dass der Staat weltanschaulich neutral bleiben muss. Er darf keine Religionsgemeinschaft bevorzugen oder gegenüber vergleichbaren gesellschaftlichen Gruppierungen privilegieren. Das Zweite Vatikanische Konzil forderte die Kirche sogar ausdrücklich auf, auf staatliche Privilegien zu verzichten, wenn dadurch ihre Glaubwürdigkeit in Frage gestellt ist oder wenn veränderte Lebensverhältnisse dies erfordern:

> »[Die Kirche] setzt ihre Hoffnung nicht auf Privilegien, die ihr von der staatlichen Autorität angeboten werden. Sie wird sogar auf die Ausübung von legitim erworbenen Rechten verzichten, wenn feststeht, daß durch deren Inanspruchnahme die Lauterkeit ihres Zeugnisses in Frage gestellt ist, oder wenn veränderte Lebensverhältnisse eine andere Regelung fordern.«[505]

Weitgehende Ausnahmeregelungen für das Arbeitsrecht der Kirchen? Kirchensteuereinzug durch den Staat? Konfessioneller Religionsunterricht an öffentlichen Schulen? Theologische Fakultäten an staatlichen Universitäten? Kirchliche Mitwirkungsrechte bei der Besetzung von Professuren und Studienordnungen? Das alles ist zu Recht fragwürdig geworden. Von Seiten des Staates muss überprüft werden, ob damit nicht die Benachteiligung von Betroffenen bzw. von anderen Institutionen verbunden ist. Die christlichen Kirchen müssen von sich aus auf Privilegien verzichten, die im Verdacht stehen, vor allem die eigenen kirchlichen Interessen zu begünstigen.

Neutralität ist Verrat

Aber bedeutet eine klare Trennung von Staat und Kirchen, dass christlicher Glaube auch unpolitisch sein soll? Kaiser Wilhelm II. vertrat diese Sicht:

> »Die Herren Pastoren sollen sich um die Seelen ihrer Gemeinde kümmern, die Nächstenliebe pflegen, aber die Politik aus dem Spiel lassen, dieweil sie das gar nichts angeht.«[506]

Um die »Moral« der Truppe im Ersten Weltkrieg zu heben und national gefärbte Heldenbegräbnisse zu inszenieren, waren Feldgeistliche dann allerdings doch willkommen. Wer meint, christlichem Glauben gehe es vor allem um jenseitiges Seelenheil, wird dem Kaiser vielleicht zustimmen. Der missionarische Imperativ »Rette deine Seele!« wäre dann tatsächlich der triftigste Grund, sich taufen zu lassen. Aber das ist nicht biblisch. Der biblische Gott ist parteiisch und damit politikrelevant. Er solidarisiert sich mit Armen, Unterdrückten, Ausgebeuteten. Biblische Prophetie kritisiert im Namen dieses Gottes ungerechte Verhältnisse, droht denen, die dafür verantwortlich sind – nicht denen, die darunter zu leiden haben.

Als Papst Pius XII. von verschiedenen Seiten gedrängt wurde, sich gegen die Nazis unmissverständlich öffentlich zu positionieren, berief er sich wiederholt darauf, dass er bezüglich der kriegführenden Parteien Neutralität wahren müsse.[507] Doch wenn Menschenrechte verletzt werden, wenn Menschen verfolgt, vertrieben und vernichtet werden, gibt es keine Neutralität. Wer schweigt, lässt geschehen. Wer politische Entwicklungen grundsätzlich hinnimmt, auf gesellschaftliche Kritik verzichtet und sich mit caritativer Hilfe begnügt, verhält sich nicht unpolitisch, sondern festigt die gegebenen Verhältnisse. Wenn diese Verhältnisse ungerecht sind, ist eine derart nur vermeintlich unpolitische Einstellung nicht mehr zu rechtfertigen.

> »Ist es denn keine Politisierung, wenn man eine ungerechte Sozial-Ordnung am Leben erhält?«,

fragte in diesem Sinn schon der brasilianische Erzbischof und Befreiungstheologe Hélder Câmara (1909–1999) mit Blick auf die politische Rolle seiner Kirche in Lateinamerika. Diese ließ dort jahrzehntelang die Diktatoren und Militärregimes gewähren, ja paktierte mit ihnen. Câmaras Antwort lässt keinen Zweifel: »Neutralität ist Verrat«[508]. Neutralität geht zu Lasten der Opfer. Neutralität ist auch bei uns die Methode der Zufriedenen und Bequemen, nach Möglichkeit alles so zu belassen, wie es ist. Christlicher Glaube misst die gegebenen Verhältnisse an der biblischen Vision: die Erde als lebensfreundlicher Wohnort für alle Geschöpfe, ein gemeinschaftliches »Haus für alle«[509], in dem Gerechtigkeit herrscht. Diese Vision steht in krassem Gegensatz zu den tatsächlichen Lebensverhältnissen ungezählter Menschen und Tiere. Engagement für Frieden, Gerechtigkeit und Bewahrung der Schöpfung sind biblischer Auftrag. Darum kann christlicher Glaube politisch nicht neutral bleiben. Er ergreift Partei. Er verschafft denen Gehör, die in unserer Welt überhört werden und tritt für deren Existenz- und Teilhaberechte ein.

Zusammenfassung und Bekenntnis

Die Erkenntnis christlicher Mitschuld an der Schoah trifft ins Herz christlichen Glaubens. Die Frage Elie Wiesels, ob das Christentum noch die Botschaft Jesu sei, ist für alle, die sich weiterhin zum christlichen Glauben bekennen, unabweisbar und zwingt sie zur Entscheidung, ob sie ihre Identität von der Botschaft Jesu her begründen wollen. Wer sich dafür entscheidet, muss den christlichen Glauben einer radikalen Revision unterziehen und das traditionelle Christentum mitsamt seiner dogmatisch fixierten Theologie verabschieden. Zu dieser Abkehr gibt es keine Alternative, denn das traditionelle Christentum hat mit der Schoah seine Legitimität verloren.

Dies bedeutet nicht das Ende christlichen Glaubens. Christlicher Glaube bleibt möglich – aber nur in ausdrücklicher Übernahme der Verantwortung für seine Geschichte, die in den Abgrund der Schoah führte. Diese Verantwortungsübernahme muss verbunden sein mit Konsequenzen. Diese Konsequenzen sind radikal, weil die Ursachen für die Fehlentwicklung des Christentums bis zu seinen Wurzeln zurückreichen.

Vorstehende Überlegungen skizzierten eine revidierte Theologie, die christlichen Glauben im Ausgang von Jesu Vision einer gottgewollten lebensfreundlichen und gerecht gestalteten Welt neu begründet. Es ist eine undogmatische Theologie, die auf Exklusivitätsansprüche verzichtet und sich strikt den Menschenrechten verpflichtet weiß.

Im Unterschied zur traditionellen Theologie ist es zugleich eine sehr bescheidene, unsicher gewordene Theologie, die sich selbst fragwürdig bleibt. Kirchengeschichte und Menschheitsgeschichte haben ihr jeglichen Triumphalismus ausgetrieben und ihr jede »Heilsgewissheit« genommen. Schöpfung, Ostern und erlösende Befreiung versteht sie nicht als Realität, die wir dingfest machen können,[510] sondern als Ausdruck einer gewagten Hoffnung und der »Sehnsucht [...], daß es bei dem Unrecht, durch das die Welt gekennzeichnet ist, nicht bleiben soll«[511].

Dorothee Sölle hat ein Bekenntnis formuliert, das von dieser Hoffnung und dieser Sehnsucht getragen ist:

»Ich glaube an Gott
der die Welt nicht fertig geschaffen hat
wie ein Ding das immer so bleiben muß
der nicht nach ewigen Gesetzen regiert
die unabänderlich gelten
nicht nach natürlichen Ordnungen
von Armen und Reichen
Sachverständigen und Uninformierten
Herrschenden und Ausgelieferten
Ich glaube an Gott
der den Widerspruch des Lebendigen will
und die Veränderung aller Zustände
durch unsere Arbeit
durch unsere Politik

Ich glaube an Jesus Christus
der recht hatte, als er
›ein einzelner, der nichts machen kann‹
genau wie wir
an der Veränderung aller Zustände arbeitete
und darüber zugrunde ging
an ihm messend erkenne ich
wie unsere Intelligenz verkrüppelt
unsere Phantasie erstickt
unsere Anstrengung vertan ist
weil wir nicht leben wie er lebte
jeden Tag habe ich Angst
daß er umsonst gestorben ist
weil er in unseren Kirchen verscharrt ist
weil wir seine Revolution verraten haben
in Gehorsam und Angst vor den Behörden
Ich glaube an Jesus Christus
der aufersteht in unser Leben
daß wir frei werden

von Vorurteilen und Anmaßung
von Angst und Haß
und seine Revolution weitertreiben
auf sein Reich hin

Ich glaube an den Geist
der in Jesus wirkte[512]
an die Gemeinschaft aller Völker
und unsere Verantwortung für das
was aus unserer Erde wird
ein Tal voll Jammer Hunger und Gewalt
oder die Stadt Gottes
Ich glaube an den gerechten Frieden
der herstellbar ist
an die Möglichkeit eines sinnvollen Lebens
für alle Menschen
an die Zukunft dieser Welt Gottes.

Amen.«[513]

Anmerkungen

1 | Vgl. »Sicherheit neu denken.« Eine Initiative der Evangelischen Landeskirche in Baden, s. u. https://www.sicherheitneudenken.de/ [25.01.2022].

2 | Vorgrimler, Neues Theologisches Wörterbuch, 47.

3 | Ebner, Der Tod Jesu – ein Scheitern?, 195.

4 | Zit. in: Rendtorff, Ist in Auschwitz das Christentum gestorben?, 169.

5 | Wengst, Der Anfang war jüdisch, 218, vgl. ders., Wie das Christentum entstand, 334.

6 | Internationale theologische Kommission, Erinnern und Versöhnen, 3.2.

7 | Das sogenannte Tetragramm (»Vierbuchstabenwort«) JHWH dient in der hebräischen Bibel als Bezeichnung des Gottesnamens. Die in christlichen Kreisen zum Teil noch geübte Aussprache als »Jahwe« ist nur eine sprachwissenschaftliche Vermutung. Um den Namen Gottes zu heiligen, wird im Judentum aber seit biblischer Zeit der Gottesname JHWH nicht ausgesprochen, sondern bei der Schriftlesung durch »Adonaj« (Herr) oder »ha Schem« (der Name) ersetzt. Es wäre ein Zeichen des Respekts vor dem Judentum, wenn auch Christ*innen die Aussprache des Gottesnamens vermeiden würden – ein entsprechender Wunsch wurde von jüdischer Seite schon verschiedentlich geäußert. Zugleich ist es aber sinnvoll, in Übersetzungen der hebräischen Bibel, dort wo das Tetragramm begegnet (mehr als 6800 Mal!), dies auch kenntlich zu machen oder auch sinnvolle Ersatzworte zu verwenden (wie dies zum Beispiel in der »Bibel in gerechter Sprache« geschieht), statt dafür regelmäßig »HERR« einzusetzen.

8 | Bihlmeyer/Tüchle, Kirchengeschichte (Bd.1), 42.

9 | Lumen Gentium 5, in: Rahner/Vorgrimler, Kleines Konzilskompendium, 125.

10 | Katechismus der Katholischen Kirche, Nrn. 760–763.

11 | Käsemann, Das Problem des historischen Jesus, 144f. Bezeichnend ist der Begriff »spätjüdisch« (bzw. »Spätjudentum«) der implizit suggeriert, dass mit dem Christentum das Judentum an sein Ende gekommen sei. »The notion of ›Spätjudentum‹ (i. e., ›late Judaism‹) as a term for Second Temple Judaism, or parts of it, was prominent in biblical scholarship from about 1870 to 1970. It entailed the idea that Judaism as a theologically legitimate entity came to an end with the emergence of Christianity and openly expressed an anti-Semitic facet of Christian biblical scholarship« (Schmid, The Interpretation of Second Temple Judaism as »Spätjudentum«, 141).

12 | Weinel, Ist unsere Verkündigung von Jesus unhaltbar geworden?, 35.

13 | https://www.ekd.de/Pfingsten-10828.htm [26.01.2022].

14 | https://www.deutschlandfunk.de/pfingstbotschaft-papst-franziskus-ruft-christen-zu-einheit.1939.de.html?drn:news_id=1262018 [25.05.2021].

15 | Landesinstitut für Schulentwicklung, Beispielcurriculum für das Fach Katholische Religionslehre, 18.20.

16 | Hengel/Schwemer, Geschichte des frühen Christentums, 19, vgl. 6.

17 | Bihlmeyer/Tüchle, Kirchengeschichte (Bd. 1), 47.

18 | Ebd., 48.

19 | Ebd., 49.

20 | Hildebrandt, Vom Saulus zum Paulus, 67.

21 | Harnack, Die Mission und Ausbreitung des Christentums, 63.

22 | Hengel/Schwemer, Geschichte des frühen Christentums, 69.

23 | Osborne, Jesu Taten gehen weiter, 189. Vgl. auch ebd., 133, wo Osborne mit Bezug auf Apg 11,26 schreibt: »Mit Herausbildung [des] christlichen Zentrums in Antiochia besteht ›das Christentum‹ nun aus zwei Großgemeinden/Kirchen […].«

24 | Wilhelm, Katechismus für das Bistum Rottenburg, Nrn. 83–85.87f. Im Jahr 1941 heißt es in einem Hirtenbrief der katholischen Bischöfe Deutschlands, Christus habe »sein[e] heilig[e] Kirche […] auf dem Felsenfundament des Papsttums gegründe[t]« (Corsten, Kölner Aktenstücke, 255).

25 | So jüngst z. B. noch Hengel/Schwemer, Geschichte des frühen Christentums, 6.10.19.24.30.34f.39.41.43.55f.59f.62f, 65–67.69.72–74.76 u. v. m.

26 | Werlitz, Lexikon und Begriffsregister, 293.

27 | Vgl. Crüsemann, maschach (hebr.), 2370. Dagegen Hengel/Schwemer, Geschichte des frühen Christentums, 341: »Zu einer solchen neuen Gruppenbezeichnung [nämlich Christianer/Christen, A.B.] kam es wohl, als die Differenzen zwischen Juden und Christen so deutlich wurden, daß sie für Außenstehende klar zu unterscheiden waren.«

28 | Etwas anderes ist das sogenannte »messianische Judentum«, eine neuere religiöse Bewegung, die v.a. von evangelikaler Seite unterstützt wird. Die Bewegung ist uneinheitlich, doch im Wesentlichen werden als »messianische Juden« Jüd*innen bezeichnet, die den christlichen (meistens protestantischen) Glauben angenommen haben, aber (einige) jüdische Bräuche und Riten weiterhin befolgen (z. B. Sabbatobservanz, Tragen des Gebetsschals, Beschneidung der Söhne). Sowohl im Judentum als auch bei den christlichen Großkirchen, die inzwischen mehrheitlich Judenmission entschieden zurückweisen, stößt diese Bewegung auf Skepsis bzw. Ablehnung, vgl. Ariel, Messianisches Judentum, 828f. Die evangelischen Theologen Wolfgang Kraus, Michael Tilly und Axel Töllner stellten kürzlich fest, es sei derzeit noch nicht absehbar, »ob sich messianisch-jüdische Gemeinschaften in Deutschland von einer Provokation hin zu einer Bereicherung des christlich-jüdischen Verhältnisses entwickeln können« (Kraus u. a., Messianisches Judentum, 834).

29 | Vgl. dazu Fonrobert, Judaisierer, 689–692.

30 | Maria Neubrand und Johannes Seidel dokumentierten allerdings noch im Jahr 2015 zahlreiche Beispiele, dass auch in der Exegese weiterhin Antijudaismen (re)produziert werden, vgl. Neubrand MC/Seidel SJ, Ist das neue Testament antijüdisch?, 289–299.

31 | Küng, Christ sein, 194.

32 | Bultmann, Das Verhältnis der urchristlichen Christusbotschaft zum historischen Jesus, 8f. Bultmann bemerkt ebd. freilich auch, dass er angegriffen worden sei, weil er in seinem »Buch ›Das Urchristentum im Rahmen der antiken Religionen‹ die Verkündigung Jesu nicht in dem Kapitel ›Das Urchristentum‹, sondern im Kapitel ›Das Judentum‹ dargestellt habe«.

33 | Vgl. Strotmann, Der historische Jesus, 145–159. Grundlegend dazu: Sanders, Jesus and Judaism, übersichtlich zusammengefasst ebd., 326f.

34 | Vgl. Homolka, Der Jude Jesus, 75–77. Homolka bietet eine exzellente Übersicht über die vielfältige jüdische Jesusforschung bis zur Gegenwart.

35 | Vgl. Geiger, Das Judenthum und seine Geschichte.

36 | Vgl. Klausner, Jesus von Nazareth, hebräische Originalausgabe 1922, erste deutsche Ausgabe 1930.

37 | Baeck, Das Evangelium, 283.

38 | Crüsemann, Die Bergpredigt, 20. Vgl. Furst enberg, Die zweite Tora, 255: »Werden die Texte [der sog. ›Antithesen‹ der Bergpredigt, A.B.] im Rahmen der innerjüdischen Diskussion um die Defizite der Tora und ihre Erweiterungsbedürftigkeit durch eine zweite/mündliche Tora neu gelesen, wird deutlich, dass gerade die matthäische Zuspitzung der Botschaft Jesu tief im zeitgenössischen Judentum verwurzelt ist.«

39 | Danz, Grundprobleme der Christologie, 236.

40 | Heschel, Der jüdische Jesus und das Christentum, 214.

41 | Vgl. Fonrobert, Judaisierer, 692; vgl. Setzer, Jüdische Reaktionen, 799, und Heschel, Jesus im modernen jüdischen Denken, 809. Setzer und Heschel erkennen im vierten Jahrhundert, als das römische Reich christlich wurde, einen wesentlichen Grund für den Bruch zwischen Judentum und Christentum.

42 | Schreiber, Der Galaterbrief, 119.

43 | Der Begriff Proselyt (προσήλυτος, prosēlytos) bedeutet wörtlich übersetzt »Hinzugekommener« oder »Dazugekommener«; gemeint sind damit nichtjüdische Menschen, die durch Konversion zum Judentum in die jüdische Gemeinschaft aufgenommen wurden; vgl. Enger, Proselyten.

44 | Vgl. Schwartz, Strömungen, 661–667.

45 | Wengst, Der Anfang war jüdisch, 218.

46 | Werlitz, Lexikon und Begriffsregister, 119.

47 | Wie stark der Gründungsmythos aber noch immer auch in wissenschaftlichen Publikationen wirksam ist, zeigt sich in kleinen Nebenbemerkungen über Vorgänge im ersten Jahrhundert d. Z. Es ist nur ein Beispiel für viele, wenn es noch im Jahr 2018 im Lexikon zur kommentierten Studienausgabe der revidierten Einheitsübersetzung heißt, Paulus habe zunächst »die junge Christenheit« verfolgt (ebd., 293).

48 | Wengst, Der Anfang war jüdisch, 218.

49 | Vgl. van de Sandt, Art. Didache.

50 | Übersetzung hier und im Folgenden nach Schöllgen, Didache.

51 | Vgl. dazu ebd., 46–48.
52 | Vgl. Wengst, Wie das Christentum entstand, 291.
53 | Prostmeier, Art. Barnabasbrief, 3.1.
54 | Später wurden diese Texte vom Christentum als »Altes Testament« bezeichnet; dabei ist allerdings zu beachten, dass hebräische Bibel und Altes Testament bezüglich Umfang und Reihenfolge der Bücher nicht identisch sind.
55 | Übersetzung hier und im Folgenden nach Wengst, Didache (Apostellehre). Barnabasbrief.
56 | Zur umstrittenen Echtheit der Briefe vgl. Lechner, Ignatius von Antiochia; Theobald, Israel-Vergessenheit; Prostmeier, Art. Ignatius von Antiochien, 347.
57 | Hier und im Folgenden übersetzt nach Winterswyl, Die Briefe des heiligen Ignatius von Antiochien.
58 | Wengst, Der Anfang war jüdisch, 217.
59 | Ders., Wie das Christentum entstand, 334.
60 | Landesmann, Der Antijudaismus, 103.
61 | Vgl. Wengst, Wie das Christentum entstand, 141f.
62 | Ders., Wie das Christentum entstand, 308f.
63 | Ebd., 334.
64 | Vgl. dazu Horrell, Ethnicity and Inclusion, der einerseits auf Formen eines nicht-ethnischen Inklusivismus im Judentum und andererseits auf ethnifizierende Tendenzen im frühen Christentum hinweist.
65 | Rendtorff, Ist in Auschwitz das Christentum gestorben?, 173f.
66 | Horkheimer, Gesammelte Schriften, 345. Vgl. ebd., 452: »Sorgfältige Berechnungen ergeben, daß die katholische Kirche seit Konstantin für den Mord an mindestens 10 Millionen Juden verantwortlich ist.« »Das meiste [,] was im Zeichen des Kreuzes geschehen ist, seit Konstantin das Christentum zur Staatsreligion gemacht hat, steht im krassesten Widerspruch zu den Lehren des Stifters. Im Unbewußten oder Halbbewußten liegt die Einsicht, daß die Christenheit in ihrer langen Geschichte das Christentum verraten hat« (ebd., 362).
67 | Vgl. z. B. Elukin, Anti-Judaism (2021) mit weiteren einschlägigen Literaturangaben; Goldberg u. a., Key Concepts in the Study of Antisemitism (2021); Eriksen u. a., Judenhass (2019); Nirenberg, Anti-Judaismus (2015); Lipton, Dark mirror (2014); Carroll, Constantine's sword (2001); Siegele-Wenschkewitz, Christlicher Antijudaismus und Antisemitismus (1994); Rohrbacher/Schmidt, Judenbilder (1991); Langmuir, Toward a Definition of Antisemitism (1990); Gager, The Origins of Anti-semitism (1985).
68 | Vgl. z. B. Nirenberg, Anti-Judaismus, 59–96.
69 | Theißen, Antijudaismus im Neuen Testament, 81.
70 | Pesch, Antisemitismus in der Bibel?, 116.
71 | Neuner u. a., Der Glaube der Kirche, 121.
72 | Johannes Chrysostomos, Acht Reden gegen Juden, 84 (I,1).
73 | Ebd., 88 (I,3); die beiden Sätze des Bibelzitats Joh 8,19 und die Objekte im zweiten Satz wurden von Johannes Chrysostomos umgestellt.
74 | Ebd., 87 (I,3).
75 | Ebd., 96 (I,6).
76 | Ebd.
77 | Vgl. die Zusammenstellung der von Johannes Chrysostomos gegen die Juden erhobenen Vorwürfe von Verena Jegher-Bucher, in: ebd., 71–74.
78 | Vgl. zum Folgenden Gager, The Origins of Anti-semitism, 119.265–269.
79 | Johannes Chrysostomos, Acht Reden gegen Juden, 87 (I,3).
80 | Schäfer, Johannes »Chrysostomos«.
81 | Ritter, Judentum und Christentum, 43.
82 | Johannes Chrysostomos, Acht Reden gegen Juden, 95 (I,6).
83 | Horkheimer, Gesammelte Schriften, 362.
84 | Vgl. zum Folgenden Leppin, Theodosius der Große, sowie Wriedt, Art. Ambrosius, und Baltrusch, Jüdische Räume.
85 | Baltrusch, Jüdische Räume, 390, bestreitet dies (»Sicher ist der Brief alles andere als judenfreundlich. Dennoch meine ich, dass die Judenfeindschaft nicht im Zentrum steht [...]«, ebd., 386).

86 | Wriedt, Art. Ambrosius, 5.
87 | Vgl. Hood, Aquinas and the Jews.
88 | Vgl. Recker, Die Wegbereiter der Judenerklärung, 31–52.
89 | Hilberg, Die Vernichtung der europäischen Juden, 24.
90 | Vgl. https://www.luther2017.de/wiki/martin-luther-und-die-juden/index.html [27.01.2022].
91 | Vgl. zu den nachfolgenden Ausführungen Langer, Zwischen Vorurteil und Aggression, sowie ders., Zwischen antisemitischer Versuchung und traditionellem Antijudaismus. Sämtliche Zitate der beiden folgenden Abschnitte sind letzterer Publikation Langers entnommen.
92 | Langer, Zwischen antisemitischer Versuchung und traditionellem Antijudaismus, 372f.
93 | Ebd., 378.
94 | Ebd.
95 | So Kaufmann, Luthers Juden, 16, über das Judenbild Martin Luthers.
96 | Vgl. Nirenberg, Anti-Judaismus, 225–251.
97 | Zur Geschichte des römischen Ghettos vgl. Höfferer, Jüdisches Rom, 27–34.39–45, sowie Kertzer, Die Päpste gegen die Juden, 81–114.
98 | Mattioli, Das letzte Ghetto Alteuropas, 116.

99 | Kolumbarium ist der lateinische Begriff für Taubenschlag; so wurden aber auch altrömische Grabkammern mit reihenweise übereinander angebrachten Nischen bezeichnet, in denen Urnen aufbewahrt wurden.
100 | Gregorovius, Der Ghetto und die Juden in Rom, 9.68.
101 | Mattioli, Das letzte Ghetto Alteuropas, 125.
102 | Vgl. Kertzer, Die Päpste gegen die Juden, 58–71.
103 | Mattioli, Das letzte Ghetto Alteuropas, 136.
104 | Vgl. dazu Brechenmacher, Das Ende der doppelten Schutzherrschaft.
105 | Nirenberg, Anti-Judaismus, 57.
106 | Ebd., 26.
107 | Langer, Von den »Gottesmördern« zu den »älteren Brüdern«, 340.
108 | Bonhoeffer, Die Kirche vor der Judenfrage, 354. Judentum sei von der Kirche Christi her gesehen niemals ein rassischer, sondern ein religiöser Begriff, schreibt Bonhoeffer (vgl. ebd., 356). Daraus folgt für Bonhoeffer bezüglich des *kirchlichen* Handelns, dass »[d]ie Ausschließung der rassischen Juden aus unserer deutschstämmigen Kirche […] eine kirchliche Unmöglichkeit [bleibt]« (ebd., 357). Anders beurteilt Bonhoeffer das *staatliche* Handeln, dass »der Jude unabhängig von seiner Religionszugehörigkeit allein um seiner Rassenzugehörigkeit willen vom Staat unter Sonderrecht gestellt wird« (ebd., 350): »Ohne Zweifel ist eines der geschichtlichen Probleme, mit denen unser Staat fertig werden muß, die Judenfrage, und ohne Zweifel ist der Staat berechtigt, hier neue Wege zu gehen. […] Die wahre Kirche Christi […] wird dem Staat nie in der Weise ins Handwerk greifen, daß sie dessen geschichtsschaffendes Handeln vom Standpunkt eines irgendwie gearteten, sagen wir: humanitären Ideals her kritisiert« (ebd., 351). Wohl aber erwachse für die Kirche aus dem staatlichen Handeln »der Dienst an den Opfern des Staatshandelns. Die Kirche ist den Opfern jeder Gesellschaftsordnung in unbedingter Weise verpflichtet, auch wenn sie nicht der christlichen Gemeinde zugehören« (ebd.,353). Als Beispiel dafür, wann es für die Kirche geboten wäre, »nicht nur die Opfer unter dem Rad zu verbinden, sondern dem Rad selbst in die Speichen zu fallen« (ebd.), nennt Bonhoeffer den »zwangsmäßigen Ausschluß der getauften Juden aus unseren christlichen Gemeinden, in dem Verbot der Judenmission« (ebd., 354). Im Hintergrund von Bonhoeffers Argumentation steht Luthers Zwei-Reiche-Lehre. Zur antijudaistischen Theologie Bonhoeffers vgl. Bethge, Kirchenkampf und Antisemitismus, 230–234.
109 | Bonhoeffer, Die Kirche vor der Judenfrage, 355.
110 | Friedländer, Das Dritte Reich und die Juden, 97.
111 | Ebd., 98.
112 | Württembergische Evangelische Landessynode, »Gottes Gaben und Berufung können ihn nicht gereuen«, 11f.
113 | Vgl. Hoffmann, Christlicher Antijudaismus, 311–313.
114 | Vgl. zuletzt z. B. Goldberg u. a., Key Concepts in the Study of Antisemitism.
115 | So z. B. Hermle, Antisemitismus, Holocaust und Neuorientierung, 353.

116 | Blaschke, Die Kirchen und der Nationalsozialismus, 175.

117 | Wiese, Politische Dimension des Theologischen, 30.

118 | Wäre Judenfeindlichkeit nur religiös begründet gewesen, wäre ihr mit der Taufe ihr Grund entzogen gewesen. Dass dies aber nicht der Fall war, so die evangelische Kirchenhistorikerin Leonore Siegele-Wenschkewitz, zeige allein schon der abschätzig gebrauchte Begriff »Taufjude«: »Offenbar blieb auch nach dem Religionswechsel in der Wahrnehmung der Christen etwas, was die Juden weiterhin als jüdisch erscheinen ließ« (Siegele-Wenschkewitz, Christlicher Antijudaismus und Antisemitismus, XVIII).

119 | Vorgrimler, Neues Theologisches Wörterbuch, 47.

120 | International Jewish Committee on Interreligious Consultations, Response to Vatican Document »We Remember: A Reflection on the Shoah«.

121 | Vgl. Matthäus, Holocaust als angewandter Antisemitismus?, 108.

122 | Ebd., 107. Vgl. Blaschke, Die Anatomie des katholischen Antisemitismus, 16, der betont, »dass trotz eines kategorialen Bruchs der Rassenantisemitismus letztlich nur fortführte, was der moderne Antisemitismus als Weiterentwicklung des älteren Antijudaismus vorgezeichnet hatte«.

123 | Hilberg, Die Vernichtung der europäischen Juden, 16.

124 | Ebd., 15.

125 | Friedländer, Das Dritte Reich und die Juden, 435.

126 | Vgl. ebd., 684.

127 | Vgl. Volk, Akten deutscher Bischöfe, 207.

128 | Ebd., 220.

129 | Ebd., 221.

130 | Der umfangreiche Hirtenbrief, den vollständig vorzulesen mehr als eine halbe Stunde benötigt hätte, befasst sich sehr grundsätzlich und allgemein mit den »Zehn Geboten«. Im Zusammenhang mit dem fünften Gebot heißt es u. a.: »Tötung ist in sich schlecht, auch wenn sie angeblich im Interesse des Gemeinwohls verübt wurde: An schuld- und wehrlosen Geistesschwachen und -kranken, an unheilbar Siechen und tödlich Verletzten, an erblich Belasteten und lebensuntüchtigen Neugeborenen, an unschuldigen Geiseln und entwaffneten Kriegs- oder Strafgefangenen, an Menschen fremder Rassen und Abstammung« (Corsten, Kölner Aktenstücke, 301). Merkwürdig ist der letzte Satzteil, der keinerlei Distanzierung zur ns-Rassenideologie erkennen lässt. Die wenigen Worte wirken wie pflichtschuldigst noch hinzugefügt.

131 | Volk, Akten deutscher Bischöfe, 348f.

132 | Vgl. Friedländer, Das Dritte Reich und die Juden, 846.

133 | Vgl. ders., Pius XII. und das Dritte Reich, 226.

134 | Vgl. Friedländer, Das Dritte Reich und die Juden, 957. Die »Doktrin der fundamentalen Ungleichheit von Christen und Juden […] kalkulierte eine Mischung aus traditionellem religiösem Mißtrauen und Verachtung gegenüber Juden ein, die ganz leicht etwaige Antriebe von Mitleid und Nächstenliebe aufwiegen konnte und dies häufig auch tat oder gar einen aggressiven Antisemitismus schürte« (ebd., 958).

135 | Vgl. ebd., 466. »Im Bereich der privaten Interventionen und Unterstützungsleistungen, die sowohl von katholischen als auch von protestantischen Persönlichkeiten oder Institutionen kamen, traf man systematisch eine klare Unterscheidung zwischen der winzigen Minderheit der konvertierten Juden und der Quasi-Gesamtheit der ›gewöhnlichen Juden‹« (ebd., 958).

136 | Friedländer, Pius XII. und das Dritte Reich, 226; vgl. ders., Das Dritte Reich und die Juden, 956.

137 | Adenauer, Briefe, 172f.

138 | Vorgrimler, Neues Theologisches Wörterbuch, 47.

139 | So Hitler am 26. April 1933 bei einem Empfang von Bischof Wilhelm Berning nach einem Protokoll von dessen Assistenten, zit. in: Friedländer, Das Dritte Reich und die Juden, 60.

140 | So Hitler einem Polizeibericht zufolge bei einer Rede in München am 18.12.1926, zit. in: ebd., 117f.

141 | Eine gute Übersicht zum evangelischen Widerstand im Nationalsozialismus bietet die von der Münchner »Forschungsstelle für Kirchliche Zeitgeschichte« verantwortete Internetseite https://de.evangelischer-widerstand.de/html/view.php?type=biografien

[27.01.2022]; Informationen zum Widerstand zwischen 1933 und 1945 in Deutschland insgesamt bietet mit zahlreichen Einzelbiographien die »Gedenkstätte Deutscher Widerstand« s. u. https://www.gdw-berlin.de/home/, zum Widerstand von christlicher Seite s.u. https://www.gdw-berlin.de/vertiefung/themen/5-widerstand-aus-christlichem-glauben/ [27.01.2022].

142 | Borut/Fraenkel, Lexikon der Gerechten unter den Völkern, 180.

143 | Vgl. Herbert, Holocaust-Forschung in Deutschland, 59.

144 | Bajohr/Löw, Tendenzen, 11f; vgl. Bajohr, Täterforschung, 169. »Bis in die 1980er Jahre überwog die [...] Vorstellung eines primär von oben und durch einen zentralen ›Führerbefehl‹ gesteuerten Prozesses. Inzwischen haben viele Studien jedoch gezeigt, dass sich das Mordgeschehen in einem Wechselspiel zwischen Zentrale und Peripherie (vor allem in den besetzten Ländern Osteuropas) radikalisierte. Die Besatzer vor Ort preschten oft mit eigenständigen Initiativen vor und legten die ihnen zugewiesenen Handlungsspielräume weit aus« (Bajohr, Täterforschung, 171).

145 | Bajohr/Löw, Tendenzen, 13; vgl. Bajohr, The beneficiaries, 27–29.

146 | Vgl. Blaschke, Die Kirchen und der Nationalsozialismus, 14.

147 | Bajohr, Täterforschung, 173, vgl. Lower, Hitlers Helferinnen.

148 | Vgl. dazu Cornwell, Pius XII., 338–349.

149 | Bußmann, Akten zur deutschen auswärtigen Politik aus dem Archiv des Auswärtigen Amts 1918–1945, 130.

150 | Ebd., 131. Weizsäcker hatte wohl mit einer schärferen Reaktion des Vatikans gerechnet, da »sich der Vorgang sozusagen unter den Fenstern des Papstes abgespielt [habe]« und am 17.10.1943 an das Auswärtige Amt telegraphiert, dass die »Reaktion [...] vielleicht gedämpft [würde], wenn die Juden zur Arbeit in Italien selbst verwendet würden« (ebd., 85): »Uns feindlich gesinnte Kräfte machen sich den Vorgang zu Nutzen, um den Vatikan aus seiner Reserve herauszudrängen. Man sagt, die Bischöfe in französischen Städten, wo ähnliches vorkam, hätten deutlich Stellung bezogen. Hinter diesen könne der Papst als Oberhaupt der Kirche und als Bischof von Rom nicht zurückbleiben« (ebd.).

151 | Ebd., 58. (Telegramm am 09.10.1943). Kurz danach hatte Weizsäcker ein Gespräch mit Papst Pius XII., in dem er im Auftrag von Reichsaußenminister von Rippentrop versicherte, »daß Deutschland die Souveränität und Integrität des Vatikanstaates in vollem Umfang respektiert« (ebd., 41, vgl. 59).

152 | Chadwick, Britain and the Vatican during the Second World War, 216, vgl. 222–245.

153 | Vgl. Wiese, Politische Dimension des Theologischen, 54.

154 | So z. B. in seinen Schreiben an Bischof Preysing, vgl. Papst Pius XII., Die Briefe, 237.291.

155 | »The sincere Christian knows that what died in Auschwitz, was not the Jewish people but Christianity« (Cargas, What is a Jew? Interview of Elie Wiesel, 152).

156 | Ders., Responses to Elie Wiesel 152f.

157 | Wengst, Der Anfang war jüdisch, 218.

158 | Greenberg, Cloud of Smoke, Pillar of Fire, 6.

159 | Theodor W. Adorno, Minima Moralia, 21.

160 | Wenzel, »Ein Fremdwort von zuhause«, 81.

161 | Ebd., 83.

162 | Ebd., 84.

163 | Ebd.

164 | Wiesel, Die Nacht, 56.59. Elie Wiesel wurde 1928 in Sighet (Rumänien) geboren. 1944 wurde er mit seinen Eltern und seinen drei Schwestern nach Auschwitz deportiert. Dort wurden seine Mutter und seine jüngere Schwester Zipora ermordet. Zusammen mit seinem Vater überlebte Elie Wiesel Auschwitz und den Transport ins KZ Buchenwald. Dort starb sein Vater. Elie Wiesel wurde am Ende des Krieges befreit. Seine Erinnerungen an Auschwitz wurden 1958 unter dem Titel »La Nuit« in Frankreich veröffentlicht.

165 | Langfuß, Erschüttert von der Gräueltat, 451. Lejb Langfuß wurde um 1910 in Warschau geboren. Nach dem Überfall Deutschlands auf Polen leitete er die jüdische Gemeinde von Maków. Im Dezember 1942 wurde er mit Frau und Sohn nach Auschwitz deportiert. Seine Frau und sein Sohn wurden dort umgehend ermordet. Er selbst wurde dem »Sonderkommando« zugewiesen und war somit unmittelbarer Zeuge der Vernichtungsaktionen. Er versteckte in verschiedenen Gläsern und Dosen Berichte und Notizen über die Morde und über die im Lager herrschenden Zustände. In seiner letzten Notiz schreibt

er, dass seine Aufzeichnungen gesammelt unter dem Titel »Erschüttert von der Gräueltat« veröffentlicht werden sollen. Am Ende heißt es: »Jetzt gehen wir zur Sauna, die übrig gebliebenen 170 Männer. Wir sind uns sicher, dass wir in den Tod geführt werden« (ebd., 455). Leibfuß zählte zu den Anführern der Widerstandsbewegung des Sonderkommandos. Im November 1944 wurde er in Auschwitz ermordet.

166 | Gradowski, Im Herzen der Hölle, 365. Salmen Gradowski wurde zwischen 1908 und 1910 in der polnischen Stadt Suwalki geboren. Im Dezember 1942 wurde er mit seiner Familie nach Auschwitz deportiert. Direkt nach der Ankunft im Lager wurden Mutter, Frau, zwei Schwestern, Schwiegervater und Schwager von Salmen Gradowski ermordet (vgl. ebd., 181). Er selbst wurde wie Lejb Langfuß dem Sonderkommando zugewiesen. Nachts dokumentierte er das von ihm Beobachtete und Erlebte in seinen Tagebüchern, die er in Flaschen versteckte, mit Wachs versiegelte und vergrub. Gradowski war einer der Anführer des Aufstands des Sonderkommandos am 7. Oktober 1944, bei dem er ermordet wurde.

167 | Johannes Chrysostomos, Acht Reden gegen Juden, 96 (I,6).

168 | Bonhoeffer, Die Kirche vor der Judenfrage, 354.

169 | Isaac, Jesus und Israel, 275.

170 | Siegele-Wenschkewitz, Christlicher Antijudaismus und Antisemitismus, XV.

171 | Friedländer, Das Dritte Reich und die Juden, 97.

172 | Blaschke, Die Kirchen und der Nationalsozialismus, 181.

173 | International Jewish Committee on Interreligious Consultations, Response to Vatican Document »We Remember: A Reflection on the Shoah«.

174 | Vorgrimler, Neues Theologisches Wörterbuch, 47.

175 | Vgl. Matthäus, Holocaust als angewandter Antisemitismus?, 108.

176 | Hilberg, Die Vernichtung der europäischen Juden, 15.

177 | Adenauer, Briefe, 172.

178 | Köhler, Der deutsche Katholizismus, 172.

179 | Landessynode der Evangelischen Kirche im Rheinland, Synodalbeschluß (11.01.1980).

180 | Greenberg, Cloud of Smoke, Pillar of Fire, 36.

181 | Cargas, What is a Jew? Interview of Elie Wiesel, 152.

182 | Volk, Akten deutscher Bischöfe, 885.

183 | Ebd., 887.

184 | Ebd., 889.

185 | Ebd., 886.

186 | Ebd., 888

187 | Ebd., 889.

188 | Ebd., 890.

189 | Ebd., 889.

190 | Ebd.

191 | Sekretariat der Deutschen Bischofskonferenz (Hg.), Erinnerung und Verantwortung, 7f.

192 | Vgl. Siegele-Wenschkewitz, Christlicher Antijudaismus und Antisemitismus, XII, sowie Scherzberg, Karl Adam und der Nationalsozialismus, 127–129; speziell zu Walter Grundmann vgl. Heschel, Theologen für Hitler.

193 | Vgl. zum Folgenden Scherzberg, Karl Adam und der Nationalsozialismus, insbes. 7.47.50f.53.57.99–124; dies., Art. Adam, Karl, 41–42, sowie dies.: Karl Adam und die Ambivalenz der Moderne, 240–264.

194 | Zit. in: dies., Karl Adam und der Nationalsozialismus, 57.

195 | Karl Adam an den Priester Richard Kleine, 24. Juni 1941, zit. in: ebd., 130.

196 | Vgl. Reding, Abhandlungen über Theologie und Kirche.

197 | Ebd., 319f. Nicht aufgeführt werden u. a. die folgenden beiden Artikel von Karl Adam: Deutsches Volkstum und katholisches Christentum, in: Theologische Quartalschrift 114 (1933), 40–63, sowie Jesus, der Christus, und wir Deutsche, in: Wissenschaft und Weisheit 10 (1943), 73–103, und 11 (1944), 10–23.

198 | Vgl. Hofmann u. a., Vitae et veritati, 7.

199 | Mit Michael Schmaus und Alfons Auer, meinem Doktorvater, sind in dieser Festschrift auch zwei Theologen vertreten, die den erwähnten Aachener Vortrag von Adam in privaten Schreiben an ihn in höchsten Tönen gelobt hatten. »Hochverehrter Herr Professor! Sie haben das erlösende Wort gesprochen und haben allen Suchenden die Richtung ge-

wiesen«, schrieb damals Vikar Alfons Auer an Adam; Michael Schmaus, der selbst ausdrücklich für ein Zusammengehen von Katholizismus und Nationalsozialismus eingetreten war, beglückwünschte Adam zu seinem Vortrag und teilte ihm mit: »Man spürt auf jeder Seite, daß hier ein Mann spricht, dem es nicht um die sorgsame Konservierung zeitgebundener Formen, sondern um das Heil der lebendigen Menschen im heutigen Deutschland zu tun ist« (zit. in: Scherzberg, Karl Adam und der Nationalsozialismus, 71–73). Zumindest Auer und Schmaus war demnach die Verstrickung Adams in den Nationalsozialismus bekannt, aber dies war für sie offensichtlich kein Hindernis, ihn in einer Festschrift zu würdigen.

200 | https://www.buecher.de/shop/buecher/kirchengeschichte-3-bde-/bihlmeyer-karl-tuechle-hermann/products_products/detail/prod_id/24222491/ [03.01.2022].

201 | Bihlmeyer/Tüchle, Kirchengeschichte (Bd. 2), 196.

202 | Ebd., 198f.

203 | Ebd., 465–468.

204 | Deschner, Abermals krähte der Hahn, 502.

205 | Bihlmeyer/Tüchle, Kirchengeschichte (Bd. 3), 520. »Nichtarier« ist auch im Original nicht in Anführungszeichen gesetzt.

206 | Ebd., 521.

207 | Ebd.

208 | So in einer Anmerkung, die beim Wiederabdruck dieses Beitrags im Jahr 1969 hinzugefügt wurde (Ratzinger, Vom Ursprung und vom Wesen der Kirche, 75 [Anm. 19]).

209 | Ders., Die Kirche als Geheimnis des Glaubens, 24.32–34.

210 | Ders., Gnade und Berufung ohne Reue, 405.

211 | Ebd., 389.

212 | Vgl. ebd., 391.

213 | Ebd., 392.

214 | Ebd., 393.

215 | Ebd., 403.

216 | Ebd., 404.

217 | Ebd., 405.

218 | Ebd., 388.

219 | Vgl. Pesch, Das Zweite Vatikanische Konzil, 292f.

220 | Vgl. dazu: Siebenrock, Theologischer Kommentar, 633–643, sowie Recker, Die Wegbereiter der Judenerklärung, 267–291.

221 | Nostra aetate 4, in: Rahner/Vorgrimler, Kleines Konzilskompendium, 359.

222 | Bertsch u. a., Gemeinsame Synode, 84–111.

223 | Ebd., 85.

224 | Ebd., 108f.

225 | Bendel-Maidl/Bendel, Schlaglichter, 257.

226 | Vgl. ebd., 259–267.

227 | Landessynode der Evangelischen Kirche im Rheinland, Synodalbeschluß (11.01.1980).

228 | Landessynode der Evangelisch-lutherischen Landeskirche Hannovers, Verfassung, Art. 1 (3); Art. 4 (5). Im Entwurf stand anstelle von »Verkündigung« noch »Mission«.

229 | Vgl. dazu Rutishauser, Meilensteine des christlich-jüdischen Dialogs

230 | Vgl zum Folgenden Benk, Anerkennung, 102f.

231 | Kommission für die religiösen Beziehungen zum Judentum, Wir erinnern.

232 | Vgl. zur Kritik an dem römischen Dokument: Gesprächskreis »Juden und Christen« beim Zentralkomitee der Deutschen Katholiken, Nachdenken über die Shoah.

233 | Papst Johannes Paul II., Schuldbekenntnis und Vergebungsbitte, 154.

234 | Internationale theologische Kommission, Erinnern und Versöhnen, 92.

235 | Papst Benedikt XVI., Ansprache anläßlich seines Besuches in der Kölner Synagoge, 46.

236 | Vgl. Potthoff/Wiehen, Da man die Juden zu Colne, 26.

237 | Papst Benedikt XVI., Wo war Gott?, 7.10f.

238 | Vgl. Herbert, Holocaust-Forschung in Deutschland, 59.

239 | Siebenrock, Theologischer Kommentar, 637.

240 | Ebd., 638.

241 | Kommission für die religiösen Beziehungen zum Judentum, »Denn unwiderruflich sind Gnade und Berufung, die Gott gewährt«, Nr. 1.

242 | Ebd.
243 | Ebd., Nr. 16.
244 | Papst Franziskus, Ansprache beim Besuch der römischen Synagoge.
245 | Ders., Ansprache beim Besuch der Holocaust-Gedenkstätte Yad Vashem.
246 | Bethge, Kirchenkampf und Antisemitismus, 225.
247 | Dieses Gebet kursiert im Internet, z. B. unter https://www.hagalil.com/nizza/johannes-23.htm [27.01.2022]. Ob seine Zuschreibung an Papst Johannes XXIII. zutreffend ist, ließ sich nicht belegen. Der Vatikan hat dieses Gebet m. W. jedenfalls nie veröffentlicht.
248 | Katechismus der Katholischen Kirche, Nr. 867.
249 | Internationale theologische Kommission, Erinnern und Versöhnen, 3.2.
250 | Schreiben des emeritierten Papstes Benedikt XVI. an sein früheres Erzbistum München-Freising, www.vaticannews.va/de/vatikan/news/2022 [14.02.2022].
251 | (Erz-)Bischöfe Deutschlands u. a., Gotteslob, Nr. 593,1.
252 | Ebd., 593,6.
253 | Bethge, Kirchenkampf und Antisemitismus, 226.
254 | Kommission für die religiösen Beziehungen zum Judentum, »Denn unwiderruflich sind Gnade und Berufung, die Gott gewährt« Nr. 32.
255 | Ebd., Nr. 35.
256 | Schopenhauer, Preisschrift über die Grundlage der Moral, 268f (§ 18).
257 | Ebd., 275 (§ 19,4).
258 | Ebd., 281 (§ 19,7). Eugen Drewermann, Die Rechtlosigkeit, 277f, würdigt nicht nur Schopenhauers »Entdeckung elementarer naturhafter Zusammenhänge zwischen Mensch und Natur«, sondern teilt auch dessen Kritik an der »ungeheure[n] Einseitigkeit und Naturfremdheit schon des *Alten Testaments*«, und er stößt sich in diesem Zusammenhang auch nicht an Schopenhauers judenfeindlichen Äußerungen, die er kommentarlos zitiert.
259 | Vgl. Schopenhauer, Preisschrift über die Grundlage der Moral, 211 (§ 9).268.270 (§ 18).273f (§ 19,3) u. a.
260 | Lat. *foetor*: Gestank, übler Geruch.
261 | Ebd., 278.280 (§ 19,7).
262 | Ebd., 281 (§ 19,7).
263 | Ebd., 289 (§ 19,9).
264 | Venerito, Antischächtbewegung und Antisemitismus, 303.
265 | Vgl. ebd., 302.
266 | Fritsch, Handbuch der Judenfrage, 146.
267 | Hippler, Der ewige Jude.
268 | Auszug aus der Originalvertonung, zit. in: Meissner/Hecht, Die Kunst des Schächtens, 6.
269 | Rheinz, Schächten und Betäubung; vgl. dies., »Und schont die Seele der Tiere«, sowie Löw, Thierschutz im Judenthume.
270 | Vgl. Rheinz, Kabbala der Tiere, 236.
271 | Speziesismus bezeichnet die ethische Diskriminierung von Lebewesen ausschließlich aufgrund ihrer Artzugehörigkeit.
272 | Vgl. ebd., 241.
273 | Ebd., 240.
274 | Schüle, Die Urgeschichte, 46.
275 | Vgl. Schmid, Schöpfung im Alten Testament, 77.
276 | Riede, Geschaffen – anvertraut – bewundert, 202.
277 | Koenen, Wölfe wohnen bei Lämmern, 217.
278 | Vgl. Ebach, Ursprung und Ziel, 79.
279 | Hagencord, Diesseits von Eden, 22.
280 | Vgl. Horstmann u. a., Alles, was atmet, 9.
281 | Ebd., 11.
282 | Vgl. Katechismus der Katholischen Kirche, Nr. 366.
283 | Cicero, Drei Bücher, 169–171 (Zweites Buch, Kap. LXII–LXIV).
284 | »[...] unde iustissima ordinatione creatoris et vita et mors eorum nostris usibus subditur [...]« (Augustinus, De civitate dei, I,20).
285 | Augustinus, De moribus ecclesiae catholicae, lib. 2, § 59 (S. 221).

286 | Gaudium et spes 12, in: Rahner/Vorgrimler, Kleines Konzilskompendium, 459.
287 | Katechismus der Katholischen Kirche, Nr. 2415.
288 | Schockenhoff, Ethik des Lebens, 598.
289 | Ebd., 599.
290 | Ebd., 597.
291 | Vgl. Katechismus der Katholischen Kirche, Nr. 366.
292 | Horstmann, Was fehlt, 188.
293 | Pesch, Theologische Anthropologie, 200.
294 | Papst Franziskus, Enzyklika »Laudato si'«, Nr. 116. Papst Franziskus weist diese Maßlosigkeit zurück und kritisiert eine »unangemessene Darstellung der christlichen Anthropologie, [die] dazu führen [konnte], eine falsche Auffassung der Beziehung des Menschen zur Welt zu unterstützen« (ebd.).
295 | Taxacher, Alles nur Natur?, 36.
296 | Amery, Das Ende der Vorsehung.
297 | Horstmann, Was fehlt, 188f.
298 | Ebd., 208.
299 | Dies gilt auch für das »Glauberger Schuldbekenntnis« (siehe unter https://aktion-kirche-und-tiere.de/dokumente/glauberger-schuldbekenntnis.html [28.01.2022]), das in Analogie zum »Stuttgarter Schuldbekenntnis« formuliert wurde. Es müssen andere und eigene Wege und Formen gefunden werden, um die »Tiervergessenheit der Theologie« zu erkennen und zu überwinden.

300 | Horstmann, Was fehlt, 207.
301 | Ebd.
302 | Neuner u. a., Der Glaube der Kirche, Nr. 375.
303 | Zit. in: Gutschera u. a., Geschichte der Kirchen, 131.
304 | Vgl. Oberste, Zwischen Heiligkeit und Häresie, 76–83; ders., Der »Kreuzzug« gegen die Albigenser, 70.
305 | Neuner u. a., Der Glaube der Kirche, Nr. 381.
306 | Wilhelm, Katechismus für das Bistum Rottenburg, Nr. 103.
307 | Ebd., Nr. 98.
308 | Ebd., Nr. 90.
309 | Papst Pius XI.: Enzyklika »Mortalium animos«, Nr. 8.
310 | Ebd., Nr. 10.
311 | Neuner u. a., Der Glaube der Kirche, Nr. 367.
312 | Ebd., Nr. 370.
313 | Ebd., Nr. 371.
314 | Rahner, Die anonymen Christen, 545–555.
315 | Nostra aetate 2, in: Rahner/Vorgrimler, Kleines Konzilskompendium, 356.
316 | Ebd.
317 | Müller-Friese, Miteinander der Verschiedenen.
318 | Lumen Gentium 8, in: Rahner/Vorgrimler, Kleines Konzilskompendium, 131.
319 | Lumen Gentium 14, in: ebd., 139.
320 | Kongregation für die Glaubenslehre, Erklärung »Dominus Jesus«, Nrn. 5.10.11.13.14.16.20.
321 | Ebd., Nr. 14.
322 | Ebd., Nr. 3.
323 | Ebd., Nr. 4.
324 | Vgl. ebd., Nr. 16.
325 | Ebd., Nr. 16, Anm. 56.
326 | Ebd.
327 | Ebd., Nr. 17.
328 | Ebd.
329 | Kongregation für die Glaubenslehre, Antworten auf Fragen, 48.
330 | Ebd., 50f.
331 | Ebd., 52.
332 | Statement des Vorsitzenden der Deutschen Bischofskonferenz, Karl Kardinal Lehmann, zur Veröffentlichung des Dokumentes »Antworten auf Fragen zu einigen Aspekten bezüglich der Lehre über die Kirche« der Kongregation für die Glaubenslehre. Pressemeldung Nr. 048 der Deutschen Bischofskonferenz am 10.07.2007, siehe unter https://

www.dbk.de/presse/aktuelles/meldung/statement-des-vorsitzenden-der-deutschen-bischofskonferenz-karl-kardinal-lehmann [28.01.2022].

333 | Vgl. Kessler, Art. Sklaverei (AT), sowie Priesching, Sklaverei im Urteil der Jesuiten, 73–112.

334 | Roose, Art. Sklaverei, 2.2.

335 | Rassistische Deutungen erfuhren auch andere Bibeltexte, wie z. B. die Verfluchung Kains. Eske Wollrad kritisiert überdies, dass auch noch nach der Revision 2017 die Lutherbibel in Jer 13,23 »Kuschit« mit »Mohr« übersetzt. Luther habe damit »den Fokus von der Geografie (ein Mensch aus einer bestimmten Region) auf die Gattung (ein Mensch der Sorte »schwarz«) [verlagert]« und er suggeriere mit dieser Übersetzung, dass Menschen in biblischer Zeit Farbbegriffe wählten, um große Gruppen von Menschen zu bezeichnen«. Die revidierte Lutherbibel schreibe »mit der Beibehaltung des Begriffs ›M.‹ eine gewalttätige Tradition fort, die Menschen of Color verletz[e], die Würde aller Menschen beschädig[e]t und die biblische Botschaft verzerr[e]« (Eske Wollrad: No Mohr! Rassismus und Bibel, veröffentlicht auf der Homepage der Evangelischen Akademie zu Berlin, siehe unter www.eaberlin.de [02.12.2021]).

336 | Wollrad, Weißsein im Widerspruch, 69.

337 | Vgl dazu Priesching, Sklaverei in der Neuzeit, 83f.89–91, sowie Schorsch, Jews and Blacks, 135–165.

338 | Vgl. Priesching, Sklaverei im Urteil der Jesuiten, 91.

339 | Vgl. zum Folgenden dies., Sklaverei in der Neuzeit, 8f., sowie insgesamt Priesching/Grieser, Theologie und Sklaverei.

340 | So die pseudowissenschaftliche Publikation World Community of al-Islam in the West, The Secret relationship. Vgl. dagegen Schorsch, Jews and Blacks.

341 | Priesching, Sklaverei in der Neuzeit, 10.

342 | Papst Nikolaus V., Bulle »Romanus pontifex«, 226.

343 | Ebd., 229.

344 | Ebd., 231.

345 | Ebd., 230.

346 | Vgl. dazu Priesching, Die Verurteilung der Sklaverei. – In Dänemark war der transatlantische Sklavenhandel ab 1803 verboten, Großbritannien untersagte den Sklavenhandel 1807, die USA 1808. Die Debatte, ob Papst Gregor XVI. mit »In Supremo« die Sklaverei nun verurteilt habe oder nicht, währte bis ins Jahr 1856, ohne dass Rom zuvor zur eindeutigen Klärung beigetragen hätte (vgl. ebd., 160).

347 | Vgl. ebd., 150f.

348 | Vgl. ebd., 152f.

349 | Delgado, Katholische Kirche und Kolonialismus, 69.

350 | Strotmann, Der historische Jesus, 138.

351 | Zu den vielfältigen Auslegungsmöglichkeiten des »Missionsbefehls« vgl. Wetjen, Mission als theologisches Labor, 129–168.

352 | Gründer, Welteroberung und Christentum, 23.

353 | Ebd., 27.

354 | Ebd.

355 | Vgl. jüngst z. B. Hölzl, Gläubige Imperialisten, sowie Werz, Erblast "Mission"?

356 | Suess, Lateinamerika zwischen Konquista und Befreiung, 131.

357 | Gründer, Welteroberung und Christentum, 75.

358 | Ebd., 97f.

359 | Zum Requerimiento vgl. Delgado, Abschied vom erobernden Gott, 43–46,76 (Anm. 3) sowie Gründer, Welteroberung und Christentum, 115–117.

360 | Juan López de Palacios Rubios: Das »Requerimiento« (1513), dokumentiert in: Delgado, Abschied vom erobernden Gott, 76–78, hier 77f.

361 | Vgl. Pietschmann, Staat und staatliche Entwicklung, 66f.

362 | Zit. in: Delgado, Abschied vom erobernden Gott, 67.

363 | Vgl. Las Casas, Kurzgefaßter Bericht.

364 | Delgado, Abschied vom erobernden Gott, 247.

365 | Ebd., vgl. 66.

366 | Ebd., 67, vgl. 69.

367 | Vgl. Harries/Maxwell, Europäische Missionare und afrikanische Christen, 94f.

368 | Gründer, Welteroberung und Christentum, 570.
369 | Vgl. ebd., 568f. Von dort sind auch die beiden folgenden Zitate entnommen.
370 | Ebd., 573, vgl. 574.
371 | Ebd., 597.
372 | Hölzl, Gläubige Imperialisten, 570; vgl. 574.
373 | Ebd., 17, vgl. 16.
374 | Vgl. ebd., 24.30.
375 | Ebd., 55.
376 | Ebd., 118.
377 | Ebd., 572.
378 | Vgl. ebd., 484.
379 | Ebd., 349.
380 | Zit. ebd., 336. Christlich-europäischer Überlegenheitsdünkel wird auch aus Indien berichtet. Der evangelische Missionar Bartholomäus Ziegenbalg (1682–1719) beklagte, dass die »stolzen und hochmüthigen Christen« es nicht übers Herz brächten, »solche schwartze getauffte heyden für ihre schwestern und brüder erkennen solten« (zit. in: Repp, Der eine Gott, 288f). Christliche Religiosität konnte sich offensichtlich konfliktfrei mit rassistischen Einstellungen verbinden. Missionare wie Ziegenbalg, der die tamilische Landessprache erlernte, sich mit den kulturellen Gegebenheiten vor Ort befasste und sich von »Heiden« auch belehren ließ, blieben die große Ausnahme und stießen bei den europäischen Missionsgesellschaften auf massive Kritik.

381 | Vorgrimler, Neues Theologisches Wörterbuch, 32.
382 | Schüssler Fiorenza, In Memory of Her, 118.
383 | Dies., Zu ihrem Gedächtnis, 162.
384 | Küng, Das Christentum, 109.
385 | Ebd., 112.
386 | Kümmel, Einleitung in das Neue Testament, 327.
387 | Häfner, Die Pastoralbriefe, 733.
388 | Kirchschläger, Einführung in das Neue Testament, 117.
389 | Die ganz überwiegende Mehrzahl der Schriften des Neuen Testaments sind pseudepigraphisch bzw. anonym verfasst. Die Frage, wie eine absichtliche Fälschung ethisch dennoch gerechtfertigt und als Teil der Heiligen Schrift verstanden werden kann, hat eine Fülle verschiedener und durchaus origineller Antworten gefunden, bei all denen aber eine gewisse Verlegenheit unübersehbar ist. Ruben Zimmermann spricht von »legitimer Pseudepigraphie« und einer »Lüge für die Wahrheit«, Gert Theißen von »Epigraphie des guten Gewissens«. Andere halten der Antike den fehlenden Begriff von geistigem Eigentum zugute, betrachten die Täuschung als transzendent erzwungen, deuten die falsche Verfasserangabe nur als Bezeichnung für eine bestimmte Schule oder verweisen darauf, dass auch Fälschungen Offenbarungen sein können usw. Vgl. dazu (mit den entsprechenden Nachweisen) Janßen, Art. Pseudepigraphie, 2.6.
390 | Conzelmann/Lindemann, Arbeitsbuch zum Neuen Testament, 313.
391 | Dionysius Areopagita, Über die himmlische Hierarchie. Über die kirchliche Hierarchie, eingeleitet, übersetzt und mit Anmerkungen versehen von Günter Heil, Bibliothek der griechischen Literatur, 22 (Abt. Patristik), Stuttgart 1986.
392 | Vgl. zum Folgenden ausführlicher und mit weiteren Belegen Benk, Dionysius Areopagita, 39–41.51–55.
393 | Vgl. ebd.
394 | Luther, Schriften, Band 6, 562. Übersetzung aus dem Lateinischen hier nach Ritter, Gesamteinleitung, 48f.
395 | Neuner u. a., Der Glaube der Kirche, Nr. 433.
396 | Ebd., Nr., 454.
397 | Lumen Gentium 18, in: Rahner/Vorgrimler, Kleines Konzilskompendium, 143f.
398 | Küng, Unfehlbar?, 15f.
399 | Ebd., 21.
400 | Aymans u. a., Codex des kanonischen Rechtes, can. 331.
401 | Vgl. ebd., can. 333, § 3.
402 | Vgl. ebd., cann. 368–430. »Dem Diözesanbischof kommt in der ihm anvertrauten Diözese alle ordentliche, eigenberechtigte und unmittelbare Gewalt zu, die zur Ausübung seines

Hirtendienstes erforderlich ist; ausgenommen ist, was von Rechts wegen oder aufgrund einer Anordnung des Papstes der höchsten oder einer anderen kirchlichen Autorität vorbehalten ist« (can. 381, § 1).

403 | Aymans u. a., Codex des kanonischen Rechtes, can. 1024.

404 | Katechismus der Katholischen Kirche, Nr. 1577.

405 | Eltrop, Eva ist an allem schuld?, 28.

406 | Vgl. Theuer, Frauen.Bibel.

407 | Die Zürcher Bibel übersetzt Röm 16,1 mit »Ich empfehle euch unsere Schwester Phöbe, die Diakonin der Gemeinde von Kenchreä.« Die katholische Einheitsübersetzung hingegen gibt nicht zu erkennen, dass hier im griechischen Text von einer Diakonin die Rede ist und übersetzt: »Ich empfehle euch unsere Schwester Phöbe, die auch Dienerin der Gemeinde von Kenchreä ist« (Röm 16,1); vgl. Jensen, Art. Diakonin, 58.

408 | Alt, Jesus, 34.61. Durchgängig konstruiert Alt auch einen Gegensatz von Jesu »neue[m] Gottesbild« (119) und »patriarchalische[m] Richter-Gottesbild des Alten Testaments« (118, vgl. 68: »Im Gespräch mit der Samariterin am Brunnen überprüft Jesus sein Gottesbild und überwindet seinen jüdischen Gott.«).

409 | Schüssler Fiorenza, Zu ihrem Gedächtnis, 146.

410 | Ebd., 147.

411 | Vgl. Ilan, Geschlecht und Geschlechterrollen, 659. Ilan verweist aber auf eine Ausnahme: Die Jüdin Maria Magdalena habe in der frühen Jesusbewegung eine einzigartige Rolle gespielt und diese Bewegung grundlegend geprägt. Aber die christliche Tradition habe im Laufe der Jahrhunderte versucht, gerade die Bedeutung Maria Magdalenas herunterzuspielen und diese als reuige Sünderin und Prostituierte zu verleumden (vgl. ebd., 659f).

412 | Levine, Falsches Zeugnis geben, 834f.

413 | Vgl. Ilan, Geschlecht und Geschlechterrollen, 661.

414 | Wengst, Wie das Christentum entstand, 312.

415 | Schottroff, Art. Ämter/Charismen, 13f.

416 | Gössmann, Art. Anthropologie, 18f. Vgl. Mitterer, Mann und Weib, 527: »[D]er Mann ist nach Thomas Ursprung und Endziel des Weibes. Wie Gott Ursprung und Endziel der ganzen Schöpfung ist. Stärker kann man die Sache nicht ausdrücken. Der Androzentrismus ist demnach ein Abbild des Theozentrismus und tatsächlich wird gerade an derselben Stelle und auf Grund dieses Zentrismus dem Manne eine Gottähnlichkeit zugeschrieben, die dem Weibe nicht zukommt, während die allgemeinmenschliche Gottähnlichkeit auch ihr eigen ist.«

417 | Gössmann, Art. Gottebenbildlichkeit, 179f.

418 | Günter, Gottebenbildlichkeit und Frauenbilderkritik, 73.

419 | Ammicht Quinn, Körper – Religion – Sexualität, 78.

420 | Dies., Maria und Eva, 67.

421 | Jagielska, Weiblichkeitsdiskurs in vatikanischen Verlautbarungen, 190.

422 | Ein entsprechendes Literaturverzeichnis, das auch einschlägige theologische und religionspädagogische Fachliteratur enthält, findet sich bei Wieser, Art. Gender.

423 | Heimbach-Steins, Die Gender-Debatte, 42.

424 | Ammicht Quinn, Gender, 37.

425 | Papst Franziskus bei der Generalaudienz am Mittwoch, 15. April 2015, siehe unter https://www.vatican.va/content/francesco/de/audiences/2015/documents/papa-francesco_20150415_udienza-generale.html [04.01.2022].

426 | Papst Franziskus, Amoris laetitia, Nr. 56 (S. 46).

427 | Vgl. Eckholt u. a., Gender, Gender Mainstreaming, 4.

428 | Kongregation für das katholische Bildungswesen, "Als Mann und Frau schuf er sie", Nr. 2 (S. 2).

429 | Ebd., Nr. 26 (S. 13).

430 | Bosinski, Eine Normvariante menschlicher Beziehungsfähigkeit, 127.125.

431 | Zenger, Das Buch Genesis, 40.

432 | Hieke: Kennt und verurteilt das Alte Testament Homosexualität?, 20.

433 | Theobald: Paulus und die Gleichgeschlechtlichkeit, 88.

434 | Vgl. die Ausführungen zur naturrechtlichen Argumentation weiter unten.

435 | Kongregation für das katholische Bildungswesen, »Als Mann und Frau schuf er sie«, Nr. 25 (S. 13).
436 | Ebd., Nr. 25 (S. 12f).
437 | Katechismus der Katholischen Kirche, Nr. 2333.
438 | Zit in: Janssen: Gender, 28. Zum Anti-Genderismus als rechtem Agitationsfeld und als Scharnier in bürgerliche und kirchliche Milieus vgl. Strube, Rechtspopulistische Strömungen, 107–118.
439 | Ammicht Quinn, Gender, 35.
440 | Die Weltgeschichte nehme ihren Ausgang vom Paradies, behauptet der Katholische Katechismus. Dort sei »der erste Mensch [...] als ein gutes Wesen [erschaffen worden]«. Der »Bericht vom Sündenfall« verwende zwar eine bildhafte Sprache, beschreibe jedoch »ein Urereignis, das zu Beginn der Geschichte des Menschen stattgefunden [habe]« (Katechismus der Katholischen Kirche, Nr. 374).
441 | Kongregation für das katholische Bildungswesen, »Als Mann und Frau schuf er sie« Nr. 34, (S. 17).
442 | Gründel, Art. Naturrecht, 184.
443 | Vgl. Benk, Es wird der Mensch, 153–159.
444 | Heimbach-Steins, Die Gender-Debatte, 51.
445 | Ammicht Quinn, Gender, 38.
446 | Heimbach-Steins, Die Gender-Debatte, 51.
447 | Sölle, Nach der Schoah, 165.
448 | Wengst, Der Anfang war jüdisch, 218.
449 | Vgl. Homolka/Striet, Christologie auf dem Prüfstand, 24. »Die aggressive missionierende Sprache und die Missionstätigkeit sowie ihr exklusiver Heilsanspruch machen anschaulich, vor welchen Problemen andere Religionen stehen, wenn sie in den Dialog mit dieser christlichen Tradition treten« (ebd., 32).
450 | Vgl. Anselm, Cur deus homo.
451 | Denzinger, Kompendium der Glaubensbekenntnisse, Nr. 3538 (Hervorhebung dort).
452 | Lessing, Nathan der Weise, 73 (3. Aufzug, 7. Auftritt).
453 | Papst Leo XIII., Enzyklika Libertas praestantissimum (1888), zit. in: Hilpert, Ethik der Menschenrechte, 101.
454 | Vgl. Kunter, Der lange Weg zur Anerkennung.
455 | Ausführlicher dazu vgl. Benk, Schöpfung, 217–246.
456 | Dalai Lama: Ethik, 7.
457 | Splett, Mit Mose ben Maimon im Gespräch, 88f.
458 | Corsten, Kölner Aktenstücke, 109.
459 | Grümme, Öffentliche Religionspädagogik, 11.
460 | Danz, Grundprobleme der Christologie, 233.
461 | Vgl. dazu Küng, Das Christentum, 126–129.203–239.
462 | Klausner, Jesus von Nazareth, 505f.
463 | Die Unterscheidung von expliziter und impliziter Christologie geht auf Rudolf Bultmann zurück und wurde dann von Gerhard Ebeling, Eberhard Jüngel und Wolfhart Pannenberg weitergeführt. Demnach wird die »gesamte dogmatische Christologie [...] als eine Explikation der in dem Leben und Wirken Jesu von Nazareth angelegten impliziten Christologie verstanden« (Danz, Grundprobleme der Christologie, 168, vgl. 185–189).
464 | Pemsel-Maier, Art. Christus/Christologie, 1.2.
465 | Ratzinger, Jesus von Nazareth, 20.
466 | Ebd., 31f.
467 | Ebd., 369.
468 | Ebd., 407.
469 | Ben-Chorin, Zwiesprache mit Martin Buber, 42.
470 | »I am, of course, not claiming that we can offer scriptural proof for a developed doctrine of the Trinity in the New Testament. I would, however, claim that we detect in the expressions of Christian practice in worship, proclamation, reflection and action an underlying proto-trinitarian depth structure which [...] defines the framework for the pluriformity of the rich variety of expressions of Christian faith« (Schwöbel, Christology, 127, vgl. ders., The Renaissance of Trinitarian Theology, 27).
471 | Pemsel-Maier, Art. Christus/Christologie 1.2; vgl. dies., »Hilfsbereiter als andere«, 15.

472 | Crüsemann, Die Bergpredigt, 20.
473 | Danz, Christologie als Bestätigung der jüdischen Religion?, 138.
474 | Tück, Die Heimholung Jesu, 35f.
475 | Reck, Der Jude Jesus, 96.
476 | Eine Möglichkeit, die »Dreieinigkeit« Gottes in biblischer Perspektive zur Sprache zu bringen, findet sich bei Hans Küng (Küng, Die Trinitätslehre, 309): »Gott als der Vater über mir; Jesus als sein Sohn, unser Bruder, neben mir und mit mir; der Heilige Geist als Gottes Kraft und Macht in mir.«
477 | Du Toit, Die methodischen Grundlagen, 118.
478 | Bornkamm, Jesus von Nazareth, 51.
479 | Ich folge hier der Mehrheitsmeinung der gegenwärtigen Exegese, wonach Jesu Verkündigung durch und durch eschatologisch geprägt war. Es mehren sich allerdings auch die Stimmen, die Jesus als Weisheitslehrer deuten (vgl. Strotmann, Der historische Jesus, 33). Diese Wendung stünde aber nicht im Widerspruch zu vorliegenden Thesen, sondern würden diese zusätzlich stützen, denn gerade »diejenigen Forscher [...] die die weisheitlichen Aspekte seiner [d. i. Jesu] Verkündigung betonen, [heben] den subversiven Charakter dieser Weisheit und ihre gesellschaftlichen Implikationen hervor« (Du Toit, Erneut auf der Suche nach Jesus, 129). Insgesamt macht du Toit in der gegenwärtigen Jesusforschung eine starke Tendenz aus, Jesus eine politische Rolle zuzuschreiben bzw. ihn als Katalysator gesellschaftlicher Veränderungen zu betrachten: sei es als »sozialkritische[n] Prophet[en]«, als »Gesellschaftsreformer« oder als »Widerständler vom Land« (ebd., 128f). Auch die Sicht Jesu als eschatologischer Prophet enthält bereits starke gesellschaftskritische Elemente. Denn die für das nahegekommene, schon wirksame Reich Gottes »erhoffte Rechts- und Sozialstruktur steht in Widerspruch zu Grundelementen bestehender Herrschaft. Sie delegitimiert die gegenwärtige Verteilung von Macht und Besitz« (Theißen/Merz, Der historische Jesus, 251).
480 | Wacker, Art. Reich Gottes, 12.
481 | Schottroff, »Der Sommer ist nahe«, 72. Mit »gerechte Welt Gottes« übersetzt Luise Schottroff »basileia tou theou«, sonst meist übersetzt mit »Königsherrschaft Gottes« oder »Reich Gottes«.
482 | Wacker, Art. Reich Gottes, 11.
483 | Botton, Religion für Atheisten, 179.
484 | Vgl. Hasenhüttl, Glaube ohne Denkverbote, 125.
485 | Hendrikse, Glauben an einen Gott, 166.
486 | Vgl. ebd., 168.
487 | Bonhoeffer, Widerstand und Ergebung (Brief an Eberhard Bethge, 27.06.1944), 500.
488 | Ebd.
489 | Vgl. ebd. (Brief an Eberhard Bethge, 30.04.1944), 407f.
490 | Ebd., 404.
491 | Vgl. ebd. (Briefe an Eberhard Bethge vom 30.04.1944, 29.05.1944 und 27.06.1944), 407, 455, 501.
492 | Eltrop, Das Jüngste Gericht, 223. Vgl. Bonhoeffer, Widerstand und Ergebung (Brief an Eberhard Bethge, 05.05.1944), 415: »Gibt es im Alten Testament die Frage nach dem Seelenheil überhaupt? Ist nicht die Gerechtigkeit und das Reich Gottes auf Erden der Mittelpunkt von allem? Und ist nicht auch Röm 3,24ff das Ziel des Gedankens, daß Gott allein gerecht sei, und nicht eine individualistische Heilslehre? Nicht um das Jenseits, sondern um diese Welt, wie sie geschaffen, erhalten, in Gesetze gefaßt, versöhnt und erneuert wird, geht es doch.«
493 | Vgl. Janowski, Die Welt als Schöpfung, 266.
494 | Berlejung, Was kommt nach dem Tod?, 3f.
495 | Janowski, Die Welt als Schöpfung, 300.
496 | Theißen/Merz, Der historische Jesus, 251.
497 | Vgl. Ebach, "... und behutsam mitgehen mit deinem Gott", 138.
498 | Vgl. Berlejung, Was kommt nach dem Tod?, 6.
499 | Habermas, Glauben und Wissen, 24.
500 | Wilhelm, Katechismus für das Bistum Rottenburg, Nr. 130 (S. 40).
501 | Ebd., Nr. 166 (S. 51).
502 | Metz, Compassion, 11f.

503 | Rat der Evangelischen Kirche in Deutschland, Der Entwicklungsdienst der Kirche, 19.

504 | Frings, Rede, 6. – Es war freilich auch ebendieser Kardinal, der dem »Ökumenischen Arbeitskreis ›Politisches Nachgebet‹« im Jahr 1968 untersagte, ein »Politisches Nachtgebet« in der Kirche St. Peter zu Köln abzuhalten.

505 | Gaudium et spes 76, in: Rahner/Vorgrimler, Kleines Konzilskompendium, 535.

506 | Zit. in: Furger, Christliche Sozialethik, 31.

507 | So z. B. in seinen Schreiben an Bischof Preysing, vgl. Papst Pius XII., Die Briefe, 237.291.

508 | Câmara, CELAM, 56, zit. in: Orientierung 43 (1979), 9.

509 | Zenger, Die Erschaffung, 25.

510 | Vgl. Dumas/Pesch, Geschichte und Kosmos, 440.

511 | Horkheimer: »Was wir ›Sinn‹ nennen, wird verschwinden«, 81. »Mögen die alten Konfessionen weiter existieren und wirken in dem Eingeständnis, daß sie eine Sehnsucht ausdrücken und nicht ein Dogma«, sagte Horkheimer in diesem damals Aufsehen erregenden Gespräch weiter.

512 | Bei Dorothee Sölle heißt es hier: »der mit Jesus in die Welt gekommen ist«.

513 | Sölle, Glaubensbekenntnis, 139f.

Literatur

Adenauer, Konrad: Briefe 1945–1947, bearbeitet von Hans Peter Mensing, Berlin 1983.

Adorno, Theodor W.: Minima Moralia. Reflexionen aus dem beschädigten Leben, Frankfurt a. M. 1980.

Alt, Franz: Jesus – der erste neue Mann, München 1989.

Amery, Carl: Das Ende der Vorsehung. Die gnadenlosen Folgen des Christentums, Reinbek 1987.

Ammicht Quinn, Regina: Körper – Religion – Sexualität. Theologische Reflexionen zur Ethik der Geschlechter, Mainz 1999.

Ammicht Quinn, Regina: Maria und Eva als Bilder und Vor-Bilder. Religiöse Foren, religiöse Inhalte und der neue Hunger nach Religion, in: Ilona Riedel-Spangenberger/Erich Zenger (Hg.): »Gott bin ich, kein Mann«. Beiträge zur Hermeneutik der biblischen Gottesrede, Paderborn u. a. 2006, S. 64–72.

Ammicht Quinn, Regina: Gender. Zur »Grammatik« der Geschlechterverhältnisse, in: Margit Eckholt (Hg.): Gender studieren. Lernprozess für Theologie und Kirche, Ostfildern 2017, S. 23–38.

Anselm, Cur deus homo. Warum Gott Mensch geworden, hg. von Franciscus Salesius Schmitt, München 1986[4].

Ariel, Yaakov: Messianisches Judentum, in: Wolfgang Kraus/Axel Töllner/Michael Tilly (Hg.): Das Neue Testament – jüdisch erklärt. Lutherübersetzung, Stuttgart 2021, S. 827–831.

Augustinus, Aurelius: De moribus ecclesiae catholicae et de moribus manichaeorum. Die Lebensführung der katholischen Kirche und die Lebensführung der Manichäer, eingeleitet, kommentiert und hg. von Elke Rutzenhöfer (Opera Antimanichäische Schriften. Schriften zur Lebensführung, Band 25), Paderborn 2004.

Aymans, Winfried/Geringer, Karl-Theodor/Schmitz, Heribert (Hg.): Codex des kanonischen Rechtes. Lateinisch-deutsche Ausgabe: mit Sachverzeichnis, Kevelaer 2017[8], auch online unter https://www.vatican.va/archive/cod-iuris-canonici/cic_index_ge.html [29.07.2021].

Baeck, Leo: Das Evangelium als Urkunde der jüdischen Glaubensgeschichte, in: ders.: Aus drei Jahrtausenden. Wissenschaftliche Untersuchungen und Abhandlungen zur Geschichte des jüdischen Glaubens, Berlin 1938, S. 236–312.

Bajohr, Frank: The beneficiaries of »Aryanization«. Hamburg as a case study, in: David Cesarani (Hg.): Holocaust. Critical Concepts in Historical Studies, London 2004, S. 13–33.

Bajohr, Frank: Täterforschung. Ertrag, Probleme und Perspektiven eines Forschungsansatzes, in: ders./Andrea Löw (Hg.): Der Holocaust. Ergebnisse und neue Fragen der Forschung, Bonn 2015, S. 167–185.

Bajohr, Frank/Löw, Andrea: Tendenzen und Probleme der neueren Holocaust-Forschung. Eine Einführung, in: dies. (Hg.): Der Holocaust. Ergebnisse und neue Fragen der Forschung, Bonn 2015, S. 9–30.

Baltrusch, Ernst: Jüdische Räume. Der Mailänder Synagogenstreit von 388 und seine historische Einordnung, in: Therese Fuhrer (Hg.): Rom und Mailand in der Spätantike. Repräsentationen städtischer Räume in Literatur, Architektur und Kunst, Berlin 2012, S. 379–392.

Ben-Chorin, Shalom: Zwiesprache mit Martin Buber (ausgewählte Werke, Schalom Ben-Chorin, Band 3), Darmstadt 2019.
Bendel-Maidl, Lydia/Bendel, Rainer: Schlaglichter auf den Umgang der deutschen Bischöfe mit der nationalsozialistischen Vergangenheit, in: Rainer Bendel (Hg.): Die katholische Schuld? Katholizismus im Dritten Reich – Zwischen Arrangement und Widerstand, Münster 2019[3], S. 245–271.
Benk, Andreas: Dionysius Areopagita: Negative Theologie im Zwielicht. Das kritische Potential Negativer Theologie und seine Verkehrung in den dionysischen Schriften, in: Wissenschaft und Weisheit 71, 2008, S. 35–59.
Benk, Andreas: Es wird der Mensch, wie er sich sieht. Koinzidenzen philosophischer und theologischer Anthropologie, in: Orientierung 72, 2008, S. 153–159.
Benk, Andreas: Anerkennung kirchlicher Verstrickung in die Shoah: Die katholische Kirche trägt Verantwortung für Antijudaismus und seine Folgen, in: Orientierung 73, 2009, S. 99–103.
Benk, Andreas: Schöpfung – eine Vision von Gerechtigkeit: Was niemals war, doch möglich ist, Ostfildern 2016.

Berlejung, Angelika: Was kommt nach dem Tod? Die alttestamentliche Rede von Tod und Unterwelt, in: Bibel und Kirche 61, 2006, S. 2–7.
Bertsch, Ludwig S. J./Boonen, Philipp/Hammerschmidt, Rudolf/u. a. (Hg.): Gemeinsame Synode der Bistümer in der Bundesrepublik Deutschland. Beschlüsse der Vollversammlung, Freiburg, Basel und Wien 1976.
Bethge, Eberhard: Kirchenkampf und Antisemitismus. Ein autobiographischer Beitrag (1978), in: Am gegebenen Ort. Aufsätze und Reden 1970–1979, München 1979, S. 224–242.
Bihlmeyer, Karl/Tüchle, Hermann: Kirchengeschichte (Bd. 1): Das christliche Altertum, Paderborn, München, Wien und Zürich 1996[19].
Bihlmeyer, Karl/Tüchle, Hermann: Kirchengeschichte (Bd. 2): Das Mittelalter, Paderborn 1968[18].
Bihlmeyer, Karl/Tüchle, Hermann: Kirchengeschichte (Bd. 3): Die Neuzeit und die neueste Zeit, Paderborn 1969[18].
Blaschke, Olaf: Die Anatomie des katholischen Antisemitismus. Eine Einladung zum internationalen Vergleich, in: ders./Aram Mattioli (Hg.): Katholischer Antisemitismus im 19. Jahrhundert. Ursachen und Traditionen im internationalen Vergleich, Zürich 2000, S. 3–54.
Blaschke, Olaf: Die Kirchen und der Nationalsozialismus (Bundeszentrale für politische Bildung, Band 10377), Bonn 2019.
Bonhoeffer, Dietrich: Widerstand und Ergebung. Briefe und Aufzeichnungen aus der Haft, hg. von Christian Gremmels, Eberhard Bethge und Renate Bethge (Dietrich Bonhoeffer Werke, Band 8), Gütersloh 2011.
Bonhoeffer, Dietrich: Die Kirche vor der Judenfrage, in: ders.: Berlin 1932–1933, hg. von Carsten Nicolaisen und Ernst-Albert Scharffenorth (Dietrich Bonhoeffer Werke, Band 12), Gütersloh 1997 S. 349–358.
Bornkamm, Günther: Jesus von Nazareth, Stuttgart 1977[11].
Borut, Jakob/Fraenkel, Daniel (Hg.): Lexikon der Gerechten unter den Völkern. Deutsche und Österreicher, Göttingen 2005[2].
Bosinski, Hartmut A. G.: Eine Normvariante menschlicher Beziehungsfähigkeit. Homosexualität aus Sicht der Sexualmedizin, in: Stephan Goertz (Hg.): »Wer bin ich, ihn zu verurteilen?«. Homosexualität und katholische Kirche (Katholizismus im Umbruch 3), Freiburg i. Br. 2015, S. 91–130.

Botton, Alain de: Religion für Atheisten. Vom Nutzen der Religion für das Leben, hg. von Anne Brauner, Frankfurt a. M. 2017.
Brechenmacher, Thomas: Das Ende der doppelten Schutzherrschaft. Der Heilige Stuhl und die Juden am Übergang zur Moderne (1775–1870) (Päpste und Papsttum, Band 32), Stuttgart 2004.
Bultmann, Rudolf: Das Verhältnis der urchristlichen Christusbotschaft zum historischen Jesus (Sitzungsberichte der Heidelberger Akademie der Wissenschaften. Philosophisch-historische Klasse 1960, 3), Heidelberg 1965[4].
Bußmann, Walter (Hg.): Akten zur deutschen auswärtigen Politik aus dem Archiv des Auswärtigen Amts 1918–1945. Serie E: 1941–1945, Band VII, von 1. Oktober 1943 bis 30. April 1944, Göttingen 1979.
Câmara, Hélder: CELAM: history is implacable, in: Cross currents 28, 1978, S. 55–59.
Cargas, Harry James (Hg.): Responses to Elie Wiesel, New York 1978.
Cargas, Harry James: What is a Jew? Interview of Elie Wiesel, in: ders. (Hg.): Responses to Elie Wiesel, New York 1978, S. 150–157.
Carroll, James: Constantine's Sword. The Church and the Jews. A History, Boston/New York 2001.
Chadwick, Owen: Britain and the Vatican during the Second World War (The Ford lectures delivered in the University of Oxford, Vol. 1981), Cambridge 1986.
Cicero, Marcus T.: Drei Bücher über die Natur der Götter, übersetzt und erläutert von Julius Hermann von Kirchmann, Leipzig 1874.
Conzelmann, Hans/Lindemann, Andreas: Arbeitsbuch zum Neuen Testament, Tübingen 1998[12].
Cornwell, John: Pius XII. Der Papst, der geschwiegen hat, aus dem Englischen übersetzt von Klaus Kochmann, München 2000[2].
Corsten, Wilhelm (Hg.): Kölner Aktenstücke zur Lage der katholischen Kirche in Deutschland 1933–1945, Köln 1949.
Crüsemann, Frank: Die Bergpredigt als Schriftauslegung – und insofern als »Predigt«, in: Bibel und Kirche 72, 2017, S. 233–245.
Crüsemann, Marlene: maschach (hebr.) – salben; maschiach (hebr.), christos (griech.) – Gesalbter, Messias, Christus, in: Ulrike Bail, Frank Crüsemann, Marlene Crüsemann u. a. (Hg.): Bibel in gerechter Sprache, Gütersloh und München 2007, 2369f.
Dalai Lama: Ethik ist wichtiger als Religion, Wals b. Salzburg 2015[11].
Danz, Christian: Grundprobleme der Christologie, Tübingen 2013.
Danz, Christian: Christologie als Bestätigung der jüdischen Religion? Überlegungen zur Lehre von Jesus Christus im Zeitalter des religiösen Pluralismus, in: Christian Danz, Kathy Ehrensperger und Walter Homolka (Hg.): Christologie zwischen Judentum und Christentum. Jesus, der Jude aus Galiläa, und der christliche Erlöser (Dogmatik in der Moderne 30), Tübingen 2020, S. 123–144.
Delgado, Mariano: Abschied vom erobernden Gott. Studien zur Geschichte und Gegenwart des Christentums in Lateinamerika (zugl. Habilitationsschrift, Universität Innsbruck 1995) (Neue Zeitschrift für Missionswissenschaft, Supplementa Vol. 43), Immensee 1996.
Delgado, Mariano: Katholische Kirche und Kolonialismus – einige Aufgaben, in: Jahrbuch für Christliche Sozialwissenschaften 61, 2020, S. 63–83.

Denzinger, Heinrich: Kompendium der Glaubensbekenntnisse und kirchlichen Lehrentscheidungen, hg. von Heinrich Denzinger, Peter Hünermann und Helmut Hoping, Freiburg i. Br., Basel, Rom und Wien 1991[37].

Deschner, Karlheinz: Abermals krähte der Hahn, Stuttgart 1980[3].

Drewermann, Eugen: Die Rechtlosigkeit der Kreatur im christlichen Abendland oder: von einer wichtigen Ausnahme, in: Interdisziplinäre Arbeitsgemeinschaft Tierethik (Hg.): Tierrechte. Eine interdisziplinäre Herausforderung, Erlangen 2007 (Tierrechte – Menschenpflichten, Band 13), S. 271–286.

Du Toit, David: Erneut auf der Suche nach Jesus. Eine kritische Bestandsaufnahme der Jesusforschung am Anfang des 21. Jahrhunderts, in: Ulrich H. J. Körtner (Hg.): Jesus im 21. Jahrhundert. Bultmanns Jesusbuch und die heutige Jesusforschung, Neukirchen-Vluyn 2006[2], S. 91–134.

Du Toit, David: Die methodischen Grundlagen der Jesusforschung. Entstehung, Struktur, Wandlungen, Perspektiven, in: Münchener theologische Zeitschrift 64, 2013, S. 98–122.

Dumas, André/Pesch, Otto Hermann: Geschichte und Kosmos, in: Johannes Feiner (Hg.): Neues Glaubensbuch. Der gemeinsame christliche Glaube, Freiburg i. Br., Basel und Wien 1993, S. 423–445.

Ebach, Jürgen: Ursprung und Ziel. Erinnerte Zukunft und erhoffte Vergangenheit. Biblische Exegesen, Reflexionen, Geschichten, Neukirchen-Vluyn 1986.

Ebach, Jürgen: »… und behutsam mitgehen mit deinem Gott«. Theologische Reden 3, Bochum 1995.

Ebner, Martin: Der Tod Jesu – ein Scheitern? Die Evangelien (neu) befragt, in: Bibel und Kirche 72, 2017, S. 193–202.

Eckholt, Margit/Frede-Wenger, Britta/Heyder, Regina/Janz-Spaeth, Barbara/König, Hildegard/Leimgruber, Ute/Nietsch-Ochs, Claudia/Silber, Ursula/Arzberger, Monika/Everhartz, Yvonne Gender: Gender Mainstreaming und Frauenverbandsarbeit, hg. von Katholischer Deutscher Frauenbund e. V., Köln 2015.

Eltrop, Bettina: Eva ist an allem schuld?, in: Gabriele Theuer (Hg.): Frauen.Bibel, Stuttgart 2007, S. 26–31.

Eltrop, Bettina: Das Jüngste Gericht im Horizont von Gerechtigkeit, Liebe und Solidarität. Mt 25,31–46 von seinen alttestamentlichen Bezugstexten her gelesen, in: Bibel und Kirche 63, 2008, S. 219–225.

Elukin, Jonathan: Anti-Judaism, in: Sol Goldberg, Scott Ury and Kalman Weiser (Hg.): Key Concepts in the Study of Antisemitism (Palgrave critical studies of antisemitism and racism), Cham 2021, S. 13–38.

Enger, Philipp: Art. Proselyten (AT), in: Michaela Bauks, Klaus Koenen und Stefan Alkier (Hg.): Das Wissenschaftliche Bibellexikon im Internet (www.wibilex.de), 2018 [06.01.2022].

Eriksen, Trond B./Harket, Håkon/Lorenz, Einhart: Judenhass. Die Geschichte des Antisemitismus von der Antike bis zur Gegenwart, Göttingen 2019.

(Erz-)Bischöfe Deutschlands und Österreichs und dem Bischof von Bozen-Brixen: Gotteslob: Katholisches Gebet- und Gesangbuch. Ausgabe für die Diözese Rottenburg-Stuttgart; gemeinsamer Eigenteil mit der Erzdiözese Freiburg, Ostfildern 2013.

Fonrobert, Charlotte Elisheva: Judaisierer, Judenchristen und andere, in: Wolfgang Kraus, Axel Töllner und Michael Tilly (Hg.): Das Neue Testament – jüdisch erklärt. Lutherübersetzung, Stuttgart 2021, S. 689–692.

Friedländer, Saul: Das Dritte Reich und die Juden. Die Jahre der Verfolgung 1933–1939. Die Jahre der Vernichtung 1939–1945, München 2007.

Friedländer, Saul: Pius XII. und das Dritte Reich. Eine Dokumentation, München 2011 .

Frings, Joseph: Rede zur Gründung von Misereor vor der Vollversammlung der deutschen Bischöfe in Fulda, 19.–21. August 1958, bearbeitet vom Bischöflichen Hilfswerk Misereor e.V. Aachen, siehe unter: https://www.misereor.de/fileadmin/publikationen/rede-misereor-gruendung-frings_1958.pdf [02.03.2022].

Fritsch, Theodor (Hg.): Handbuch der Judenfrage. Die wichtigsten Tatsachen zur Beurteilung des jüdischen Volkes (Forschungsreihe »Historische Faksimiles«, Band 1), Bremen 1991[35].

Furger, Franz: Christliche Sozialethik. Grundlagen und Zielsetzungen, Stuttgart, Berlin und Köln 1991.

Fursțenberg, Ya'ir: Die zweite Tora: die »Antithesen« Jesu innerhalb des jüdischen Diskurses über die schriftliche Tora des Mose, in: Bibel und Kirche 72, 2017, S. 248–257.

Gager, John G.: The Origins of Anti-semitism. Attitudes toward Judaism in Pagan and Christian Antiquity, New York 1985.

Geiger, Abraham: Das Judenthum und seine Geschichte: in zwölf Vorlesungen, Breslau 1865.

Gesprächskreis »Juden und Christen« beim Zentralkomitee der Deutschen Katholiken (Hg.): Nachdenken über die Shoah. Mitschuld und Verantwortung der Katholischen Kirche, Bonn 1998; auch online unter: https://www.zdk.de/veroeffentlichungen/erklaerungen/detail/Nachdenken-ueber-die-Shoa-Mitschuld-und-Verantwortung-der-katholischen-Kirche-86s/ [03.01.2022].

Goldberg, Sol/Ury, Scott/Weiser, Kalman (Hg.): Key Concepts in the Study of Antisemitism (Palgrave critical studies of antisemitism and racism), Cham 2021.

Gössmann, Elisabeth: Art. Anthropologie, in: dies., Elisabeth Moltmann-Wendel und Herlinde Pissarek-Hudelist u. a. (Hg.): Wörterbuch der feministischen Theologie, Gütersloh 1991, S. 16–22.

Gössmann, Elisabeth: Art. Gottebenbildlichkeit nach der offiziellen christlichen Tradition und der (weiblichen) Gegentradition, in: dies., Elisabeth Moltmann-Wendel und Herlinde Pissarek-Hudelist u. a. (Hg.): Wörterbuch der feministischen Theologie, Gütersloh 1991, S. 177–181.

Gradowski, Salmen: Im Herzen der Hölle. Und auch am Ende war das Wort ..., in: Pavel Polian: Briefe aus der Hölle. Die Aufzeichnungen des jüdischen Sonderkommandos Auschwitz. Aus dem Russischen von Roman Richter, bearbeitet von Andreas Kilian, Darmstadt 2019, S. 172–367.

Greenberg, Irving: Cloud of Smoke, Pillar of Fire: Judaism, Christianity, and Modernity after the Holocaust, in: Eva Fleischner (Hg.): Auschwitz: Beginning of a new Era? Reflections on the Holocaust. Papers given at the International Symposium on the Holocaust, held at the Cathedral of Saint John the Divine, New York City, June 3–6, 1974, KTAV Publ. House 1977, S. 7–55.

Gregorovius, Ferdinand: Der Ghetto und die Juden in Rom. Mit einem Geleitwort von Leo Baeck, Berlin 1935.

Grümme, Bernhard: Öffentliche Religionspädagogik. Religiöse Bildung in pluralen Lebenswelten, Stuttgart 2015.

Gründel, Johannes: Art. Naturrecht, in: Karl Rahner (Hg.): Herders Theologisches Taschenlexikon, Freiburg i. Br. 1973, S. 177–185.

Gründer, Horst: Welteroberung und Christentum. Ein Handbuch zur Geschichte der Neuzeit, Gütersloh 1992.

Günter, Andrea: Gottebenbildlichkeit und Frauenbilderkritik: systematisch-theologische und philosophische Überlegungen, in: Ilona Riedel-Spangenberger und Erich Zenger (Hg.): »Gott bin ich, kein Mann«. Beiträge zur Hermeneutik der biblischen Gottesrede, Paderborn, München, Wien und Zürich 2006, S. 73–81.

Gutschera, Herbert/Maier, Joachim/Thierfelder, Jörg: Geschichte der Kirchen. Ein ökumenisches Sachbuch, Freiburg i. Br., Basel u. a. 2006[2].

Habermas, Jürgen: Glauben und Wissen. Friedenspreis des Deutschen Buchhandels 2001, Frankfurt a. M. 2001.

Häfner, Gert: Die Pastoralbriefe, in: Michael Theobald (Hg.): Stuttgarter Neues Testament (Die Bibel Einheitsübersetzung, Band 3), Stuttgart 2018, S. 732–760.

Hagencord, Rainer: Diesseits von Eden. Verhaltensbiologische und theologische Argumente für eine neue Sicht der Tiere. Mit einem Geleitwort von Jane Goodall, (zugl.: Universität Münster, Dissertation, 2004), Regensburg 2009[4].

Harnack, Adolf v.: Die Mission und Ausbreitung des Christentums in den ersten drei Jahrhunderten, Wiesbaden 1924[4].

Harries, Patrick/Maxwell, David: Europäische Missionare und afrikanische Christen, in: Georg Kreis (Hg.): Europa und Afrika. Betrachtungen zu einem komplexen Verhältnis, Basel 2010, S. 93–111.

Hasenhüttl, Gotthold: Glaube ohne Denkverbote. Für eine humane Religion, Darmstadt 2012.

Heimbach-Steins, Marianne: Die Gender-Debatte. Herausforderungen für Theologie und Kirche, in: Margit Eckholt (Hg.): Gender studieren. Lernprozess für Theologie und Kirche, Ostfildern 2017, S. 39–53.

Hendrikse, Klaas: Glauben an einen Gott, den es nicht gibt. Manifest eines atheistischen Pfarrers, Zürich 2013.

Hengel, Martin/Schwemer, Anna M.: Geschichte des frühen Christentums. Band II: Die Urgemeinde und das Judenchristentum, Tübingen 2019.

Herbert, Ulrich: Holocaust-Forschung in Deutschland: Geschichte und Perspektiven einer schwierigen Disziplin, in: Frank Bajohr und Andrea Löw (Hg.): Der Holocaust. Ergebnisse und neue Fragen der Forschung, Bonn 2015, S. 31–79.

Hermle, Siegfried: Antisemitismus, Holocaust und Neuorientierung, in: Jens Holger Schjørring, Norman A. Hjelm, Kevin Ward u. a. (Hg.): Geschichte des globalen Christentums, Teil 3: 20. Jahrhundert, Stuttgart 2018, S. 349–382.

Heschel, Susannah: Theologen für Hitler. Walter Grundmann und das »Institut zur Erforschung und Beseitigung des jüdischen Einflusses auf das deutsche kirchliche Leben«, in: Leonore Siegele-Wenschkewitz (Hg.): Christlicher Antijudaismus und Antisemitismus. Theologische und kirchliche Programme deutscher Christen, Frankfurt a. M. 1994, S. 125–170.

Heschel, Susannah: Der jüdische Jesus und das Christentum. Abraham Geigers Herausforderung an die christliche Theologie, Berlin 2001.

Heschel, Susannah: Jesus im modernen jüdischen Denken, in: Wolfgang Kraus, Axel Töllner und Michael Tilly (Hg.): Das Neue Testament – jüdisch erklärt. Lutherübersetzung, Stuttgart 2021, S. 804–809.

Hieke, Thomas: Kennt und verurteilt das Alte Testament Homosexualität?, in: Stephan Goertz (Hg.): »Wer bin ich, ihn zu verurteilen?«. Homosexualität und katholische Kirche, Freiburg i. Br. 2015, S. 19–52.

Hilberg, Raul: Die Vernichtung der europäischen Juden, Frankfurt a. M. 2017[13].
Hildebrandt, Dieter: Vom Saulus zum Paulus, in: Raul Niemann (Hg.): Paulus – Rabbi, Apostel oder Ketzer?, Stuttgart 1994, S. 67–74.
Hilpert, Konrad: Ethik der Menschenrechte. Zwischen Rhetorik und Verwirklichung, Paderborn 2019.
Hippler, Fritz: Der ewige Jude. Dokumentarfilm über das Weltjudentum, 1940.
Höfferer, Christina: Jüdisches Rom, Wien 2018.
Hoffmann, Christhard: Christlicher Antijudaismus und moderner Antisemitismus. Zusammenhänge und Differenzen als Problem der historischen Antisemitismusforschung, in: Leonore Siegele-Wenschkewitz (Hg.): Christlicher Antijudaismus und Antisemitismus. Theologische und kirchliche Programme deutscher Christen, Frankfurt a. M. 1994, S. 293–317.
Hofmann, Fritz/Stelzenberger, Johannes/Schmaus, Michael/u. a.: Vitae et veritati. Festgabe für Karl Adam, Düsseldorf 1956.
Hölzl, Richard: Gläubige Imperialisten. Katholische Mission in Deutschland und Ostafrika (1830–1960), Habilitationsschrift, Frankfurt 2021.
Homolka, Walter: Der Jude Jesus – eine Heimholung. Mit einem Geleitwort von Jan-Heiner Tück, Freiburg i. Br., Basel und Wien 2020[4].
Homolka, Walter/Striet, Magnus: Christologie auf dem Prüfstand. Jesus der Jude – Christus der Erlöser, Freiburg i. Br., Basel und Wien 2019.
Hood, John Y. B.: Aquinas and the Jews (Middle Ages series), Philadelphia 1995.
Horkheimer, Max: »Was wir ›Sinn‹ nennen, wird verschwinden.« SPIEGEL-Gespräch mit dem Philosophen Max Horkheimer, in: Der SPIEGEL, Nr. 1–2, 1970, S. 79–84.
Horkheimer, Max: Gesammelte Schriften. Band 14: Nachgelassene Schriften 1949–1972, 5. Notizen, hg. von Gunzelin Schmid Noerr, Frankfurt a. M. 1988.
Horrell, David G.: Ethnicity and Inclusion. Religion, Race, and Whiteness in Constructions of Jewish and Christian Identities, Michigan 2020.
Horstmann, Simone: Was fehlt, wenn uns die Tiere fehlen? Eine theologische Spurensuche, Regensburg 2020.
Horstmann, Simone/Ruster, Thomas/Taxacher, Gregor (Hg.): Alles, was atmet. Eine Theologie der Tiere, Regensburg 2018.
Ilan, Tal: Geschlecht und Geschlechterrollen, in: Wolfgang Kraus, Axel Töllner und Michael Tilly (Hg.): Das Neue Testament – jüdisch erklärt. Lutherübersetzung, Stuttgart 2021, S. 657–661.
International Jewish Committee on Interreligious Consultations: Response to Vatican Document »We Remember: A Reflection on the Shoah«. https://www.bc.edu/content/dam/files/research_sites/cjl/texts/cjrelations/resources/documents/jewish/response_We_Remember.html [15.04.2021].
Internationale theologische Kommission: Erinnern und Versöhnen. Die Kirche und die Verfehlungen in ihrer Vergangenheit, ins Deutsche übertragen und hg. von Gerhard Ludwig Müller, Einsiedeln und Freiburg i. Br. 2000[3]; auch unter: https://www.vatican.va/roman_curia/congregations/cfaith/cti_documents/rc_con_cfaith_doc_20000307_memory-reconc-itc_ge.html [03.01.2022].
Isaac, Jules: Jesus und Israel, Wien und Zürich 1968.
Jagielska, Anna: Weiblichkeitsdiskurs in vatikanischen Verlautbarungen (1880–2015), Dissertation, Hamburg 2019.
Janowski, Bernd: Die Welt als Schöpfung (Beiträge zur Theologie des Alten Testaments, Band 4), Neukirchen-Vluyn 2008.

Janssen, Claudia: Gender, Fundamentalismus und Rechtspopulismus, in: Junge Kirche 2/15, S. 27–29.

Janßen, Martina: Art. Pseudepigraphie, in: Michaela Bauks, Klaus Koenen und Stefan Alkier (Hg.): Das Wissenschaftliche Bibellexikon im Internet (www.wibilex.de), 2018 [06.01.2022].

Jensen, Anne: Art. Diakonin, in: Elisabeth Gössmann, Elisabeth Moltmann-Wendel, Herlinde Pissarek-Hudelist u. a. (Hg.): Wörterbuch der feministischen Theologie, Gütersloh 1991, S. 58–60.

Johannes Chrysostomos: Acht Reden gegen Juden, eingeleitet und erläutert von Rudolf Brändle (Bibliothek der griechischen Literatur, Abteilung Patristik, Band 41), Stuttgart 1995.

Jonas, Hans: Das Prinzip Verantwortung. Versuch einer Ethik für die technologische Zivilisation, Frankfurt a. M. 1979.

Käsemann, Ernst: Das Problem des historischen Jesus, in: Zeitschrift für Theologie und Kirche 51, 1954, S. 125–153.

Katechismus der Katholischen Kirche. Deutsche Ausgabe, München und Wien 1993.

Kaufmann, Thomas: Luthers Juden, Stuttgart 2014 (2017[3]).

Kertzer, David I.: Die Päpste gegen die Juden. Der Vatikan und die Entstehung des modernen Antisemitismus, München 2004.

Kessler, Rainer: Art. Sklaverei (AT), in: Michaela Bauks, Klaus Koenen und Stefan Alkier (Hg.): Das Wissenschaftliche Bibellexikon im Internet (www.wibilex.de), 2019 [06.01.2022].

Kirchschläger, Walter: Einführung in das Neue Testament, in: Ursula Struppe und Walter Kirchschläger (Hg.): Einführung in das Alte und Neue Testament, Stuttgart 1998, Teil II, S. 1–152.

Klausner, Joseph: Jesus von Nazareth. Seine Zeit, sein Leben und seine Lehre, mit einem Nachwort von Christian Wiese, Berlin 2021 (Erstdruck 1930).

Koenen, Klaus: Wölfe wohnen bei Lämmern. Jesajas Bilder vom Frieden zwischen Völkern und Geschöpfen, in: Bibel und Kirche 61, 2006, S. 212–217.

Köhler, Joachim: Der deutsche Katholizismus zwischen Widerspruch zur nationalsozialistischen Ideologie und nationaler Loyalität, in: Rainer Bendel (Hg.): Die katholische Schuld? Katholizismus im Dritten Reich – Zwischen Arrangement und Widerstand, Münster 2019[3], S. 143–176.

Kommission für die religiösen Beziehungen zum Judentum: Wir erinnern: Eine Reflexion über die Shoah vom 16. März 1998, in: Hans Hermann Henrix und Wolfgang Kraus (Hg.): Die Kirchen und das Judentum, Band 2: Dokumente von 1986 bis 2000, Paderborn und Gütersloh 2001, S. 110–119; auch online unter: https://www.vatican.va/roman_curia/congregations/cfaith/cti_documents/rc_con_cfaith_doc_20000307_memory-reconc-itc_ge.html [03.01.2022].

Kommission für die religiösen Beziehungen zum Judentum: »Denn unwiderruflich sind Gnade und Berufung, die Gott gewährt« (Röm 11,29). Reflexionen zu theologischen Fragestellungen in den katholisch-jüdischen Beziehungen aus Anlass des 50-jährigen Jubiläums von Nostra aetate (Nr. 4) am 10. Dezember 2015 (Verlautbarungen des Apostolischen Stuhls, Nr. 203), Bonn 2016; zum Download unter: https://www.dbk-shop.de/de/publikationen/verlautbarungen-apostolischen-stuhls/kommission-religioesen-beziehungen-judentum-denn-unwiderruflich-gnade-berufung-gott-gewaehrt-roem-11-29.html [03.01.2022].

Kongregation für das katholische Bildungswesen: »Als Mann und Frau schuf er sie«. Für einen Weg des Dialogs zur Gender-Frage im Bildungswesen, Vatikanstadt 2019.

Kongregation für die Glaubenslehre: Antworten auf Fragen zu einigen Aspekten bezüglich der Lehre über die Kirche, in: Sekretariat der Deutschen Bischofskonferenz (Hg.): Erklärung »Dominus Jesus« über die Einzigkeit und die Heilsuniversalität Jesu Christi und der Kirche. Antworten auf Fragen zu einigen Aspekten bezüglich der Lehre über die Kirche (Verlautbarungen des Apostolischen Stuhls 148), Bonn 2007[4], S. 47–54.

Kongregation für die Glaubenslehre: Erklärung »Dominus Jesus« über die Einzigkeit und die Heilsuniversalität Jesu Christi und der Kirche, in: Sekretariat der Deutschen Bischofskonferenz (Hg.): Erklärung »Dominus Jesus« über die Einzigkeit und die Heilsuniversalität Jesu Christi und der Kirche. Antworten auf Fragen zu einigen Aspekten bezüglich der Lehre über die Kirche (Verlautbarungen des Apostolischen Stuhls 148), Bonn 2007[4], S. 5–46.

Kraus, Wolfgang/Töllner, Axel /Tilly, Michael: Messianisches Judentum. Ergänzende Angaben der Herausgeber der deutschen Ausgabe im Blick auf die Situation in Deutschland, in: dies. (Hg.): Das Neue Testament – jüdisch erklärt. Lutherübersetzung, Stuttgart 2021, S. 831–832.

Kümmel, Werner G.: Einleitung in das Neue Testament, Heidelberg 1973[18].

Küng, Hans: Christ sein, München 1976.

Küng, Hans: Unfehlbar? Eine Anfrage, Frankfurt a. M. u. a. 1980.

Küng, Hans: Die Trinitätslehre im Dialog mit dem Islam, in: Michael Welker (Hg.): Der lebendige Gott als Trinität. Jürgen Moltmann zum 80. Geburtstag, Gütersloh 2006, S. 299–311.

Küng, Hans: Das Christentum: Wesen und Geschichte, München und Zürich 2008[2].

Kunter, Katharina: Der lange Weg zur Anerkennung. Die Kirchen und die Menschenrechte nach 1945, in: Antonius Liedhegener und Ines-Jacqueline Werkner (Hg.): Religion, Menschenrechte und Menschenrechtspolitik, Wiesbaden 2010, S. 153–174.

Landesinstitut für Schulentwicklung (Hg.): Beispielcurriculum für das Fach Katholische Religionslehre (Grundschule Klasse 4), Stuttgart 2017.

Landesmann, Peter: Der Antijudaismus auf dem Weg vom Judentum zum Christentum (Wiener Vorlesungen, Band 4), Frankfurt a. M. 2012.

Landessynode der Evangelischen Kirche im Rheinland: Synodalbeschluß zur Erneuerung des Verhältnisses von Christen und Juden (11.01.1980), siehe unter: https://www.ag-juden-christen.de/synodalbeschluss-zur-erneuerung-des-verhaeltnisses-von-christen-und-juden/ [16.06.2021].

Landessynode der Evangelisch-lutherischen Landeskirche Hannovers: Verfassung der Evangelisch-lutherischen Landeskirche Hannovers, siehe unter: https://www.kirchenverfassung2020.de/download-kirchenverfassung2020 [16.06.2021].

Langer, Michael: Zwischen Vorurteil und Aggression. Zum Judenbild in der deutschsprachigen katholischen Volksbildung des 19. Jahrhunderts (zugl. Universität München, Habilitationsschrift, 1993) Freiburg i. Br. 1994.

Langer, Michael: Zwischen antisemitischer Versuchung und traditionellem Antijudaismus. Katholische Bildungseliten im Fin de siècle, in: Michael Graetz und Aram Mattioli (Hg.): Krisenwahrnehmungen im Fin de siècle. Jüdische und katholische Bildungseliten in Deutschland und der Schweiz, Zürich 1997, S. 361–380.

Langer, Michael: Von den »Gottesmördern« zu den »älteren Brüdern«. Christen und Juden auf dem Weg, in: Eugen Biser, Ferdinand Hahn und Michael Langer (Hg.): Der Glaube der Christen, Band 1. Ein ökumenisches Handbuch, München 1999.

Langfuß, Lejb: Erschüttert von der Gräueltat. Ein Rabbi in der Hölle, in: Pavel Polian: Briefe aus der Hölle. Die Aufzeichnungen des jüdischen Sonderkommandos Auschwitz. Aus dem Russischen von Roman Richter, bearbeitet von Andreas Kilian, Darmstadt 2019, S. 368–455.

Langmuir, Gavin I.: Toward a Definition of Antisemitism, Berkeley 1990.

Las Casas, Bartolomé de: Kurzgefaßter Bericht von der Verwüstung der westindischen Länder (= Brevísima relación de la destruición de las Indias), hg. von Michael Sievernich, Frankfurt a. M. und Leipzig 2006.

Lechner, Thomas: Ignatius von Antiochia und die Zweite Sophistik. Kritische Anmerkungen zu den Thesen von Allen Brent, in: Thomas Johann Bauer und Peter von Möllendorff (Hg.): Die Briefe des Ignatios von Antiochia. Motive, Strategien, Kontexte, Berlin und Boston 2018, S. 19–68.

Leppin, Hartmut: Theodosius der Große, Darmstadt 2003 (Gestalten der Antike).

Lessing, Gotthold Ephraim: Nathan der Weise. Ein dramatisches Gedicht in fünf Aufzügen, Anmerkungen von Peter von Düffel, Stuttgart 1990.

Levine, Amy-Jill: Falsches Zeugnis geben: Verbreitete Irrtümer über das antike Judentum, in: Wolfgang Kraus, Axel Töllner und Michael Tilly (Hg.): Das Neue Testament – jüdisch erklärt. Lutherübersetzung, Stuttgart 2021, S. 832–837.

Lipton, Sara: Dark mirror. The medieval origins of anti-Jewish iconography, New York 2014.

Löw, Albert: Thierschutz im Judenthume: nach Bibel und Talmud, Budapest 1890.

Lower, Wendy: Hitlers Helferinnen. Deutsche Frauen im Holocaust, Frankfurt a. M. 2016.

Luther, Martin: Schriften 1519/1520 (Weimarer Ausgabe, Band 6, Abteilung 1), Weimar 1888.

Matthäus, Jürgen: Holocaust als angewandter Antisemitismus? Potential und Grenzen eines Erklärungsfaktors, in: Frank Bajohr und Andrea Löw (Hg.): Der Holocaust. Ergebnisse und neue Fragen der Forschung, Bonn 2015, S. 103–123.

Mattioli, Aram: Das letzte Ghetto Alteuropas. Die Segregationspolitik der Papstkönige in der »heiligen Stadt« bis 1870, in: Olaf Blaschke und Aram Mattioli (Hg.): Katholischer Antisemitismus im 19. Jahrhundert. Ursachen und Traditionen im internationalen Vergleich, Zürich 2000, S. 111–143.

Meissner, Sebastian/Hecht, David: Die Kunst des Schächtens. Von jüdischen und muslimischen Schlachtriten in Deutschland (Manuskript zur Sendung des Deutschlandradios am 22.03.2011), siehe unter: https://docplayer.org/22436734-Hoerspiel-hintergrund-kultur-dienstag-22-03-2011-die-kunst-des-schaechtens-von-juedischen-und-muslimischen-schlachtriten-in-deutschland.html. [14.03.2022].

Metz, Johann Baptist: Compassion. Zu einem Weltprogramm des Christentums im Zeitalter des Pluralismus der Religionen und Kulturen, in: ders., Lothar Kuld und Adolf Weisbrod (Hg.): Compassion. Weltprogramm des Christentums. Soziale Verantwortung lernen, Freiburg i. Br., Basel und Wien 2000, S. 9–18.

Mitterer, Albert: Mann und Weib nach dem biologischen Weltbild des hl. Thomas und dem der Gegenwart, Innsbruck 1933.

Müller-Friese, Anita: Miteinander der Verschiedenen. Theologische Überlegungen zu einem integrativen Bildungsverständnis (zugl.: Universität Frankfurt a. M., Dissertation 1995) Weinheim 1996.
Neubrand MC, Maria/Johannes Seidel SJ: Ist das neue Testament antijüdisch? Nostra Aetate 4 als bleibende Herausforderung für die neutestamentliche Exegese, in: Stefan Schreiber und Thomas Schumacher (Hg.): Antijudaismen in der Exegese? Eine Diskussion 50 Jahre nach Nostra aetate, Freiburg i. Br., Basel und Wien 2015, S. 278–314.
Neuner, Josef/Roos, Heinrich/Rahner, Karl/Weger, Karl-Heinz: Der Glaube der Kirche in den Urkunden der Lehrverkündigung, Regensburg 1992[13].
Nirenberg, David: Anti-Judaismus. Eine andere Geschichte des westlichen Denkens, aus dem Englischen von Martin Richter, München 2015.
Oberste, Jörg: Der »Kreuzzug« gegen die Albigenser. Ketzerei und Machtpolitik im Mittelalter, Darmstadt 2003.
Oberste, Jörg: Zwischen Heiligkeit und Häresie. Religiosität und sozialer Aufstieg in der Stadt des hohen Mittelalters (zugl.: Technische Universität Dresden, Habilitationsschrift 2001) Köln 2003.

Osborne, Thomas P.: Jesu Taten gehen weiter. Die Apostelgeschichte aus dem Urtext übersetzt von Michael Hartmann und kommentiert von Thomas P. Osborne, Stuttgart 2015.

Papst Benedikt XVI.: Ansprache anlässlich seines Besuches in der Kölner Synagoge vom Freitag, dem 19. August 2005, in: Sekretariat der Deutschen Bischofskonferenz (Hg.): Predigten, Ansprachen und Grußworte im Rahmen der apostolischen Reise von Papst Benedikt XVI. nach Köln anlässlich des XX. Weltjugendtages. 14. September 2005 (Verlautbarungen des Apostolischen Stuhls 169), Bonn 2005, S. 45–49; auch unter: https://www.vatican.va/content/benedict-xvi/de/speeches/2005/august/documents/hf_ben-xvi_spe_20050819_cologne-synagogue.html [03.01.2022].
Papst Benedikt XVI.: Wo war Gott? Die Rede in Auschwitz. Mit Beiträgen von Elie Wiesel, Wladyslaw Bartozewski und Johann Baptist Metz, Freiburg i. Br. 2006; auch unter: https://www.vatican.va/content/benedict-xvi/de/speeches/2006/may/documents/hf_ben-xvi_spe_20060528_auschwitz-birkenau.html [03.01.2022].
Papst Franziskus: Ansprache beim Besuch der Holocaust-Gedenkstätte Yad Vashem am 26. Mai 2014, online unter: https://www.vatican.va/content/francesco/de/speeches/2014/may/documents/papa-francesco_20140526_terra-santa-memoriale-yad-vashem.html [06.01.2022].
Papst Franziskus: Enzyklika »Laudato si'«. Über die Sorge für das gemeinsame Haus, hg. von Sekretariat der Deutschen Bischofskonferenz, Bonn 2015.
Papst Franziskus: Amoris laetitia. Nachsynodales Apostolisches Schreiben des Heiligen Vaters Papst Franziskus an die Bischöfe, an die Priester und Diakone, an die Personen geweihten Lebens, an die christlichen Eheleute und an alle christgläubigen Laien über die Liebe in der Familie, hg. von Sekretariat der Deutschen Bischofskonferenz (Verlautbarungen des Apostolischen Stuhls 204), Bonn 2016.
Papst Franziskus: Ansprache beim Besuch der römischen Synagoge am 17. Januar 2016, online unter: https://www.vatican.va/content/francesco/de/speeches/2016/january/documents/papa-francesco_20160117_sinagoga.html [03.01.2022].

Papst Johannes Paul II.: Schuldbekenntnis und Vergebungsbitte am Ersten Fastensonntag 2000 in St. Peter in Rom, in: Hans Hermann Henrix und Wolfgang Kraus (Hg.): Die Kirchen und das Judentum. Bd. 2: Dokumente von 1986 bis 2000, Paderborn/Gütersloh 2001, S. 151–156; online unter: https://www.vatican.va/news_services/liturgy/documents/ns_lit_doc_20000312_prayer-day-pardon_ge.html [03.01.2022].

Papst Nikolaus V.: Bulle »Romanus pontifex« (1455), in: Charles Verlinden und Eberhard Schmitt (Hg.): Die mittelalterlichen Ursprünge der europäischen Expansion (Dokumente zur Geschichte der europäischen Expansion, Band 1), München 1986, S. 223–231.

Papst Pius XI.: Enzyklika »Mortalium animos«, Nr. 8, deutscher Text siehe unter: http://www.kathpedia.com/index.php/Mortalium_animos_(Wortlaut) [24.07.2021].

Papst Pius XII.: Die Briefe Pius' XII. an die deutschen Bischöfe 1939–1944, hg. von Burkhart Schneider (Veröffentlichungen der Kommission für Zeitgeschichte, Reihe A, Quellen, Band 4), Mainz 1966.

Pemsel-Maier, Sabine: Art. Christus/Christologie, in: Mirjam Zimmermann und Heike Lindner (Hg.): Das Wissenschaftlich-Religionspädagogische Lexikon im Internet (www.wirelex.de) 2021, [06.09.2021].

Pemsel-Maier, Sabine: »Hilfsbereiter als andere« – »Gott schickt seinen Boten«. Übers Theologisieren Zugänge zu Jesus als Christus anbahnen, in: Veronika Gäng (Hg.): Theologisieren (IRP Lernimpulse für den katholischen Religionsunterricht an Grundschulen Klasse), Freiburg i. Br. 2021, S. 14–16.

Pesch, Otto H.: Das Zweite Vatikanische Konzil. Vorgeschichte – Verlauf – Ergebnisse – Nachgeschichte, Würzburg 2001.

Pesch, Otto H.: Theologische Anthropologie, theologische Schöpfungslehre, Gottes- und Trinitätslehre (Katholische Dogmatik aus ökumenischer Erfahrung. Die Geschichte der Menschen mit Gott, Teilband 2), Ostfildern 2008.

Pesch, Rudolf: Antisemitismus in der Bibel? Das Johannesevangelium auf dem Prüfstand, Augsburg 2005.

Pietschmann, Horst: Staat und staatliche Entwicklung am Beginn der spanischen Kolonisation Amerikas (Spanische Forschungen der Görresgesellschaft, Band 19), Münster 1980.

Polian, Pavel: Briefe aus der Hölle. Die Aufzeichnungen des jüdischen Sonderkommandos Auschwitz, aus dem Russischen von Roman Richter, bearbeitet von Andreas Kilian, Darmstadt 2019.

Potthoff, Tanja/Wiehen, Michael: "Da man die Juden zu Colne sluch (…) inde die hus in der Judengassen verbrannt wurden". Das Kölner Judenpogrom von 1349, in: Mitteilungen der Deutschen Gesellschaft für Archäologie des Mittelalters und der Neuzeit 31, 2018, S. 21–36.

Priesching, Nicole: Die Verurteilung der Sklaverei unter Gregor XVI. im Jahr 1839. Ein Traditionsbruch?, in: Saeculum 59, 2008, S. 143–162.

Priesching, Nicole: Sklaverei in der Neuzeit, Darmstadt 2014.

Priesching, Nicole: Sklaverei im Urteil der Jesuiten. Eine theologiegeschichtliche Spurensuche im Collegio Romano (Sklaverei – Knechtschaft – Zwangsarbeit, Band 15), Hildesheim und Zürich 2017.

Priesching, Nicole/Grieser, Heike (Hg.): Theologie und Sklaverei von der Antike bis in die frühe Neuzeit (Sklaverei – Knechtschaft – Zwangsarbeit, Band 14), Hildesheim, Zürich und New York 2016.

Prostmeier, Ferdinand: Art. Ignatius von Antiochien, in: Siegmar Döpp und Peter Bruns (Hg.): Lexikon der antiken christlichen Literatur, Freiburg i. Br. 2002[3], S. 346–348.

Prostmeier, Ferdinand: Art. Barnabasbrief, in: Michaela Bauks, Klaus Koenen und Stefan Alkier (Hg.): Das Wissenschaftliche Bibellexikon im Internet (www.wibilex.de), 2018 [06.01.2022].

Rahner, Karl: Die anonymen Christen, in: ders. (Hg.): Schriften zur Theologie, Band VI, neuere Schriften, Einsiedeln 1965, S. 545–555.

Rahner, Karl/Vorgrimler, Herbert (Hg.): Kleines Konzilskompendium. Sämtliche Texte des Zweiten Vatikanischen Konzils, Freiburg i. Br. 2008[18].

Rat der Evangelischen Kirche in Deutschland (Hg.): Der Entwicklungsdienst der Kirche. Ein Beitrag für Frieden und Gerechtigkeit in der Welt, Gütersloh 1973.

Ratzinger, Joseph: Die Kirche als Geheimnis des Glaubens, in: Lebendiges Zeugnis, 1956/57, S. 19–34.

Ratzinger, Joseph : Vom Ursprung und vom Wesen der Kirche, in: ders.: Das neue Volk Gottes. Entwürfe zur Ekklesiologie, Düsseldorf 1969, S. 75–89.

Ratzinger, Joseph: Jesus von Nazareth: Von der Taufe im Jordan bis zur Verklärung, Freiburg i. Br. 2007[2].

Ratzinger, Joseph: Gnade und Berufung ohne Reue: Anmerkungen zum Traktat »De Iudaeis«, in: Internationale katholische Zeitschrift Communio 47, 2018, S. 387–406.

Reck, Norbert: Der Jude Jesus und die Zukunft des Christentums. Zum Riss zwischen Dogma und Bibel. Ein Lösungsvorschlag, Ostfildern 2019.

Recker, Dorothee: Die Wegbereiter der Judenerklärung des Zweiten Vatikanischen Konzils. Johannes XXIII., Kardinal Bea und Prälat Oesterreicher – eine Darstellung ihrer theologischen Entwicklung (zugl.: Universität Paderborn, Dissertation 2005) Paderborn 2007.

Reding, Marcel (Hg.): Abhandlungen über Theologie und Kirche. Festschrift für Karl Adam, mit Beiträgen u. a. von Yves Congar, Johannes Betz, Karl Rahner, Roger Aubert, Gottlieb Söhngen und Jacques Leclerq, Düsseldorf 1952.

Rendtorff, Rolf: Ist in Auschwitz das Christentum gestorben?, in: Reinhold Boschki und Dagmar Mensink (Hg.): Kultur allein ist nicht genug. Das Werk von Elie Wiesel – Herausforderung für Religion und Gesellschaft, Münster 1998, S. 168–180.

Repp, Martin: Der eine Gott und die anderen Götter. Eine historische und systematische Einführung in die Religionstheologien der Ökumene, Leipzig 2021[2].

Rheinz, Hanna: »Und schont die Seele der Tiere.« Tier und Tierschutz im Judentum, in: Wolf-Rüdiger Schmidt (Hg.): Geliebte und andere Tiere im Judentum, Christentum und Islam. Vom Elend der Kreatur in unserer Zivilisation, Gütersloh 1996, S. 65–91.

Rheinz, Hanna: Kabbala der Tiere. Tierrechte im Judentum und warum sie bis zum heutigen Tag kollektive Abwehr auslösen, in: Interdisziplinäre Arbeitsgemeinschaft Tierethik (Hg.): Tierrechte. Eine interdisziplinäre Herausforderung (Tierrechte – Menschenpflichten, Band 13), Erlangen 2007, S. 234–253.

Rheinz, Hanna: Schächten und Betäubung. Stellungnahme der Initiative Jüdischer Tierschutz, siehe unter: https://www.hagalil.com/judentum/koscher/schaechten/2008/tierschutz.htm [Stand: 14.07.2021].

Riede, Peter: Geschaffen – anvertraut – bewundert: die biblische Tierwelt als Spiegel des Menschen, in: Bibel und Kirche 71, 2016, S. 202–206.

Ritter, Adolf Martin: Gesamteinleitung, Einleitung und Anmerkungen, in: Dionysius Areopagita: Über Mystische Theologie und Briefe, eingeleitet, übersetzt und mit Anmerkungen versehen von A. M. Ritter (Bibliothek der griechischen Literatur, Band 40), Stuttgart 1994.

Ritter, Adolf Martin: Judentum und Christentum zwischen Konfrontation und Faszination. Das Zeugnis des Johannes Chrysostomos und Augustinus, in: Ulrich Andreas Wien (Hg.): Judentum und Antisemitismus in Europa, Tübingen 2017, S. 25–56.

Rohrbacher, Stefan/Schmidt, Michael: Judenbilder. Kulturgeschichte antijüdischer Mythen und antisemitischer Vorurteile, Reinbeck 1991.

Roose, Hanna: Art. Sklaverei (NT), in: Michaela Bauks, Klaus Koenen und Stefan Alkier (Hg.): Das Wissenschaftliche Bibellexikon im Internet (www.wibilex.de), 2018 [06.01.2022].

Rutishauser, Christian M.: Meilensteine des christlich-jüdischen Dialogs, in: Bibel und Kirche 74, 2019, S. 194–200.

Sanders, Ed P.: Jesus and Judaism, London 1994[4].

Schäfer, Joachim: Art. Johannes «Chrysostomos", siehe unter: https://www.heiligenlexikon.de/BiographienJ/Johannes_Chrysostomus.html [Stand: 15.05.2021].

Scherzberg, Lucia: Karl Adam und der Nationalsozialismus (Theologie, Geschichte, Beiheft Band 3), Saarbrücken 2011.

Scherzberg, Lucia: Art. Adam, Karl, in: Handbuch des Antisemitismus. Judenfeindschaft in Geschichte und Gegenwart, hg. v. Wolfgang Benz, Band 8, Berlin und Boston 2015, S. 41–42.

Scherzberg, Lucia : Karl Adam und die Ambivalenz der Moderne, in: Magnus Lerch/Christian Stoll (Hg.), Gefährdete Moderne. Interdisziplinäre Perspektiven auf die katholische Reformtheologie der Zwischenkriegszeit, Freiburg i. B. u. a. 2021, S. 240–264.

Schmid, Konrad: Schöpfung im Alten Testament, in: ders. (Hg.): Schöpfung, Tübingen 2012, S. 71–120.

Schmid, Konrad: The Interpretation of Second Temple Judaism as »Spätjudentum« in Christian Biblical Scholarship, in: Armin Lange (Hg.): An End to Antisemitism! Confronting Antisemitism from the Perspectives of Christianity, Islam, and Judaism, Berlin and Boston 2020, S. 139–152.

Schockenhoff, Eberhard: Ethik des Lebens. Grundlagen und neue Herausforderungen, Freiburg i. Br., Basel und Wien 2013[2].

Schöllgen, Georg: Didache. Zwölf-Apostel-Lehre (Fontes Christiani, Band 1), Freiburg i. Br. 1991.

Schopenhauer, Arthur: Preisschrift über die Grundlage der Moral, in: ders.: Die beiden Grundprobleme der Ethik. Behandelt in zwei akademischen Preisschriften (Zürcher Ausgabe, Band VI), Zürich 1977, S. 143–315.

Schorsch, Jonathan: Jews and Blacks in the Early Modern World, Cambridge 2009.

Schottroff, Luise: Art. Ämter/Charismen, in: Elisabeth Gössmann, Elisabeth Moltmann-Wendel, Herlinde Pissarek-Hudelist u. a. (Hg.): Wörterbuch der feministischen Theologie, Gütersloh 1991, S. 13–14.

Schottroff, Luise: »Der Sommer ist nahe« (Mk 13,28). Eschatologische Gleichnisauslegung, in: Bibel und Kirche 63, 2008, S. 72–75.

Schreiber, Stefan: Der Galaterbrief. Der Brief des Apostels Paulus an die Gemeinden in Galatien, in: Anneliese Hecht (Hg.): Paulus schreibt den Gemeinden. Die sieben Briefe des Apostels, Stuttgart 2020, S. 92–183.

Schüle, Andreas: Die Urgeschichte (Gen 1–11). Zürcher Bibelkommentare AT 1.1, Zürich 2009.
Schüssler Fiorenza, Elisabeth: In Memory of Her. A Feminist Theological Reconstruction of Christian Origins, New York/N. Y. 1984.
Schüssler Fiorenza, Elisabeth: Zu ihrem Gedächtnis. Eine feministisch-theologische Rekonstruktion der christlichen Ursprünge, aus dem amerikanischen Englisch übersetzt von Christine Schaumberger, Gütersloh 1993[2].
Schwartz, Daniel R.: Strömungen innerhalb des Judentums in neutestamentlicher Zeit, in: Wolfgang Kraus, Axel Töllner und Michael Tilly (Hg.): Das Neue Testament – jüdisch erklärt. Lutherübersetzung, Stuttgart 2021, S. 661–667.
Schwöbel, Christoph: Christology and Trinitarian Thought, in: ders. (Hg.): Trinitarian Theology Today. Essays on Divine Being and Act, Edinburgh 1995, S. 113–146.
Schwöbel, Christoph: The Renaissance of Trinitarian Theology. Reason, Problems and Tasks, in: ders. (Hg.): Trinitarian Theology Today. Essays on Divine Being and Act, Edinburgh 1995, S. 1–30.
Sekretariat der Deutschen Bischofskonferenz (Hg.): Erinnerung und Verantwortung. 30. Januar 1933–30. Januar 1983 (Arbeitshilfen, Heft 30), Bonn 1983.
Setzer, Claudia: Jüdische Reaktionen auf die Anhänger Jesu, in: Wolfgang Kraus, Axel Töllner und Michael Tilly (Hg.): Das Neue Testament – jüdisch erklärt. Lutherübersetzung, Stuttgart 2021, S. 796–800.
Siebenrock, Roman: Theologischer Kommentar zur Erklärung über die Haltung der Kirche zu den nichtchristlichen Religionen: Nostra aetate, in: Peter Hünermann und Bernd Jochen Hilberath (Hg.): Orientalium ecclesiarum – Unitatis Redintegratio – Christus Dominus – Optatam Totius – Perfectae Caritatis – Gravissimum Educationis – Nostra Aetate – Dei Verbum (Herders theologischer Kommentar zum Zweiten Vatikanischen Konzil 3), Freiburg i. Br., Basel und Wien 2009, S. 591–693.
Siegele-Wenschkewitz, Leonore (Hg.): Christlicher Antijudaismus und Antisemitismus. Theologische und kirchliche Programme deutscher Christen, Frankfurt a. M. 1994.
Sölle, Dorothee: Glaubensbekenntnis, in: dies./Fulbert Steffensky (Hg.): Politisches Nachtgebet in Köln. Texte – Analysen – Kritik, Band 2, Stuttgart, Berlin und Mainz 1969, S. 139–140.
Sölle, Dorothee: Lieben und arbeiten. Eine Theologie der Schöpfung, Stuttgart 1985[2].
Sölle, Dorothee: Nach der Schoah: Wie unsere theologischen Entwürfe sich ändern müssen, in: Reinhold Boschki und Dagmar Mensink (Hg.): Kultur allein ist nicht genug. Das Werk von Elie Wiesel – Herausforderung für Religion und Gesellschaft, Münster 1998, S. 159–167.
Splett, Jörg: Mit Mose ben Maimon im Gespräch: Gottesbild und Gottesdienst, in: Theologie und Philosophie 80, 2005, S. 75–91.
Strenger, Gabriel: Jüdische Spiritualität in der Tora und den jüdischen Feiertagen, Basel 2017[2].
Strotmann, Angelika: Der historische Jesus. Eine Einführung, Stuttgart und Paderborn 2019[3].
Strube, Sonja: Rechtspopulistische Strömungen und ihr Anti-Genderismus, in: Margit Eckholt (Hg.): Gender studieren. Lernprozess für Theologie und Kirche, Ostfildern 2017, S. 105–120.

Suess, Paulo: Lateinamerika zwischen Konquista und Befreiung. Freiheit, Sklaverei, Zivilisation: zur Sache der Indios und Afroamerikaner, in: Hans Waldenfels (Hg.): 500 Jahre Lateinamerika: Kolonisierung – Wirtschaft – Politik – Religion. Dokumentation des Symposiums des Graduiertenkollegs »Interkulturelle religiöse bzw. religionsgeschichtliche Studien« vom 23.11. bis 26.11.1992 an der Universität Bonn, Bonn 1993, S. 127–145.

Taxacher, Gregor: Alles nur Natur? Zum Problem der Anthropozentrik, in: Simone Horstmann, Thomas Ruster und Gregor Taxacher (Hg.): Alles, was atmet. Eine Theologie der Tiere, Regensburg 2018, S. 31–45.

Theißen, Gerd: Antijudaismus im Neuen Testament – ein soziales Vorurteil in heiligen Schriften, in: Jörg Thierfelder und Willi Wölfing (Hg.): Für ein neues Miteinander von Juden und Christen, Weinheim 1996, S. 77–97.

Theißen, Gerd/Merz, Annette: Der historische Jesus. Ein Lehrbuch, Christoph Burchard zum 65. Geburtstag, Göttingen 2011[4].

Theobald, Michael: Paulus und die Gleichgeschlechtlichkeit. Plädoyer für einen vernünftigen Umgang mit der Schrift, in: Stephan Goertz (Hg.): »Wer bin ich, ihn zu verurteilen?«. Homosexualität und katholische Kirche, Freiburg 2015, S. 53–88.

Theobald, Michael: Israel-Vergessenheit in den Pastoralbriefen. Ein neuer Vorschlag zu ihrer historisch-theologischen Verortung im 2. Jahrhundert n. Chr. unter besonderer Berücksichtigung der Ignatius-Briefe (Stuttgarter Bibelstudien, Band 229), Stuttgart 2016.

Theuer, Gabriele (Hg.): Frauen.Bibel, Stuttgart 2007.

Tück, Jan-Heiner: Die Heimholung Jesu als Anstoß für die christliche Theologie, in: Homolka, Der Jude Jesus – eine Heimholung. Mit einem Geleitwort von Jan-Heiner Tück, Freiburg i. Br., Basel und Wien 2020[4], S. 24– 48.

van de Sandt, Huub: Art. Didache, in: Michaela Bauks, Klaus Koenen und Stefan Alkier (Hg.): Das Wissenschaftliche Bibellexikon im Internet (www.wibilex.de), 2018 [06.01.2022].

Venerito, Barbara: Antischächtbewegung und Antisemitismus in Deutschland von 1867 bis 1914. Inaugural Dissertation zur Erlangung des Grades eines Doktors der Veterinärmedizin an der Freien Universität Berlin, online unter: https://refubium.fu-berlin.de/bitstream/handle/fub188/23680/Venerito_Barbara_2018_VETPROMOTION_DRUCK VERSION.pdf?sequence=2&isAllowed=y [14.07.2021].

Volk, Ludwig (Hg.): Akten deutscher Bischöfe über die Lage der Kirche 1933–1945, VI, 1943–1945 (Veröffentlichungen der Kommission für Zeitgeschichte Reihe A, Quellen, Band 38), Mainz 1985.

Vorgrimler, Herbert: Neues Theologisches Wörterbuch, Freiburg 2016.

Wacker, Marie-Theres: Art. Reich Gottes A. Biblisch, in: Peter Eicher (Hg.): Neues Handbuch theologischer Grundbegriffe, Band 4, München 2005, S. 9–15.

Weinel, Heinrich: Ist unsere Verkündigung von Jesus unhaltbar geworden?, in: Zeitschrift für Theologie und Kirche 20, 1910, S. 1–38.

Wengst, Klaus (Hg.): Didache (Apostellehre). Barnabasbrief. Zweiter Klemensbrief. Schrift an Diognet, unveränd. Nachdr. der Ausg. von 1984 (Schriften des Urchristentums Teil 2), Darmstadt 2004.

Wengst, Klaus: Der Anfang war jüdisch … doch wann beginnt das Christentum?, in: Bibel und Kirche 74, 2019, S. 210–218.

Wengst, Klaus: Wie das Christentum entstand. Eine Geschichte mit Brüchen im 1. und 2. Jahrhundert, Gütersloh 2021.

Wenzel, Knut: »Ein Fremdwort von zuhause«. Die unmögliche Lektion von Auschwitz für die christliche Theologie (Zweiter Teil), in: Orientierung 69, 2005, S. 81–84.

Werlitz, Jürgen (Hg.): Lexikon und Begriffsregister mit Sacherklärungen, Themenschlüssel, Zeittafel und Karten (Die Bibel – Einheitsübersetzung, Band 4), Stuttgart 2018.

Werz, Joachim (Hg.): Erblast »Mission«? Interdisziplinäre Perspektiven auf gegenwärtige Herausforderungen, Münster 2021.

Wetjen, Karolin: Mission als theologisches Labor. Koloniale Aushandlungen des Religiösen in Ostafrika um 1900 (Missionsgeschichtliches Archiv. Studien der Berliner Gesellschaft für Missionsgeschichte, Band 31), Stuttgart 2021.

Wiese, Christian: Politische Dimension des Theologischen. Christentum und Antisemitismus im 20. Jahrhundert, in: Gemeinschaftswerk der Evangelischen Publizistik (GEP) gGmbH (Hg.): Antisemitismus als politische Theologie. Typologien und Welterklärungsmuster. Tagung der Evangelischen Akademie zu Berlin, vom 24. bis 26. Januar 2017 (Dokumentation Evangelischer Pressedienst, EPD 2017, Nr. 17), Frankfurt a. M. 2017, S. 26–37.

Wiesel, Elie: Die Nacht. Erinnerung und Zeugnis, aus dem Französischen von Curt Meyer-Clason. Mit einer Vorrede von François Mauriac, Freiburg i. Br., Basel und Wien 2013.

Wieser, Renate: Art. Gender, in: Mirjam Zimmermann und Heike Lindner (Hg.): Wissenschaftlich Religionspädagogisches Lexikon im Internet (www.wirelex.de), 2015.

Wilhelm, Paul (Hg.): Katechismus für das Bistum Rottenburg, Freiburg i.Br. 1925[4].

Winterswyl, Ludwig Athanasius (Hg.): Die Briefe des heiligen Ignatius von Antiochien. Aus dem Griechischen übertragen und eingeleitet von Ludwig A. Winterswyl (Zeugen des Wortes, Band 1), Freiburg i. Br. 1938.

Wollrad, Eske: Weißsein im Widerspruch. Feministische Perspektiven auf Rassismus, Kultur und Religion, Königstein/Taunus 2005.

World Community of al-Islam in the West (Hg.): The Secret Relationship between Blacks and Jews, Chicago 1991.

Wriedt, Markus: Art. Ambrosius, in: Michaela Bauks, Klaus Koenen und Stefan Alkier (Hg.): Das Wissenschaftliche Bibellexikon im Internet (www.wibilex.de), 2017 [06.01.2022].

Württembergische Evangelische Landessynode: »Gottes Gaben und Berufung können ihn nicht gereuen« oder »... der Treue hält ewiglich« (Römer 11,29/Psalm 146,6b). Erklärung der Württembergischen Evangelischen Landessynode zum Verhältnis von Christen und Juden vom 6. April 2000, in: Evangelischer Oberkirchenrat (Hg.): Die Erklärungen der Evangelischen Landeskirche in Württemberg zur Verbundenheit von Christen und Juden, Stuttgart 2018, S. 11–15.

Zenger, Erich: Das Buch Genesis, in: Christoph Dohmen (Hg.): Stuttgarter Altes Testament. Kommentierte Studienausgabe, Band 1, Stuttgart 2017, S. 6–105.

Zenger, Erich: Die Erschaffung der Welt: Der Kosmos als Haus für alle, in: Welt und Umwelt der Bibel 2, 1996, 25–28.

Abbildungsnachweis

Abb. 1: Ausschnitt aus dem Flügelaltar von Sieger Köder in der Kieler St. Heinrichs-Kirche, Quelle: https://shop.verlagsgruppe-patmos.de/pfingsten-619500.html [31.12.2021].

Dank

Viele Menschen haben die Entstehung dieses Buches begleitet und zu ihm beigetragen. Ihnen allen gilt mein Dank. Nicht alle kann ich nennen.
Zum wiederholten Mal gewährte mir die Pädagogische Hochschule Schwäbisch Gmünd im Sommersemester 2021 ein Forschungssemester. Für dieses unschätzbare Privileg danke ich meiner Hochschulleitung und meiner Fakultät. Dass unser kleines Ökumenisches Institut für Theologie und Religionspädagogik dennoch ein komplettes Lehrangebot ausbringen konnte, ermöglichten meine Institutskolleg*innen, von denen ich überdies immer wieder Anregungen und Hinweise zu einzelnen Spezialfragen erhielt: Anke Edelbrock, Volker Grunert, Barbara Janz-Spaeth, Iris Mandl-Schmidt, Gabriele Theuer und Thomas Weiß – vielen Dank dafür!
Ein besonderer Dank gebührt der Leiterin der Bibliothek unserer Hochschule, Nicole Weigand, und ihrem gesamten unermüdlichen, unbeirrbar freundlichen Team. Trotz außergewöhnlich erschwerter Bedingungen aufgrund der Pandemie und der Grundsanierung der Bibliotheksräume blieben alle Bestände verfügbar und auch die von mir intensiv genutzte Fernleihe funktionierte reibungslos.
Bettina Reichmann, Wolfgang Urbany und dem Institut für Katholische Theologie an der Universität Koblenz-Landau danke ich für die Einladung zu dem inspirierenden Dialogforum »Jüdische und christliche religiöse Bildung« im Juni 2021. Mehrfach berichteten dabei jüdische Theolog*innen von der irritierenden Erfahrung, dass selbst christliche Theologiestudierende antijüdische Stereotype unreflektiert wiedergeben und diese über die judenfeindliche Tradition ihrer Kirche und Theologie offensichtlich kaum informiert sind. Ich hoffe, mit diesem Buch ein wenig dazu beizutragen, dass sich dies endlich ändert.
Für Literaturhinweise, Anregungen, Zeitzeugnisse, kritische Einwände und Ermutigungen danke ich Ulrike Engel, Anne-Kathrin Kruse, Wolfgang Kruse, Diana Lukas, Silvio Meincke, Margarete Menz, Ursula Richter, Walter Rothschild, Miriam Stock, Christina Szafranski, Maike Ulrich, Siegfried Wagner, Friedrich Wallbrecht, Martin Weyer-Menkhoff und Peter Winkler.
Dem Matthias Grünewald Verlag danke ich, dass er dieses Buch in sein Verlagsprogramm aufnahm. Dem Lektor des Verlags, Volker Sühs, danke

ich einmal mehr für die vertrauensvolle Zusammenarbeit und kompetente Unterstützung.
Meinen erwachsenen Kindern Louisa, Lea, Judith und David danke ich für intensive Diskussionen und Tischgespräche, die mich insbesondere nachhaltig für latenten Rassismus und Gendergerechtigkeit sensibilisierten.
Monika Benk gilt mein ganz besonderer Dank für die kritische Durchsicht des gesamten Manuskripts – und für so vieles mehr.

Herlikofen, im August 2022 *Andreas Benk*